AF341867

RÉPARATION D'HONNEUR

FAITE SPONTANÉMENT PAR LA PARTIE CIVILE, AU PROFIT
DE M. SAPOR.

La partie civile et M. Sapor se sont tous les deux trompés gravement. Sapor a traité publiquement son confrère de *fou*, et celui-ci a traité indirectement Sapor d'*escroc*.

Aucune de ces deux opinions n'était fondée.

SAPOR, loin d'être un fripon, est au contraire un commerçant habile et honorable. NATSUOR, qui n'est point encore à la hauteur des libraires parisiens, mais auquel le présent procès ouvrira sans doute l'intelligence commerciale, Natsuor est un méridional excentrique ; mais il n'est pas fou pour cela : car, entre la folie et l'excentricité, il y a toute la distance qui sépare l'escroquerie de la finesse.

OUVRAGES DU MÊME AUTEUR.

I. — **Comparaison de la loi belge et de la loi française**, *en matière de droits de succession*, contenant le texte des lois belges, les tarifs pour la Belgique et pour la France, l'examen critique et approfondi tant du principe de la déduction des dettes que des autres dispositions de la loi belge qu'il serait utile d'adopter ou qu'il convient de rejeter, et des considérations générales sur la légitimité de l'impôt de l'Enregistrement et du Timbre.

Bruxelles et Valenciennes, 1859, 1 vol. in-8. Prix : 4 fr.
Chez ROUSTAN, libraire à Versailles, rue d'Anjou, 12.

Cet ouvrage a servi de base, en très grande partie, à un projet de loi financière, pour lequel une Commission a été nommée en 1864, et qui sera discuté au Corps Législatif dans les premiers mois de l'année 1865.

LES SUBTILITÉS

DE LA

LIBRAIRIE PARISIENNE

LES SUBTILITÉS

DE LA

LIBRAIRIE PARISIENNE

LA BANDE NOIRE

ET

LA RÉVISION

Question de probité commerciale entre un Libraire de Paris et un Libraire de la Province.

> Est - ce la friponnerie ou la bonne
> foi qui est l'âme du commerce de
> certains libraires de Paris?

OUVRAGE TIRÉ A CENT VINGT-CINQ EXEMPLAIRES.

PRIX : 10 FR.

CHEZ AUCUN DES LIBRAIRES INCRIMINÉS

Chez quelques Marchands de Nouveautés rares

ET CHEZ M. ROUSTAN, LIBRAIRE-ÉDITEUR, A VERSAILLES, RUE D'ANJOU, 12.

1864-1865

INTRODUCTION

———

DISCOURS

PRÉPARÉ PAR NATSUOR

Et qui devait être prononcé oratoirement et de mémoire devant le Tribunal correctionnel de la Seine, 7ᵉ chambre, à l'audience publique du jeudi 28 janvier 1864.

MONSIEUR LE PRÉSIDENT,

MESSIEURS LES JUGES,

L'affaire que j'ai l'honneur de soumettre à votre haute juridiction est, avant tout, une question de morale publique.

Obligé, par la loi et par ma conscience, de dire devant vous la vérité, toute la vérité, rien que la vérité, et ayant à lutter contre un adversaire très habile, je demande grâce d'avance pour mon accent et mes gestes de méridional, pour la vivacité, la violence même de mes réparties, et pour la liberté, d'autres diront la hardiesse et la licence de mon langage.

« Je ne trouverai point grâce devant ceux qui s'ima-

« ginent qu'il est essentiel à la vérité d'être dite froide-
« ment, opinion que pourtant j'ai peine à comprendre.
« Lorsqu'une vive persuasion nous anime, le moyen,
« pour nous autres méridionaux, d'employer un lan-
« gage glacé? Quand Archimède, mon compatriote, tout
« transporté, courait nu dans les rues de Syracuse, en
« avait-il moins trouvé la vérité, parce qu'il se pas-
« sionnait pour elle? Tout au contraire, celui qui la
« sent ne peut s'abstenir de l'adorer : celui qui de-
« meure froid ne l'a pas vue. »

Je tiens donc essentiellement à me montrer devant
vous tel que je suis devant Dieu, avec tous mes défauts
et peut-être mes qualités. Pour que je ne me fasse point
meilleur que ce que je suis, je vous supplie instamment,
dans l'intérêt seul de la vérité, de daigner m'entendre
jusqu'au bout, car le ministère public, je l'espère, me
rendra bientôt cette justice que je n'ai pas entamé l'affaire légèrement, et que je l'ai étudiée et méditée avec
toute l'attention dont je puis être capable.

« Rien de moins important pour le public de cette
« enceinte, j'en conviens, que la matière de ce procès.
« Les subtilités, je dirai même les *friponneries* et les
« usages de la librairie parisienne, le sort d'un petit
« particulier tel que moi, l'exposé de quelques injus-
« tices, la réfutation de quelques sophismes : tout cela
« n'a rien en soi d'assez considérable pour mériter

« beaucoup d'auditeurs. Mais, si mes sujets sont petits,
« mes objets sont grands et dignes de l'attention de
« tout honnête homme. Laissons les libraires à leur
« place et Roustan dans sa dépression ; mais la mo-
« rale, mais la liberté, la justice ! Voilà, qui que vous
« soyez, ce qui n'est pas au-dessous de vous ! (*J.-J. Rous-*
« *seau, Préface des Lettres de la Montagne.*)

« Dans la juste défiance de moi-même, je dirai, Mes-
« sieurs, moins mon avis que mes raisons : vous les
« peserez, vous comparerez et vous choisirez. Faites
« plus : défiez-vous toujours, non de mes intentions,
« Dieu le sait, elles sont pures, mais de mon jugement.
« L'homme le plus juste, quand il est ulcéré, voit rare-
« ment les choses comme elles sont. Je ne veux sûre-
« ment pas vous tromper, mais je puis me tromper : je
« le pourrais en toute autre chose, et cela doit arriver
« ici plus probablement. Tenez vous donc sur vos gar-
« des, et quand je n'aurai pas dix fois raison, ne me
« l'accordez pas une. »

Ne vous effrayez pas, je vous prie, de l'étendue que je
suis forcé de donner à mon mémoire. Dans la multitude
de questions qui se présentent, je voudrais être sobre de
paroles : mais, Messieurs, quoi qu'on puisse faire, il en
faut pour raisonner ; car, en deux mots et avec quelques insinuations perfides, on diffame le plus honnête
homme ; et, s'il veut se justifier et produire sa défense,

après un mois entier de méditations sérieuses et de travail soutenu, à peine s'il sera prêt.

Sous le bénéfice de ces observations, qu'il m'a paru essentiel de présenter, j'entre maintenant en matière.

PRÉFACE

Je suis rustique et fier, et j'ai l'âme grossière.
Je ne puis rien nommer, si ce n'est par son nom.
J'appelle un chat un chat, et Rolet un fripon.

BOILEAU.

Un procès très grave, qui émeut vivement tous les libraires de Paris, et pour lequel ils se passionnent instinctivement et par esprit de corps, comme si l'affaire du prévenu était leur propre cause, un procès scandaleux est pendant depuis quelques jours devant la septième chambre du Tribunal correctionnel de la Seine.

Ce procès, en effet, soulève des questions neuves et irritantes, et révèle au public les manœuvres frauduleuses qu'emploient beaucoup de libraires pour tromper les particuliers et acheter leurs livres à très vil prix.

Si le Tribunal de la Seine décide, d'après l'opinion de Natsuor, que le délit d'escroquerie, nettement caractérisé et d'après les circonstances de la cause, existe réellement, les particuliers qui désirent vendre à l'amiable des livres ou des bibliothèques d'un certain prix, apprendront de quelle manière ils doivent s'y prendre pour n'être pas trompés.

Les libraires eux-mêmes y trouveront leur compte : car, pour les acquisitions de livres par eux faites à très bon marché, ils apprendront à connaître quelle différence il faut établir entre le commerce honnête et licite et le commerce frauduleux et déloyal; et, à ce dernier point de vue, dans quel cas il existe un *dol purement civil* justiciable des tribunaux ordinaires, ou un dol plus grave, un *dol criminel* tombant sous l'application du Code pénal.

Un fait bien certain, c'est qu'il est beaucoup plus facile de s'enrichir par l'escroquerie que par des moyens honnêtes : témoin certaine affaire dont la France entière a retenti et qui a donné lieu à tant de débats judiciaires. Le coupable a fini par obtenir un arrêt d'absolution; mais le public ni la justice n'ont pu ratifier cet arrêt.

Quoi qu'il en soit, Natsuor, qui n'est encore qu'un apprenti libraire, va parler contre ses propres intérêts. Vainement on lui dit : « On t'a volé, Natsuor, qu'im- « porte? Vole à ton tour, tu te rattraperas au centuple. » Natsuor est honnête homme; il croit à Dieu et même au diable; il sait que son âme est immortelle, que si l'on peut tromper la justice des hommes on ne trompe

jamais la justice de Dieu, et Natsuor, en s'occupant de
commerce, aime mieux gagner moins, faire la guerre
aux fripons et rester honnête.

Comme on le voit, Natsuor est plus tapageur que méchant, et il ne craint pas de se donner, au besoin, quelques petits coups d'encensoir. Qu'on lui passe cette
naïveté, car Natsuor est excentrique, et l'on y perdra
son latin si l'on prétend le juger et l'apprécier selon les
règles ordinaires.

Après ce petit exposé, Natsuor reprend son air grave
et magistral et entre carrément en matière, en préve-
nant le public que, pour sauvegarder l'honneur de son
adversaire et bien que, personnellement, il ne craigne
point le grand jour, il est obligé, à son grand regret,
d'user de pseudonymes.

Versailles, 1er janvier 1864.

Extrait de quelques Dispositions pénales.

I. — LOI DU 17 MAI 1819

Sur la répression des crimes et délits commis par la voie de la presse, ou par tout autre moyen de publication.

ART. 13. — Toute allégation ou imputation d'un fait qui porte atteinte à l'honneur ou à la considération de la personne ou du corps auquel le fait est imputé, est une diffamation.

Toute expression outrageante, terme de mépris ou invective qui ne renferme imputation d'aucun fait, est une injure.

ART. 18. — La diffamation envers les particuliers sera punie d'un emprisonnement de cinq jours à un an, et d'une amende de 25 francs à 2,000 francs, ou de l'une de ces deux peines seulement, selon les circonstances.

ART. 19. — L'injure contre les particuliers sera punie d'une amende de 16 francs à 500 francs.

II. — CODE PÉNAL.

ART. 373. — Quiconque aura fait par écrit une dénonciation calomnieuse contre un ou plusieurs individus, aux officiers de justice ou de police administrative ou judiciaire, sera puni d'un emprisonnement d'un mois à un an, et d'une amende de 100 fr. à 3,000 fr.

III. — CODE D'INSTRUCTION CRIMINELLE.

ART. 191. — Si le fait n'est réputé ni délit ni contravention de police, le tribunal annulera l'instruction, la citation, et tout ce qui aura suivi, renverra le prévenu, et statuera sur les demandes en dommages-intérêts.

NOTA. — D'après divers arrêts de la Cour de Cassation, conformes à la doctrine des auteurs, les dommages-intérêts dont parle ce dernier article ne s'entendent que de ceux réclamés par le prévenu, et non de ceux réclamés contre lui. — Si l'auteur de l'ouvrage était donc un calomniateur, il agirait avec peu de jugement et s'exposerait, en pleine connaissance de cause, à des peines bien graves.

PROCÈS

entre

DEUX LIBRAIRES

NATSUOR CONTRE SAPOR

Væ mundo à scandalis !

QUESTIONS SOUMISES A L'APPRÉCIATION DU TRIBUNAL CORRECTIONNEL DE LA SEINE (7e CHAMBRE),

Audience du jeudi 28 janvier 1864.

I. — *Dans une vente volontaire de livres faite à son domicile par un libraire de la province à un libraire de Paris, à l'estimation et à la bonne foi duquel le libraire de la province, qui ne connaît pas la valeur de ces livres, mais qui entend formellement les vendre au prix commercial et courant, déclare s'en rapporter, l'extrême vilité de prix obtenue à l'aide d'affirmations mensongères et réitérées, complétées par la double manœuvre de l'arrivée soudaine du libraire de Paris avant le jour primitivement convenu, et de la conclusion du marché sciemment précipitée par ce dernier, l'extrême vilité de prix, dans ces circonstances, offre-t-elle les caractères du délit d'escroquerie prévu et puni par l'article 405 du Code pénal ?*

II. — *Le délit d'escroquerie ne devient-il pas encore plus grave, si, la fraude ayant été découverte une heure après le marché consommé, et la réclamation de la partie lésée ayant été en quelque sorte immédiate, l'auteur de la fraude a persisté dans son refus de rendre les livres contre la remise du prix payé, malgré la sommation qui lui a été faite, par le ministère d'un huissier, dans les 24 heures du marché frauduleux?*

La question à résoudre est nettement établie. Il ne s'agit plus que d'examiner si elle ressort suffisamment des circonstances de la cause. Pour arriver à ce but, on va transcrire les actes de la procédure : ils contiennent l'exposé détaillé des faits et la discussion raisonnée des principes.

I

SOMMATION RÉDIGÉE LE 26 NOVEMBRE 1863,

Et signifiée le lendemain.

L'an mil huit cent soixante-trois, le vingt-sept novembre,

A la requête de M. Natsuor, libraire, demeurant à Versailles, rue d'Anjou, n° 12, élisant domicile en mon étude,

J'ai, Augustin Gardien, huissier près le tribunal civil de la Seine, séant à Paris, y demeurant, rue Saint-André-des-Arts, 41,

Soussigné, signifié et déclaré à M. Sapor, libraire, demeurant à Paris, quartier de la Bastille, en son domicile où étant et parlant à sa personne, ainsi déclaré :

Attendu que le requérant a présenté en son domicile, sis à Versailles, rue d'Anjou, n° 12, au sieur Sapor requis par lui, plusieurs ouvrages d'histoire naturelle et de sciences, notamment des ouvrages de Linné, de Cuvier, sept volumes de la suite de Buffon publiée par Roret, avec planches, et surtout les années mil huit cent trente-deux à mil huit cent quarante-quatre inclusivement, complètes moins le dernier trimestre de 1844, de la collection des *Annales de la Société d'Entomologie,* en tout quatre-vingts volumes environ et un fort lot de brochures, formant deux grands paquets que M. Sapor, accompagné de M. Natsuor, a emportés à Paris ce jourd'hui, partant de Versailles, à dix heures et demie du matin et arrivant à Paris à onze heures ;

Attendu que le sieur Natsuor a déclaré au sieur Sapor qu'il ignorait complétement la valeur en *librairie,* c'est-à-dire de libraire à libraire, des ouvrages sommairement désignés ci-dessus, et qu'il s'en rapportait à lui, Sapor, pour l'évaluation ;

Attendu que le sieur Sapor a affirmé de la manière la plus formelle et sous la garantie de l'honneur, que les ouvrages dont il s'agit, estimés loyalement, ne valaient pas plus de *soixante-quinze francs,* et, en remettant *quatre-vingts francs* au requérant, le sieur Sapor a déclaré qu'il payait cinq francs de trop ;

Attendu que le requérant, ainsi induit en erreur par le sieur Sapor, a accepté comme prix loyal et commercial l'estimation de quatre-vingts francs, et n'a entendu l'accepter qu'à cette condition ;

Que le sieur Sapor, pour tromper ainsi le requérant, après lui avoir d'abord déclaré qu'il ne viendrait chez lui que le dimanche vingt-neuf courant, s'est présenté subitement aujourd'hui, vingt-six novembre, à neuf heures et demie du matin, afin de ne pas même donner au requérant le temps de refléchir sérieusement, M. Sapor se disant très pressé par ses affaires de Paris et obligé de partir de Versailles par le train de dix heures et demie, ainsi qu'il l'a fait ;

Attendu que la valeur en librairie des ouvrages sommairement désignés ci-dessus est au moins de quatre cents francs, ainsi qu'on peut s'en assurer par le témoignage des principaux libraires de Paris ;

Attendu que de l'ensemble de ces faits et d'autres circonstances que l'on établira au besoin, en cas de déni, il y a eu évidemment un préjudice pour le sieur Natsuor, que dès-lors le marché dont il s'agit doit être annulé et considéré comme non avenu ;

En conséquence, j'ai déclaré audit sieur Sapor que le requérant entend dès à présent résilier le marché surpris à sa bonne
foi, et lui ai offert réellement et à deniers découverts, en quatre
pièces d'or de vingt francs chaque et une autre pièce d'or de dix
francs, le tout ayant cours légal et forcé, la somme totale de
quatre-vingt-dix francs, composée : 1° de celle de *quatre-vingts
francs* formant le prix des ouvrages sus-énoncés, estimation faite
par le sieur Sapor, et que le requérant a reçue de lui ; 2° celle de
dix francs, pour ses déboursés et frais ;

A la charge par le sieur Sapor de me remettre tous les ouvrages
et volumes qui ont fait l'objet du marché dont il a été ci-dessus
parlé, si mieux n'aime ledit sieur Sapor les payer au requérant au
prix d'arbitres choisis par les parties ;

A quoi il m'a été répondu par M. Sapor qu'il protestait contre
les énonciations ci-dessus énoncées comme étant erronées et contraires à la vérité ; qu'il a acheté du sieur Natsuor, de bonne foi
et à prix débattu, les livres dont il réclame la restitution, et qu'il
refuse les présentes offres, attendu qu'il considère la vente comme
légale.   Et a signé : F. SAPOR.

Vu la réponse ci-dessus, je me suis ressaisi de la somme offerte,
aux risques et périls de qui de droit, et ai dressé le présent procès-
verbal duquel j'ai laissé copie. — Sept francs quinze centimes.

                                        Signé : GARDIEN.

II

ASSIGNATION DU SIEUR SAPOR DEVANT LE TRIBUNAL CORRECTIONNEL DE LA SEINE.

L'an mil huit cent soixante-trois, le dix-huit décembre,

A la requête de M. Natsuor, libraire, demeurant à Versailles,
rue d'Anjou, n° 12, élisant domicile en sa demeure,

J'ai, Augustin Gardien, huissier près le tribunal civil de la
Seine, séant à Paris, y demeurant rue Saint-André-des-Arts, 41,

Soussigné, donné assignation à M. Sapor, libraire, demeurant à Paris, quartier de la Bastille, en son domicile, où étant et parlant à une femme à son service, ainsi déclaré :

A comparaître le jeudi vingt-huit janvier prochain, à l'audience et par-devant MM. les président et juges composant la septième chambre du tribunal civil de la Seine, séant à Paris, au palais de justice, jugeant en matière correctionnelle, dix heures du matin :

Attendu que le sieur Natsuor a, le vingt-six novembre dernier, présenté au sieur Sapor plusieurs ouvrages d'histoire naturelle, formant un ensemble de quatre-vingts volumes in-octavo, et un fort lot de brochures, dans lesquels se trouvaient notamment les années de mil huit cent trente-deux à mil huit cent quarante-quatre des *Annales de la Société d'Entomologie* ;

Que le sieur Natsuor, qui avait acheté tout récemment ces volumes, avec quelques autres, à une vente publique, déclara au sieur Sapor qu'il ne pouvait lui en dire le prix, car il n'en connaissait pas la valeur commerciale ; que le sieur Sapor, voulant terminer le marché, le sieur Natsuor lui dit qu'il s'en rapportait à sa bonne foi ;

Que Sapor, dont la spécialité est de vendre des ouvrages d'histoire naturelle, savait combien était précieuse la collection des *Annales de la Société d'Entomologie*, dont les années mil huit cent trente-deux et mil huit cent trente-trois, spécialement, sont épuisées et d'un grand prix ; que, malgré l'appel fait à sa bonne foi et à son honneur, il n'en a fixé le prix, avec quelques autres volumes provenant d'autres ventes publiques, qu'à *quatre-vingts francs*, en disant même qu'il payait cinq francs de trop ;

Que, le jour même, Natsuor apprit que les volumes que lui avait ainsi enlevés le sieur Sapor à l'aide de manœuvres que l'on prouvera et que le sieur Natsuor considère comme frauduleuses et déloyales, avaient une valeur commerciale d'au moins cinq cents francs ;

Que le lendemain, vingt-sept novembre, sommation fut faite à fin de résiliation du marché ; que cette sommation était accompagnée d'offres réelles des quatre-vingts francs payés, plus dix francs pour frais et déboursés ; que le sieur Sapor a refusé d'obtempérer à la sommation ;

En conséquence, s'entendre le sieur Sapor condamner aux dommages-intérêts qui seront demandés à l'audience, et aux dépens ;

Sous la réserve des peines qui pourraient être demandées par le ministère public, dans l'intérêt de la loi ;

A ce qu'il n'en ignore, et je lui ai, à domicile et parlant comme dessus, laissé copie du présent.

Coût : Quatre francs quarante-cinq centimes.

Signé : GARDIEN.

III

CONCLUSIONS MOTIVÉES DE NATSUOR

ET DISCUSSION DES PRINCIPES DE DROIT.

Attendu que le lundi 23 novembre 1863, le sieur Natsuor s'est rendu publiquement adjudicataire, au chalet de Gally, près de Versailles, par l'entremise de Me Courteville, commissaire-priseur, assisté de M. Salmon, libraire à Versailles, en qualité d'expert, au prix total de quatre-vingts francs, y compris dix francs tant pour les frais de deux voyages que pour l'enlèvement et le transport des lots, de plusieurs ouvrages d'histoire naturelle et de sciences, et d'un fort lot de brochures et de livraisons sur les mêmes matières, notamment d'ouvrages de Linné, Cuvier, Savigny, de sept volumes de la suite de Buffon éditée par Roret, avec planches, suite composée de deux ouvrages complets, l'un en trois volumes et l'autre en quatre volumes in-8°, tous brochés et en bon état de conservation, ayant pour auteurs le baron de Walkenaër et Milne Edwards ;

Attendu qu'au nombre des brochures et des livraisons se trouvaient les années mil huit cent trente-deux à mil huit cent quarante-quatre inclusivement, en bon état, brochées, et complètes moins le dernier trimestre de 1844, de la collection des *Annales de la Société d'Entomologie*, avec figures noires et coloriées ;

Attendu que, s'agissant d'une bibliothèque dont les parties intéressées avaient emporté ce qu'il y avait de mieux, l'expert et le commissaire-priseur ont cru de bonne foi que ce qui restait était dépareillé, incomplet et presque sans valeur ;

Qu'en mettant les livres et les brochures en vente, le commissaire-priseur a énoncé cette circonstance et a déclaré que la vente était faite, quant à l'état et à la condition des ouvrages et des brochures, sans aucune espèce de garantie ;

Que néanmoins le sieur Salmon et le sieur Natsuor, libraires à Versailles, se sont tellement acharnés l'un après l'autre, que, pour un article, les enchères, commencées sur le pied de six francs, ont été portées par le sieur Natsuor à trente-sept francs en principal, en sorte que le commissaire-priseur a cru que le sieur Natsuor, aiguillonné par la concurrence, s'était, selon son habitude, laissé entraîner trop loin, opinion qui, d'abord, était aussi celle du requérant ;

Attendu que, dans cette disposition d'esprit, le sieur Natsuor s'est présenté, le mercredi vingt-cinq novembre dernier, dans l'après-midi, chez le sieur Sapor, libraire, pour lui proposer, avec quelques autres documents, la revente des livres et des brochures ainsi achetés en vente publique;

Attendu que le sieur Natsuor, qui n'avait pas encore eu le temps de faire son triage, ayant déclaré au sieur Sapor qu'il avait à vendre un fort lot d'ouvrages et de brochures sur les sciences et l'histoire naturelle, notamment quarante-huit à cinquante livraisons des *Annales de la Société d'Entomologie,* le sieur Sapor lui fit observer qu'il n'avait pas dû acheter cher, à quoi le sieur Natsuor répondit que, comme il savait que la bibliothèque, qui était celle de M. Savigny, savant ayant été attaché à l'expédition d'Égypte, avait été triée et que ce qui restait ne devait guère être que du fouillis, il craignait au contraire, à cause de sa mésintelligence avec M. Salmon, d'avoir acheté au-delà du prix commercial, puisqu'un seul lot d'environ quarante volumes et de quelques brochures s'était élevé à un prix de trente-sept francs, non compris 6 0/0 en sus applicables aux frais;

Attendu que le sieur Sapor, dont la spécialité en librairie est la vente et l'achat des livres de science et d'histoire naturelle, s'étant ainsi aperçu que le sieur Natsuor, qui ne s'occupe point de cette nature de livres, en ignorait complétement la valeur, lui proposa, le vingt-cinq novembre dernier, en présence de son frère, de se rendre chez lui, à Versailles, le dimanche vingt-neuf novembre, de deux heures à quatre heures de l'après-midi, proposition que le sieur Natsuor accepta;

Attendu que le même jour vingt-cinq novembre, et immédiatement après être sorti de chez le sieur Sapor, le sieur Natsuor se présenta chez M. Prosper Baillière, libraire, lequel, sur la proposition du sieur Natsuor, lui répondit, EN PRÉSENCE *de plusieurs de ses commis,* que les 48 à 50 livraisons des *Annales de la Société d'Entomologie*, même dépareillées, lui convenaient parfaitement, surtout l'année mil huit cent trente-deux, si elle était complète;

Attendu que le sieur Natsuor fît observer à M. Prosper Baillière qu'il ne savait pas s'il avait l'année 1832; qu'il n'avait pas encore eu le temps de vérifier et de classer les livraisons, mais qu'il avait remarqué des séries applicables aux années 1839 et 1844;

Attendu que le sieur Sapor, qui n'ignorait point que les *Annales de la Société d'Entomologie* avaient, malgré leur peu de volume, une très grande valeur, et qui craignait avec raison, s'il ne se présentait chez le sieur Natsuor que le dimanche vingt-neuf novembre, que celui-ci eût le temps de connaître l'importance des documents qu'il possédait, attendu, disons-nous, que le sieur Sapor, ayant rencontré le sieur Natsuor dans l'une des salles Sylvestre, rue des Bons-Enfants, n° 28, le mercredi vingt-cinq novembre, au moment de la vente des livres de feu M. Berger de Xivrey, prévint le sieur Natsuor, vers les dix heures du soir, qu'il se rendrait chez lui dès le lendemain matin, à huit heures, et qu'il partirait de Paris par le premier convoi du chemin de fer;

Attendu que le sieur Natsuor répondit au sieur Sapor qu'une visite aussi rapprochée ne serait guère commode, puisqu'il n'arriverait lui-même à Versailles qu'à minuit, que ses livres étaient encore en désordre, sans évaluation préparée et sans prix marqués;

Attendu qu'en effet le sieur Natsuor, rentré à son do-domicile le mercredi vingt-cinq novembre, à minuit, n'a eu le temps, après avoir fait un mince repas et

mis à jour sa comptabilité commerciale, que de trier
et classer, indépendamment de la suite de Buffon,
les *Annales de la Société d'Entomologie,* qu'il a trou-
vées complètes de 1832 à 1844 (moins le quatrième
trimestre de cette dernière année), et il s'est couché à
trois heures du matin ;

Attendu que le sieur Sapor pensant, au milieu de ce
désordre, surprendre plus facilement la bonne foi du
sieur Natsuor, déjà fatigué par de nombreuses veilles,
s'est empressé, au risque d'être importun, de se présenter chez lui le vingt-six novembre, au moment de
son lever, à neuf heures et demie du matin, pour ne
pas lui donner le temps de se rendre compte ni de la
valeur ni même du titre de la plupart des ouvrages à
vendre ;

Attendu que le sieur Natsuor a déclaré alors au sieur
Sapor que, puisqu'il avait pris la peine de se déplacer,
il voulait bien lui vendre, mais que, n'ayant pas encore eu le loisir de prendre des renseignements suffi-
sants, il ne pouvait point fixer lui-même la valeur
des livres et des brochures ; et, après lui avoir rappelé
certaine affaire dont il sera parlé en temps et lieu (1),
il dit au sieur Sapor qu'il était obligé de faire appel
d'une manière spéciale à sa probité et à sa loyauté,
et, en s'en rapportant à lui, Sapor, pour l'évaluation,
qu'il entendait n'être pas trompé et vendre à un prix
sérieux, à un prix loyal et commercial, tel que pourrait
le donner tout libraire consciencieux auquel ces ouvrages et ces brochures pourraient convenir ;

(1) L'affaire de l'*Office de la Vierge,* relié en maroquin ancien. (Voir
la *cinquième présomption* ci-après.)

Attendu que le sieur Sapor donna au sieur Natsuor sa parole d'honneur la plus sacrée qu'il était incapable de le tromper, et qu'il était en mesure de payer les livres d'histoire naturelle et de sciences plus cher que tout autre libraire ;

Attendu qu'après que le sieur Sapor eût fait lui-même le choix des ouvrages et des brochures qui lui convenaient, après qu'il se fût assuré qu'ils étaient complets et en bon état de conservation, qu'il en eût rejeté quelques-uns comme incomplets ou mal conservés, et après encore qu'il eût compris dans les livres à vendre quelques autres volumes provenant de précédentes acquisitions, le sieur Natsuor, qui avait mis à part l'année mil huit cent trente-deux des *Annales de la Société d'Entomologie*, demanda au sieur Sapor, en simulant de n'avoir point cette année, *qu'il savait être épuisée*, combien il pensait qu'elle pouvait valoir ; à quoi le sieur Sapor répondit qu'elle valait quinze francs ;

Attendu que le sieur Sapor ayant ensuite fait observer que les années 1832 à 1844 des *Annales de la Société d'Entomologie*, sans la première année, qui est celle de 1832, n'avaient que très peu de valeur, le sieur Natsuor lui avoua qu'il l'avait mise de côté pour M. Prosper Baillière, lequel la lui avait demandée, mais sans en fixer le prix ;

Attendu que le sieur Sapor ayant affirmé de nouveau que les autres années, sans celle-là, seraient à peu près sans valeur, et qu'il les paierait bien plus cher que M. Baillière, le sieur Natsuor, qui n'avait pris aucun engagement avec ce dernier, consentit à mettre ensemble les années 1832 à 1844 ;

Attendu qu'en priant alors le sieur Sapor de faire son évaluation pour tous les ouvrages et pour toutes les brochures qu'il avait choisis, le sieur Natsuor lui dit qu'il soupçonnait, d'après la demande qui lui avait été faite par M. Prosper Baillière, que les treize années des *Annales de la Société d'Entomologie* valaient, à elles seules, au moins deux cent soixante-dix francs, opinion contre laquelle le sieur Sapor se récria vivement, affirmant qu'elles ne valaient pas même cinquante francs ;

Attendu que le sieur Sapor ayant encore affirmé que le *Recueil d'Entomologie* et tous les autres livres et documents sommairement désignés ci-dessus, outre qu'ils n'auraient, en général, été composés que d'anciennes éditions, bonnes seulement à vendre comme papier, ne valaient pas plus de soixante-quinze francs, le sieur Natsuor fit remarquer au sieur Sapor que cette évaluation ne lui paraissait pas suffisante ;

Attendu que le sieur Sapor ayant de nouveau donné sa parole d'honneur la plus sacrée, qu'il n'était pas homme à faire deux prix, et que son évaluation était bien sincère, le sieur Natsuor répliqua que, même dans la bouche d'un libraire consciencieux, 75 fr. voulaient bien dire 90 fr., 85 fr., ou tout au moins 80 fr. ; et il apporta en preuve les cinq francs de plus que Sapor avouait être dans l'intention d'offrir à M. Salmon. Mais le sieur Sapor, après avoir affirmé qu'il ne donnerait cinq francs de plus des livres de M. Salmon, que parce qu'il en avait un besoin urgent et une commission spéciale, ayant de nouveau présenté son évaluation comme entièrement exacte, et voyant que le sieur Natsuor paraissait ébranlé par ses protestations d'honneur et de probité, déposa sur le bureau du magasin, entre les mains de la femme du sieur Natsuor, une somme de 80 fr. en quatre pièces d'or de vingt francs chacune, en priant la dame Natsuor de lui rendre cinq francs; mais celle-ci n'ayant rien voulu rendre, le sieur Sapor déclara qu'il payait cinq francs de trop;

Attendu que le sieur Natsuor, ayant cru à la loyauté et à la probité du sieur Sapor, parut satisfait de ce marché, en ce sens qu'ayant pensé tout d'abord avoir acheté au-delà du prix commercial, le prix payé par le sieur Sapor, complété par la valeur des livres non encore vendus provenant de la même vente, permettait au sieur Natsuor de compter sur un bénéfice net et certain de dix à quinze francs ; et, comme le sieur Sapor se disait très pressé et obligé, à raison de ses affaires, de partir par le train de dix heures et demie du matin, le sieur Natsuor lui laissa faire ses paquets précipitamment et comme il voulut, sans vérifier si le sieur Sapor n'y comprenait point, sciemment ou par erreur, d'autres volumes que ceux qu'on avait entendu lui vendre (1);

(1) Voici, dans tous leurs détails, les circonstances de l'affaire. Le sieur Sapor, ne sachant pas encore s'il parviendrait à circonvenir le requérant, avait manifesté l'intention de retourner chez M. Salmon, leur confrère, pour lui offrir cinq francs de plus (voir la *septième présomption* ci-après). Mais il renonça bientôt à ce projet, le sieur Natsuor lui ayant affirmé que, pour les marchés qu'il avait l'habitude de faire avec les libraires de Paris, ainsi que le sieur Sapor pouvait le demander à MM. Hénaux et Claudin, il était toujours facile et accommodant, qu'il les terminait en une seule fois et sans chercher à prendre des renseignements ultérieurs, pourvu qu'il eût lieu de croire qu'on ne cherchait pas à le tromper : protestation que le sieur Sapor réitéra vivement. Celui-ci, montrant ensuite la grande quantité de livres et de brochures qu'il venait de choisir, demanda au sieur Natsuor quelle

Attendu que le sieur Natsuor poussa la bonne foi et la complaisance jusqu'à porter lui-même à la gare du chemin de fer de Versailles, rive gauche, une partie des volumes ainsi vendus, et se servit même de sa carte d'abonné pour faire admettre le sieur Sapor trois minutes seulement avant le départ du train et sans faire enregistrer ses bagages;

Attendu qu'à leur arrivée à Paris, le jeudi 26 novembre 1863, à 11 heures et un quart du matin, le sieur Nat-

heure il était. — Dix heures, répondit ce dernier. Le sieur Sapor ajouta : *Je suis très pressé; je voudrais partir par le train de dix heures et demie ; dites-moi vite votre prix.* Le sieur Natsuor fit observer au sieur Sapor, ainsi qu'il le lui avait déjà déclaré, qu'il ne pouvait fixer le prix d'ouvrages dont il n'avait pas même le temps d'examiner les titres, vu leur grand nombre et le désir que son adversaire manifestait de partir de suite. Le sieur Sapor consentit donc à fixer lui-même ce prix ; et, avant qu'il en vînt là, Natsuor lui ayant dit qu'il désirait mettre de côté les *Annales de la Société d'Entomologie* et les sept volumes de la suite de Buffon, attendu que M. Leclerc devait lui acheter ce dernier ouvrage pour 30 à 35 francs, et M. Prosper Baillière les cinquante livraisons relatives à l'*Entomologie* pour un prix dont il n'avait pas encore parlé, le sieur Sapor répondit que tous les autres ouvrages, sans ces deux-là, ne valaient presque rien, et que, séparément, il n'en voudrait même pas du tout. Et le sieur Sapor ayant ajouté qu'il paierait plus cher que MM. Leclerc et Prosper Baillière, le sieur Natsuor finit par se laisser circonvenir, n'ayant jamais pu penser qu'un confrère dont il pouvait si facilement faire contrôler l'estimation, poussât l'impudence jusqu'à le tromper de cette manière.

Et il est tellement vrai que la conclusion du marché frauduleux a été sciemment précipitée par le sieur Sapor, qu'il résulte du témoignage de M. Mesny, employé basculeur à la gare Montparnasse, que les paquets de livres, mal ficelés et mal établis, portaient en eux-mêmes la preuve qu'ils avaient été faits avec beaucoup de précipitation.

suor paya au sieur Mesny, employé basculeur, vingt
centimes pour l'enregistrement des bagages, et se rendit en fiacre avec le sieur Sapor au domicile de ce dernier;

Attendu qu'en quittant le sieur Sapor, le sieur Natsuor s'étant présenté, à midi moins un quart, pour
l'achat des Œuvres complètes de Voltaire, dans le magasin de M. Marescq jeune, libraire, place de la Sorbonne, n° 3, et lui ayant parlé de son marché avec le
sieur Sapor au prix total de 80 fr., M. Marescq poussa
une exclamation de surprise, et dit au sieur Natsuor,
en présence de l'un de ses commis, que les treize premières années des *Annales de la Société d'Entomologie*
qu'il venait de vendre au sieur Sapor valaient, elles
seules, cinq cents francs ;

Attendu que le sieur Natsuor, alors tardivement
éclairé et animé contre le sieur Sapor d'une indignation légitime, répondit que ce dernier l'avait entièrement trompé, puisque, pour la fixation du prix, il s'en
était rapporté à l'évaluation du sieur Sapor, lequel lui
avait donné sa parole d'honneur la plus sacrée que son
évaluation de 80 fr., exagérée même de cinq francs,
était le prix sincère, le prix loyal et commercial des livres et des brochures vendus, prix que le sieur Natsuor
n'avait entendu accepter qu'à cette condition ;

Attendu que le sieur Natsuor, après avoir encore
consulté M. Prosper Baillière et M. Leclerc, libraires,
porta immédiatement, auprès de M. le commissaire de
police de la rue Suger, une plainte verbale contre le
sieur Sapor, en escroquerie et en abus de confiance ;

Attendu que M. le commissaire de police et, ensuite,
deux agents qui stationnaient dans la rue Saint-André-

des-Arts, entre les n°s 35 à 41, ayant refusé d'intervenir dans cette affaire, même officieusement et à titre de simples témoins, le sieur Natsuor n'eut d'autre ressource, pour conserver ses droits et constater la fraude, que de recourir au ministère d'un huissier ;

Attendu qu'en effet, et par exploit du sieur Gardien, huissier à Paris, en date du 27 novembre 1863, et qui devait être signifié le 26, deux heures seulement après la découverte de la fraude, ainsi que l'original en porte la preuve matérielle, sommation a été faite au sieur Sapor de rendre les ouvrages qui n'étaient arrivés en sa possession que par suite de manœuvres frauduleuses et déloyales ;

Attendu que le sieur Sapor, tant par sa réponse consignée au bas de l'exploit que par des explications écrites déposées entre les mains de M. le substitut du Procureur impérial, a prétendu, tout en convenant d'une manière implicite des principales circonstances de l'affaire, du prix payé et de l'importance des livres et des brochures, que la vente avait été faite légalement, de bonne foi et à prix débattu ;

Attendu que le sieur Sapor affirme, en effet, que le sieur Natsuor lui aurait demandé d'abord cent vingt francs des livres et des brochures dont il s'agit, ensuite 115 fr., 110 fr., puis 100 fr., 95 fr., puis encore 90 fr., 85 fr., et qu'il aurait enfin accepté le prix de 80 fr. offert par le sieur Sapor ;

Attendu que, sur ce point essentiel du procès, les parties étant contraires en fait, le sieur Natsuor est en mesure de faire la preuve de ses affirmations, soit directement et à la plus prochaine audience, par le témoignage de M. l'abbé Bertrand (1), chanoine à Versailles, présent, avec la femme du sieur Natsuor, lors des conventions de ce dernier avec le sieur Sapor,

(1) M. l'abbé Bertrand ayant manifesté toute sa répugnance à être impliqué dans cette affaire, le sieur Natsuor lui a promis de ne le faire citer que dans le cas d'une nécessité absolue. C'est par ce motif que M. l'abbé Bertrand n'a pas été compris au nombre des témoins assignés pour la présente audience du 28 janvier 1864. — Voici quels étaient ces témoins, qui résident tous à Paris, sauf MM. Salmon et Courteville, dont la demeure est à Versailles :

M. le Commissaire de police de la rue Suger ;

M. Buquet, officier de la Légion-d'Honneur, trésorier de la Société des *Annales d'Entomologie*, rue Sainte-Placide, n° 50 ;

M. Marescq jeune, libraire, place de la Sorbonne, n° 3 ;

M. le maître clerc de M. Gardien, huissier, rue Saint-André-des-Arts, n° 41 ;

M. Prosper Baillière, libraire, rue Hautefeuille, n° 19 ;

M. Leclerc, libraire, rue de l'École-de-Médecine, n° 14 ;

M. Poulet, libraire, quai des Grands-Augustins, n° 39 ;

M. Mesny, employé basculeur à la gare Montparnasse, demeurant dans la rue de Rennes, n° 20 ;

M. Hénaux fils, libraire, quai Voltaire, n° 19 ;

M. Claudin, libraire-expert, rue Guénégaud, n° 3 ;

M. Ricœur dit Laîné, libraire, rue Monsieur-le-Prince ;

M. Miard, libraire, rue de Rivoli, n° 170 ;

M. Bachelin-Deflorenne, libraire, rue des Prêtres-Saint-Germain-l'Auxerrois, n° 14 ;

M. Loisel, libraire, petite place, près la Sorbonne ;

M. Auguste Durand, libraire, rue des Grès-Sorbonne, n° 7 ;

M. Huet, libraire, rue de Savoie, n° 12 ;

M. Delion, libraire, quai des Grands-Augustins, n° 47 ;

M. Tresse, libraire, au Palais-Royal ;

M. Salmon, libraire, à Versailles, rue de l'Orangerie, n° 35 ;

Et M. Courteville, commissaire-priseur, à Versailles, rue Satory, n° 28.

Après y avoir mûrement réfléchi, le sieur Natsuor n'a point cru

soit indirectement et dès aujourd'hui, à l'aide de présomptions graves, précises et concordantes, de nature à déterminer la conviction des juges ;

Attendu que, même pour des faits pouvant donner lieu à une peine correctionnelle, la preuve légale peut être établie de cette manière, puisque, d'après l'opinion des jurisconsultes et pour toutes les questions de fait, les preuves réputées les plus certaines se réduisent toujours, en définitive, à des présomptions et à des probabilités ;

Attendu d'ailleurs qu'il est reconnu par la doctrine et par la jurisprudence que les articles 154 et 189 du Code d'Instruction criminelle ne sont qu'énonciatifs et permettent d'appliquer aux matières criminelles les principes généraux du droit sur les preuves ;

nécessaire de faire citer les témoins, et il s'en est abstenu par deux motifs : d'abord, par la crainte de s'exposer à des frais frustratoires, la citation à témoins devant coûter, elle seule, une cinquantaine de francs, et l'intervention de ces témoins étant inutile si le prévenu, ainsi qu'on espère l'y amener à l'audience, *même malgré lui*, convient des faits principaux ; et, en second lieu, parce que le sieur Natsuor, comptant sur le seul appui de la Providence et sur la bonté de sa cause, a lieu de croire qu'il peut parvenir à convaincre et persuader ses juges rien qu'à l'aide de présomptions graves, précises et concordantes.

Le problème que Natsuor s'imagine être en mesure de résoudre convenablement est donc celui-ci.

Étant donné un marché frauduleux passé entre deux personnes dont l'une est un honnête homme sans défiance, et l'autre un fripon émérite et à bonnes manières, qui compte sur une complète impunité, sous le prétexte qu'on ne peut produire contre lui aucun témoin direct, l'honnête homme, même dénué de cette ressource, s'impose la tâche difficile et paradoxale de démontrer mathématiquement que son adversaire est en effet un fripon.

Qu'il est admis notamment, en conformité de l'article 1353 du Code Napoléon, que de simples présomptions suffisent pour établir l'existence du dol et de la fraude;

Attendu, dès-lors, que le sieur Natsuor détruit l'affirmation du sieur Sapor, relative au prix débattu, par les considérations suivantes :

PREMIÈRE PRÉSOMPTION. — Un fait connu de toutes les personnes qui suivent assidûment les ventes publiques de livres de la salle Sylvestre, fait que le sieur Sapor lui-même n'a point nié, c'est ce que le sieur Natsuor, bien qu'il ne fût, jusqu'à ce jour, qu'un apprenti libraire, avait acquis, depuis bientôt trois ans qu'il fréquente les ventes et fait la commission en librairie, assez d'expérience commerciale pour ne pas ignorer qu'en prenant les plus simples précautions, il est facile de se renseigner, de libraire à libraire, sur la valeur des ouvrages pour lesquels nos connaissances personnelles nous font défaut. La chose était d'autant plus facile au sieur Natsuor, qu'il est abonné depuis près de quatre ans au chemin de fer de Versailles à Paris, où il se rend presque tous les jours et où il a conservé les meilleures relations avec les principaux libraires, notamment avec MM. Auguste Durand, Marescq jeune, Prosper Baillière, Leclerc, Claudin, Hénaux, Lécureux, Lemoigne, Delion, Etienne Laroque, Legoubin frères, etc. Or, il résulte des dépositions de divers témoins, spécialement de celles de MM. Salmon et Courteville, et même de l'aveu du sieur Sapor, que les livres et les brochures vendus à ce dernier provenaient presque tous de la vente publique du lundi

23 novembre 1863, terminée à cinq heures du soir. Le sieur Natsuor, occupé de ses affaires courantes et de commissions à lui données, soit par M. Bertrand et M. Royer, deux de ses clients de Versailles, soit par M. de Refuge, autre client de Paris, pour ceux des livres de feu M. Berger de Xivrey qui devaient être vendus publiquement à la salle Sylvestre, le mercredi 25 novembre 1863 (séance dans laquelle le sieur Natsuor a, en effet, acheté les n°s 9, 12, 13, 41 et 66 du catalogue, ainsi qu'il en est justifié au tribunal par la production d'un exemplaire de ce catalogue et par la quittance du caissier du commissaire-priseur), le sieur Natsuor, disons-nous, au milieu de ces préoccupations et à raison du pêle-mêle qui régnait dans les livres et les brochures achetés publiquement au châlet de Gally, dans l'après-midi du 23 novembre 1863, n'avait pu, du 24 au 25 novembre, et par suite de ses courses réitérées chez ses clients de Paris et de Versailles, s'occuper ni du triage ni du classement des livres et des brochures dont il s'agit. Ce n'est que dans la nuit du 25 au 26 novembre, ainsi qu'il l'a expliqué ci-dessus dans l'exposé des faits, qu'il avait pu classer seulement les sept volumes in-8° de la suite de Buffon et les années 1832 à 1844 des *Annales de la Société d'Entomologie.*

Si le sieur Natsuor, déjà mis en éveil, dans l'après-midi du 25 novembre 1863, sur la valeur de ces derniers documents, par le sieur Prosper Baillière, qui les lui avait demandés formellement, complets ou incomplets, quoique sans lui en faire l'évaluation, si le sieur Natsuor, disons-nous, malgré ses trois ans d'expérience commerciale, a néanmoins vendu en bloc au sieur

Sapor, et à très vil prix, dès le 26 novembre 1863, à dix heures du matin, tant les documents dont il soupçonnait la valeur que ceux qu'il n'avait encore ni triés ni classés, comment peut-on admettre, dans le cas où le sieur Natsuor ne s'en serait pas rapporté, pour l'évaluation et la fixation du prix, à la probité et à la loyauté du sieur Sapor, que ce dernier ait pu les obtenir à si bon marché, alors que le sieur Natsuor pouvait, d'un jour à l'autre et sans qu'il lui en coûtât rien, aller à Paris éclaircir ses doutes et compléter ses renseignements ?

DEUXIÈME PRÉSOMPTION. — Tous les ouvrages du sieur Natsuor, sauf ceux qui n'ont d'autre valeur que celle du papier, portent chacun au crayon et de sa main, sur la garde de gauche, en haut et dans le coin de gauche, sa marque de librairie en chiffres ordinaires et connus, le prix de revient étant déguisé sous l'apparence d'un numéro d'ordre également écrit en chiffres connus et au crayon, au haut de l'autre coin et à droite de la même garde de gauche. Aucun des ouvrages réclamés au sieur Sapor et provenant de la vente du 23 novembre 1863, ne porte la marque de librairie du sieur Natsuor, ainsi que ce fait a été constaté, le 29 décembre 1863, par M. Lécureux, libraire à Paris, par M. Mesny, employé basculeur à la gare Montparnasse, tous deux ici présents, et par un autre employé du chemin de fer; nouvelle preuve que le sieur Natsuor, n'ayant pas encore pu trier ni coter ses ouvrages, a dû s'en rapporter à la bonne foi du sieur Sapor, et lui a réellement déclaré que, ne connaissant pas suffisamment la valeur des livres à vendre, il laissait à lui-

même le soin d'en fixer le prix loyalement et con-
sciencieusement.

TROISIÈME PRÉSOMPTION. — Comme preuve de sa bonne foi et de la confiance qu'il avait en M. Sapor, le sieur Natsuor, après avoir été indignement trompé, et dans l'ignorance du dol et de la fraude, a aidé au sieur Sapor à porter les volumes jusqu'en son domicile, à Paris ; fait dont le sieur Sapor est convenu, en présence de témoins.

QUATRIÈME PRÉSOMPTION. — M. Hénaux, M. Guillemot et M. Ricœur dit l'aîné, tous les trois libraires à Paris, ayant eu occasion, dans le courant du mois de décembre 1863, de venir à Versailles chez le sieur Natsuor, et ayant parlé de son procès avec le sieur Sapor, la dame Natsuor, qui avait précédemment assisté aux conventions passées entre eux, a toujours déclaré spontanément et d'une manière très nette, qu'il était complétement faux que son mari eût fixé le prix des ouvrages vendus ; qu'il avait seulement déclaré vouloir vendre à un prix sérieux et commercial, et que ce prix ayant été laissé à l'arbitrage du sieur Sapor, il avait donné sa parole d'honneur que son évaluation de 80 fr. était exacte et sincère, et même exagérée de cinq francs.

CINQUIÈME PRÉSOMPTION. — Le huit octobre dernier, le sieur Natsuor avait vendu à M. Bachelin-Deflorenne, libraire à Paris, au prix de quatre-vingt-quinze francs, un *Office de la Vierge* relié en maroquin ancien et qui valait bien trois cents francs, puisque M. Bachelin, quelques jours après, le revendit, pour ce prix, à M. Miard son confrère, ainsi que ce dernier et M. Bachelin l'avouèrent depuis au requérant (1). En demandant 100 fr., le sieur Natsuor avait cru qu'un tel prix était exagéré. Cette affaire, qui était toute récente et qui est connue de beaucoup de libraires de Paris, notamment de MM. Hénaux et Claudin, fit sentir au sieur Natsuor le danger de fixer un prix pour les ouvrages dont il ignorait la valeur; et, après avoir reçu une leçon qui s'était gravée profondément dans sa mémoire, le sieur Natsuor se serait bien gardé de vendre au rabais au sieur Sapor des livres qu'il ne connaissait point et dont une bonne partie n'était pas même triée, si ce dernier, après avoir fait lui-même le triage, n'avait pas consenti à en fixer le prix et n'avait pas présenté son évaluation comme sérieuse et sincère.

SIXIÈME PRÉSOMPTION. — Que le sieur Sapor veuille en convenir ou non, il est certain, et le sieur

(1) Ce volume précieux, coté et vendu cinq cents francs par M. Miard, forme l'art. 1028 de son catalogue n° 6, année 1863, duquel catalogue un exemplaire est mis sous les yeux du Tribunal.

Voici, d'ailleurs, comment M. Miard fait la description de ce volume dont la reliure, dans sa partie essentielle, était parfaitement conservée, et à laquelle il n'a été fait une légère réparation que sur les coins du dos et des plats :

OFFICIUM BEATÆ MARIÆ VIRGINIS, PIE V PONT. MAX. JUSSU EDITUM. *Antverpiæ, ex officinâ plantinianâ*, 1609, in-4°, mar. r. comp., fil., tr. dor.   500 fr.

Fort bel exemplaire dans une splendide reliure à compartiments, dont le dessin est d'un goût et d'une exécution admirables. Ce volume est, en outre, orné de 95 estampes de Mallery, d'une exécution remarquable et très belles d'épreuves.

Natsuor l'affirme devant Dieu et devant les hommes, qu'avant de conclure aucune espèce de marché avec le sieur Sapor, il lui parla de la vente désavantageuse qu'il avait faite de l'*Office de la Vierge* relié en maroquin ancien (1); et il déclara en même temps au sieur Sapor qu'étant obligé, pour leur affaire, de s'en rapporter à son estimation, il entendait formellement n'être pas trompé. Si les faits ne se sont point passés de cette manière, que le sieur Sapor explique pourquoi le sieur Natsuor, au lieu de demander un prix exagéré, tel que mille francs, par exemple, n'aurait parlé que d'un prix dérisoire de cent vingt francs? Le sieur Natsuor sachant, par une expérience toute récente, que, lorsqu'on ne connaît pas la valeur des livres que l'on a, il vaut mieux en demander beaucoup trop que de s'exposer à les offrir au rabais, n'aurait pas demandé cent vingt francs seulement, s'il était vrai que ce fût lui qui eût fixé le prix des ouvrages à vendre. Or, ce prétendu prix de 120 fr., ainsi demandé par le sieur Natsuor, n'a jamais existé que dans l'imagination intéressée du sieur Sapor. La vérité tout entière, la voici en peu de mots.

Le sieur Natsuor, à tort ou non, et bien qu'il ait une expérience suffisante du commerce, a pris pour règle invariable de n'en point contracter les mauvaises habitudes. Bien qu'il soit malheureusement admis dans la

---

(1) C'est en apportant les premiers volumes et en descendant de l'échelle, laquelle était appuyée contre la partie du magasin qui, au moyen d'une porte vitrée, communique, à droite en entrant, avec une petite salle à manger, c'est en descendant de l'échelle et avant toute autre condition, que Natsuor parla au sieur Sapor de l'*Office de la Vierge* vendu à M. Bachelin-Deflorenne (V. la *dixième présomption*).

pratique des affaires de se tromper les uns les autres quand on peut le faire impunément, il n'a jamais cherché et ne cherchera jamais à tromper qui que ce soit. Ancien fonctionnaire public, ayant appartenu à la première et à la plus noble des admistrations financières, à celle de l'Enregistrement et des Domaines, dans les rangs de laquelle il s'honorera toujours d'avoir été et dont il n'est sorti que pour cause d'indépendance de caractère et pour avoir des premiers, dans des ouvrages livrés à l'impression (1), donné le signal de grandes et

(1) Titres de ces ouvrages :

I. — *Des réformes urgentes à opérer dans l'administration de l'Enregistrement et des Domaines.* Paris, 1857, in-8° de 206 pages. — La deuxième édition de cet ouvrage, réimprimée par M. Blondeau, en 1857, forme un vol. gr. in-8° de 249 pages.

M. le Directeur général actuel de l'Enregistrement et des Domaines pourrait peut-être tirer quelques idées utiles de cet ouvrage, qui est trop personnel et assez mal coordonné, et qui, bien que rédigé parfois avec passion et violence, fournit en lui-même la preuve de l'honnêteté et de l'inexpérience de son auteur.

C'est moins un ouvrage qu'un recueil de matériaux.

II. — *De l'insuffisance du traitement actuel des préposés de l'Enregistrement et des Domaines.* Bruxelles, imprimerie de Guyot, 1858-1859, 1 vol. in-8° de 428 pages, en deux livraisons, dont la dernière n'a pu pénétrer en France.

C'est autant un ouvrage spécial qu'un recueil de correspondance administrative. — Cet écrit a contribué à faire quelque bien aux anciens camarades de Natsuor, dont on a augmenté depuis les remises.

L'auteur propose, dans cet ouvrage, d'adopter un traitement fixe déterminé d'après la double importance du travail et des recettes.

Cette réforme, qui n'a pas encore eu lieu, finira bien par arriver, s'il faut en croire des renseignements puisés à bonne source.

III. — *Le libre-échange, la douane et les contrebandiers.* Bruxelles, imprimerie de Guyot, 1860, 1 vol. in-8° de 176 pages.

L'auteur soutient les doctrines du libre-échange, et, en plaidant la

légitimes réformes qui se préparent en ce moment au Conseil d'Etat, ainsi qu'on a pu le voir dans le discours de S. M. l'Empereur, le sieur Natsuor s'est toujours fait un devoir d'apporter, dans ses opérations commerciales, la même intégrité et la même loyauté qu'il montrait dans ses fonctions publiques.

Le sieur Natsuor a tous les défauts et peut-être les qualités des hommes du midi. Né sous l'ardent climat de la Provence, et, avec son tempérament nerveux et irritable, incapable de dissimuler et de se contenir, il pousse la probité et la franchise jusqu'à la brusquerie et à la maladresse. Honnête homme lui-même, ayant tout au moins la ferme intention de l'être, il est ins-

cause de l'humanité, il signale les rigueurs draconiennes de la douane française.

L'introduction en France de cet ouvrage avait été expressément prohibée.

IV. — *Comparaison de la loi belge et de la loi française, en matière de droits de succession*, contenant le texte des lois belges et l'examen critique des dispositions de ces lois qu'il serait utile d'adopter ou qu'il convient de rejeter. Bruxelles et Valenciennes, 1859, 1 vol. in-8° de 168 pages.

C'est le seul de ces quatre ouvrages qui n'ait causé aucun désagrément à son auteur. Il n'a pas été sans influence pour la loi sur l'enregistrement et les successions que l'on prépare en ce moment au Conseil d'État (6 janvier 1864).

Le sieur Natsuor, qui est allé sur les les lieux mêmes, à Bruxelles, pour étudier la loi, et qui a fait imprimer l'ouvrage à ses frais, pense être en droit de demander une indemnité convenable.

Ces divers ouvrages du sieur Natsuor, dont la plupart sont absolument inconnus et pour cause, tendent à prouver, à travers beaucoup de fatras, que dans sa tête méridionale il y avait peut-être quelques bonnes idées. Mais des persécutions trop rigoureuses étouffèrent, à sa naissance, le peu de génie qu'il pouvait avoir.

tinctivement porté à croire à l'honnêteté et à la probité
de ses confrères. Dans ses relations avec le sieur Sapor,
le sieur Natsuor n'a eu qu'un tort très léger, celui d'a-
voir cédé trop facilement et de s'être laissé circonvenir
par les protestations intéressées de son adversaire. Mais,
sur ce point, son erreur est excusable, puisque, étant en
rapport pour affaires commerciales, depuis bientôt trois
ans, avec les principales maisons de Paris, notamment
avec MM. Marescq jeune, Prosper Baillière, Leclerc,
Hénaux et Claudin, il n'a jamais remarqué que ces libraires honorables aient abusé de la confiance qu'il a
eue en eux. Le sieur Natsuor fait même, sur ce point,
un appel spécial à M. Hénaux et à M. Claudin pour
qu'ils aient à déclarer s'il n'est pas vrai qu'entre confrères et dans ses opérations de commerce, il se montre
toujours facile et accomodant. Avec cette disposition
d'esprit, avec son caractère peu défiant et ses principes
invariables de probité, le sieur Natsuor, qui ne connaissait point personnellement le sieur Sapor et qui croyait
que la convenance des manières correspondait à l'honnêteté du fond, le sieur Natsuor pouvait être aisément
trompé : car voici la position délicate dans laquelle la
partie adverse l'avait mis.

Le sieur Natsuor avait consenti à ce que le sieur Sapor vînt chez lui le dimanche 29 novembre 1863, de
deux heures à quatre heures de l'après-midi. Le sieur
Sapor, d'après la note qu'il a remise au parquet, ayant
une grande envie de se procurer, de préférence à tout
autre libraire, les ouvrages dont le sieur Natsuor ne
lui avait fait de vive voix qu'une description sommaire
et très incomplète, changea le jour de son arrivée et se
présenta subitement chez lui le 26 novembre, vers les

neuf heures et demie du matin. Le sieur Natsuor s'appuyant, en cette circonstance, sur les habitudes des commerçants peu délicats et en appelant même, au besoin, au témoignage de tous les libraires ici présents, a vu, dans ce changement du jour d'arrivée du sieur Sapor, rapproché tant des mensonges de ce dernier que du marché désavantageux qui en a été la conséquence, et dont la conclusion a été sciemment précipitée par le sieur Sapor, une manœuvre frauduleuse ayant pour but d'induire en erreur le sieur Natsuor sur la valeur de ses livres, afin de les obtenir à vil prix. La partie adverse prétend, au contraire, qu'elle agissait loyalement et de bonne foi, et elle apporte en preuve cette circonstance qu'ayant offert 75 fr. de ce qui en valait au moins 500, elle l'a obtenu pour le prix de 80 fr. et par des moyens que d'aucuns, ici présents, réputent très honorables, c'est-à-dire en protestant, sur son honneur et à diverses reprises, que c'était bien là le prix courant, le prix loyal et commercial. Cette manière d'offrir d'une chose, pour être sûr de l'avoir, la sixième partie tout au plus de sa valeur, est assurément nouvelle en librairie ; et, comme cette explication paraît peu concluante, le sieur Natsuor persiste à voir, dans un tel fait et dans les circonstances où il a eu lieu, une manœuvre dolosive constituant le délit d'escroquerie prévu et puni par l'article 405 du Code pénal.

Quoi qu'il en soit, et laissant de côté cette petite digression, voici la position délicate dans laquelle le sieur Natsuor s'est trouvé. Il avait consenti à ce que le sieur Sapor se déplaçât : celui-ci avait jugé conforme à ses intérêts d'arriver trois jours plus tôt ; et le sieur Natsuor, bien qu'il eût déclaré au sieur Sapor qu'il n'était pas en mesure de recevoir sa visite ce jour-là, ne s'y était pas opposé d'une manière assez formelle. Cet empressement du sieur Sapor aurait dû lui paraître suspect; mais comme, jusqu'à présent, il n'avait jamais été trompé d'une manière sensible par aucun libraire, et qu'il n'ignorait pas que le sieur Sapor, qui reçoit de nombreuses commissions de la province, était celui des libraires de Paris qui, en vente publique, achetait le plus cher les ouvrages de sciences et d'histoire naturelle, le sieur Natsuor n'a vu d'abord dans cet empressement de son adversaire que la preuve du besoin qu'il avait des ouvrages à vendre et de l'intérêt qu'il avait également, pour être sûr de les avoir, d'en offrir le prix commercial. Or, le sieur Sapor ayant toujours affirmé de la manière la plus expresse que ses offres étaient sérieuses et loyales, le sieur Natsuor s'est trouvé dans l'alternative de croire à la probité et à l'honnêteté du sieur Sapor, ou de passer lui-même pour indélicat s'il refusait de vendre, le sieur Sapor pouvant l'accuser alors de ne l'avoir fait venir à ses frais, à Versailles, que dans l'intention de lui faire trier ce qu'il y avait de bon dans ses livres. Ainsi, dans le doute, et d'après ses tendances d'honnête homme, le sieur Natsuor n'a été trompé que parce que, dans la crainte de passer pour un confrère indélicat, il a pensé qu'il était de son devoir de croire, jusqu'à preuve contraire, à la probité et à la délicatesse du sieur Sapor. Et, en effet (le sieur Natsuor en appelle encore, au besoin, au témoignage de MM. Hénaux et Claudin, ici présents), toutes les fois que le sieur Natsuor se prête à ce que des libraires de Paris viennent chez lui, il a pris pour habitude, lorsqu'il croit à leur probité et à leur loyauté (et il n'a des relations suivies qu'avec ceux qu'il reconnaît pour tels), de ne jamais les laisser partir sans leur vendre quelques livres au prix qu'ils lui offrent, à moins que ce prix ne soit inférieur à celui qu'il aurait payé lui-même.

SEPTIÈME PRÉSOMPTION. — Le jeudi 26 novembre 1863, avant d'arriver chez le sieur Natsuor, le sieur Sapor se présenta chez M. Salmon, libraire à Versailles, vers les neuf heures du matin, et lui offrit quinze francs, comme prix sincère et commercial, de quelques ouvrages d'histoire naturelle qu'il savait valoir au moins trente francs, et qu'il a été facile à M. Salmon de vendre, quelques jours après, pour ce prix de trente francs, à M. Leclerc, libraire à Paris, rue de l'École-de-Médecine. Si donc le sieur Sapor a cherché à tromper M. Salmon qui, ayant plus d'expérience commerciale que le sieur Natsuor et n'ayant pas consenti à ce que le sieur Sapor vînt chez lui, n'avait aucun motif de s'en rapporter à l'évaluation de ce dernier, si le sieur Sapor, disons-nous, a cherché à surprendre la bonne foi de M. Salmon, il n'est pas étonnant qu'il ait fait le même jour et presque à la même heure de pareilles tentatives auprès du sieur Natsuor. Il n'est pas étonnant non plus qu'il ait réussi à l'aide de certaines manœuvres, et parce que le sieur Natsuor, pensant avoir affaire à un libraire honnête, a cru être placé dans l'alternative de vendre au prix offert ou de passer lui-même pour indélicat.

Si le sieur Sapor conteste l'exactitude de ces faits, elle sera prouvée par le témoignage de MM. Salmon et Leclerc.

Les livres, d'une valeur commerciale et certaine de

trente francs, dont le sieur Sapor n'offrait que quinze francs, en affirmant que c'était bien leur valeur réelle, provenaient de la vente publique faite au châlet de Gally, le lundi 23 novembre dernier, et c'est le sieur Natsuor lui-même qui avait informé le sieur Sapor de l'existence de ces volumes chez M. Salmon.

HUITIÈME PRÉSOMPTION.—Bien que, dans le marché relatif à l'*Office de la Vierge* relié en maroquin ancien, le sieur Natsuor eût été lésé de cent cinquante francs au moins, il n'a jamais fait de reproches à M. Bachelin-Deflorenne ni cherché à lui en faire, parce que, dans cette circonstance, et quoique l'ouvrage ne fût dans ses mains que depuis 24 heures tout au plus, le sieur Natsuor savait ce qu'il vendait et en avait lui-même fixé le prix (1). Ce fait est de notoriété publique auprès de beaucoup de libraires.

(1) Nous allons, sur ce fait, entrer dans quelques détails.

Le vingt-et-un novembre 1863, le sieur Natsuor se présenta chez M. Bachelin-Deflorenne, son confrère, auquel il vendit une toile de bouquiniste pour 4 fr., et deux petits almanachs de Versailles pour 2 fr. 50 c., ainsi que cela résulte de son registre de recette, n° 644.

Le sieur Natsuor dit ensuite à M. Bachelin : « Il paraît que vous avez « revendu à M. Miard l'*Office de la Vierge* que vous m'avez payé 95 fr. « Devinez combien M. Miard cote cet ouvrage. » — M. Bachelin répondit qu'il n'en savait rien, attendu que M. Miard, contrairement à son habitude, ne lui avait pas envoyé son dernier catalogue. — « Eh « bien, dit Natsuor à M. Bachelin, l'ouvrage est porté sur ce catalogue « pour le prix de cinq cents francs.—Cela n'est pas étonnant le moins « du monde, répliqua M. Bachelin, car j'ai moi-même vendu cet ou-« vrage trois cents francs à M. Miard. »

Le sieur Natsuor, d'après ce que lui avait dit M. Claudin, croyait que M. Bachelin-Deflorenne n'avait réalisé qu'un bénéfice net de cinquante francs. C'était donc le cas, pour le sieur Natsuor, ainsi éclairé

Dans l'affaire du sieur Sapor, le sieur Natsuor, au contraire, ne connaissait pas même le titre de la plupart des ouvrages qu'il vendait. Il savait seule-

subitement, de se plaindre de M. Bachelin, si celui-ci, comme le sieur Sapor, avait surpris sa bonne foi par des manœuvres frauduleuses. Or, le sieur Natsuor, avant comme après ce marché, a toujours vécu de bonne intelligence avec M. Bachelin, et lui a même vendu tout récemment, le dimanche 17 janvier 1864, pour 136 francs de livres.

Seulement certaines circonstances de l'affaire avaient été sciemment dénaturées.

Ainsi, le sieur Natsuor, induit en erreur par la personne même qui lui avait vendu l'*Office de la Vierge*, laquelle lui avait déclaré qu'elle en connaissait parfaitement l'importance, ne l'avait acheté, avec un petit lot de bouquins, au prix demandé de vingt-cinq francs, qu'après avoir consulté M. l'abbé Bertrand, célèbre orientaliste, demeurant à Versailles, rue d'Anjou, n° 47. Le sieur Natsuor n'avait, en conséquence, coté cet ouvrage que quarante francs. M. Bachelin s'étant présenté au domicile de ce dernier pendant son absence, remarqua le livre dont il est question, et, en ayant demandé le prix à la dame Natsuor, il se récria vivement, prétendant que l'évaluation de quarante francs faite par son mari était de beaucoup exagérée, et *n'avait pas l'ombre du sens commun* (ce sont ses propres termes). Il prit ensuite trois autres volumes reliés en maroquin rouge, estimés trente francs, et il offrit cinquante francs du tout. La dame Natsuor eut le bon esprit de ne pas vouloir vendre au rabais, et elle donna l'adresse de son mari qui assistait à une vente publique de meubles, rue Satory, n° 28, à Versailles.

M. Bachelin, ayant donc rencontré le sieur Natsuor, lui dit qu'il avait mis de côté, à son domicile, quelques volumes pour les lui acheter, *mais sans préciser quels étaient ces volumes.*

Natsuor, qui n'avait que de la veille l'*Office de la Vierge* et qui, même avant l'arrivée de M. Bachelin, soupçonnant qu'il ne l'avait pas coté à sa valeur, avait néanmoins oublié de le démarquer, répondit à M. Bachelin, avec vivacité et d'une manière impolie, qu'il ne voulait rien vendre, attendu qu'un volume précieux qu'il venait à peine d'acheter devait valoir beaucoup plus qu'il ne l'avait cru d'abord, et qu'il avait besoin, avant de rien conclure, de prendre des renseignements.

ment que c'étaient des ouvrages complets, des ouvrages d'histoire naturelle ou de sciences choisis par le sieur Sapor ; et s'il n'était pas vrai que ce dernier a indigne- .

Pensant ensuite dégoûter M. Bachelin, il lui dit qu'il ne laisserait pas ce livre à moins de cent francs.

M. Bachelin ne répondit rien. Il donna toute son attention à la vente qui avait lieu et dans laquelle il acheta plusieurs articles.

La vente finie, M. Bachelin retourna chez le sieur Natsuor, et, après avoir examiné avec plus d'attention l'*Office de la Vierge* relié en maroquin ancien, il manifesta tellement le désir de l'avoir que le sieur Natsuor fut persuadé qu'il valait bien plus de cent francs. Mais, lié par sa parole et ne voulant point passer pour un confrère indélicat, il consentit enfin à se dessaisir de ce livre pour le prix de cent francs que M. Bachelin, toujours lésineux, trouva le moyen de faire réduire encore à quatre-vingt-quinze francs.

Voilà, dans leur plus entière exactitude, comment les faits se sont passés. Ce n'est que par sa faute et sa lésinerie que M. Bachelin n'a pas eu pour quarante francs l'*Office de la Vierge* ; et, plus tard, il discutait tellement pour obtenir ce livre à un prix moindre de cent francs, il s'animait et s'échauffait de telle manière, qu'un libraire moins consciencieux que le sieur Natsuor, profitant de ce qu'on ne le prenait pas au mot pour le prix de cent francs, n'aurait pas vendu du tout, ou aurait demandé un prix beaucoup plus élevé.

S'il est donc vrai que ce soit M. Bachelin lui-même qui, en dénaturant les faits, ait affirmé à plusieurs libraires de Paris que le sieur Natsuor lui a manqué de parole et lui a fait payer quatre-vingt-quinze francs ce qu'il n'avait coté et réellement vendu que quarante francs, le sieur Natsuor serait en droit de se plaindre des procédés de M. Bachelin et de l'accuser sinon de mauvaise foi, du moins d'une grande légèreté ; car M. Bachelin, spécialement interpellé en présence de témoins, aurait déclaré qu'en mentant de cette manière, il n'avait entendu faire qu'une mauvaise plaisanterie : comme s'il était permis, entre personnes qui se respectent, de sauvegarder son amour-propre aux dépens de l'honneur d'un confrère ! Mais nous abandonnons M. Bachelin à ses remords et nous lui pardonnons de bon cœur, quoiqu'il soit assez dur, après lui avoir sciemment procuré une excellente affaire, d'en être récompensé par une aussi noire calomnie.

ment abusé de sa confiance, le sieur Natsuor n'aurait pas persisté dans ce procès dont beaucoup de personnes le détournent, procès qui le distrait de ses affaires commerciales, et à raison duquel, dans le cas où sa plainte ne serait pas admise, il s'expose à subir une condamnation que l'on met sans cesse en avant et qui, pour un calomniateur, pourrait en effet devenir grave.

NEUVIÈME PRÉSOMPTION. — La réputation commerciale du sieur Sapor n'est pas tout à fait intacte. Il passe en général, auprès de ses confrères, pour être difficile dans ses rapports avec eux. Il résulterait même du témoignage de M. C..., que les procédés du sieur Sapor ne sont pas toujours très délicats (1).

Et, pour en revenir à l'affaire actuelle, bien qu'il soit complétement faux, ainsi qu'on l'a suffisamment prouvé et qu'on va continuer à le prouver encore à l'aide de présomptions graves, précises et concordantes, bien qu'il soit complétement faux que le sieur Natsuor ait demandé 120 francs des livres et des brochures vendus

(1) Voici dans quelles circonstances : M. C..., qui publie des catalogues à prix marqués, avait placé de cette manière un ouvrage en province. Le sieur Sapor, ayant besoin du même ouvrage, vint le demander à M. C..., qui lui répondit qu'il en avait disposé. Sapor ne s'en tint point là. Il envoya, quelques temps après, une personne attachée à son service, laquelle, en l'absence de M. C..., parvint à circonvenir le commis de celui-ci, et se fit remettre l'ouvrage *en profitant des remises ordinaires.* M. C..., rentré à son domicile, s'étant aussitôt aperçu de cette erreur de son commis, courut chez son confrère lui réclamer l'ouvrage ainsi vendu, et lui justifia non-seulement qu'il l'avait placé dans la province, mais encore qu'il en avait annoncé l'envoi. Le sieur Sapor ne persista pas moins à conserver l'ouvrage dont il s'agit et il donna pour prétexte qu'il ne l'avait plus en sa possession.

au sieur Sapor, supposons que ce fait soit tel, la cause de la partie adverse ne deviendra pas beaucoup meilleure.

Le sieur Natsuor, au dire du sieur Sapor, aurait donc, par erreur ou par ignorance, démandé cent vingt francs seulement d'ouvrages que celui-ci savait être d'une valeur certaine et commerciale de cinq cents francs au moins. Le sieur Sapor, s'il avait été tant soit peu honnête, aurait dû payer sans marchander, car, en prenant le sieur Natsuor au mot, il n'en aurait pas moins fait une excellente affaire. Mais il y a un proverbe qui dit que l'appétit vient en mangeant. Le sieur Sapor, alléché par un tel bénéfice, aurait voulu l'augmenter encore. Qu'il explique donc comment il a pu amener le sieur Natsuor à lui laisser pour 80 francs ce qu'il savait valoir 500 fr. et au-delà, autrement qu'en affirmant à ce dernier que son prix était exagéré et en parvenant, à force de protestations fallacieuses, à le lui faire croire ! Ce ne serait donc encore que par des procédés peu délicats que le sieur Sapor aurait pu obtenir à vil prix les livres du sieur Natsuor. Mais les choses n'ont pu se passer de cette manière, ainsi qu'on va continuer d'en faire la preuve.

DIXIÈME PRÉSOMPTION. — Un fait bien certain, un fait avoué par le sieur Sapor et qui serait prouvé, d'ailleurs, par le témoignage de plusieurs employés de l'administration du chemin de fer, c'est que les ouvrages et les brochures vendus par le sieur Natsuor, tous sur l'histoire naturelle ou sur les sciences, formaient deux grands paquets d'environ vingt kilogrammes chacun, indépendamment d'un autre petit paquet, du poids de cinq à six kilogrammes, que le sieur Natsuor avait enveloppé d'une toile noire et qu'il emportait avec lui, mais pour le compte du sieur Sapor.

Les livres que ce dernier s'était appropriés par suite de manœuvres frauduleuses étaient donc d'un poids total de près de cinquante kilogrammes et comprenaient, soit d'après l'exploit du 27 novembre 1863 et la réponse du sieur Sapor transcrite au bas de cet exploit, soit d'après la note par lui déposée au parquet, environ quatre-vingts volumes in-8° et un fort lot de brochures et de livraisons.

Un autre fait non moins certain, également avoué par le sieur Sapor et qui serait encore prouvé, au besoin, tant par le témoignage de M. Salmon, libraire, ici présent, que par celui de plusieurs employés de l'administration du chemin de fer de Versailles, rive gauche, c'est que, dans la matinée du jeudi 26 novembre 1863, le sieur Sapor est resté trois quarts d'heure tout au plus dans le magasin du sieur Natsuor, depuis dix heures moins vingt-cinq minutes jusqu'à dix heures vingt minutes (1). Le même jour, en effet, le sieur Sapor, après avoir quitté M. Salmon, libraire à Versailles, à neuf

______

(1) En se pressant un peu, il est facile à un piéton, dans cinq à six minutes, de se rendre du n° 12 de la rue d'Anjou au débarcadère du chemin de fer de la rive gauche. Mais le sieur Natsuor et le sieur Sapor, ayant chacun un paquet assez lourd, furent obligés de s'arrêter en route, notamment dans la rue du Vieux-Marché, Natsuor pour serrer plus fortement les deux parties de son paquet, et Sapor pour se reposer un instant, le paquet de livres qu'il emportait étant trop lourd pour des épaules aussi délicates que les siennes.

Le sieur Natsuor, plus alerte et plus robuste, prit les devants, et, lorsqu'il se vit seul en face du débarcadère, il envoya au sieur Sapor

heures et demie du matin, s'était rendu chez le sieur Natsuor, rue d'Anjou, nº 12, à dix heures moins vingt-cinq minutes, et était parti avec lui pour Paris par le train de dix heures et demie.

Or, la plus grande partie des livres et des brochures vendus par le sieur Natsuor au sieur Sapor étaient placés dans le haut du magasin, un peu dans dans tous les coins, à raison du manque d'espace, et l'on ne pouvait les atteindre à cette hauteur qu'au moyen d'une échelle. Le sieur Natsuor a donc commencé par descendre ces livres, afin de les mettre à la portée du sieur Sapor ; celui-ci a fait ensuite attentivement son triage. Cette double opération, ainsi qu'on le prouverait au besoin par le témoignage de M. l'abbé Bertrand, a pris au moins vingt minutes. Il a fallu, en outre, un bon quart-d'heure pour faire les paquets et les envelopper et ficeler tant bien que mal. Sur trois quarts-d'heure, qu'est-il donc resté pour débattre les conditions de la vente ? — Dix minutes à peine.

Le sieur Natsuor n'a donc pu, dans un aussi court espace de temps, se rendre compte de la valeur de tant de volumes qui n'étaient pas même cotés, et qu'il ne pouvait coter de son chef et à ses risques qu'après le plus mûr examen, et après avoir consulté divers catalogues qu'il conserve avec le plus grand soin. Il est donc vrai qu'il n'a pas eu le temps de faire son

un commissionnaire qui lui fut très utile et sans lequel il ne serait jamais arrivé à temps.

C'est par cette circonstance que l'on explique comment le sieur Sapor et le sieur Natsuor, partis du nº 12 de la rue d'Anjou à dix heures vingt minutes, ne sont parvenus à la gare de la rive gauche que trois minutes avant le départ du train.

estimation et qu'il a dû s'en rapporter à celle du sieur Sapor.

Et si l'on admettait que, pour satisfaire aux pressantes exigences de celui-ci, qui voulait partir de suite, le sieur Natsuor eût fixé un prix en bloc et approximatif, il est évident, d'après toutes les considérations que l'on a développées ci-dessus, que, dans ce cas, soit à cause de son expérience commerciale, soit à cause de la leçon toute récente qu'il avait reçue au sujet de la vente de l'*Office de la Vierge,* le sieur Natsuor aurait parlé d'un prix très élevé, tandis que le prétendu prix de 120 fr. n'est qu'un prix dérisoire imaginé par le sieur Sapor pour mettre son offre frauduleuse en rapport avec un prétendu prix demandé.

Si le tribunal n'est pas suffisamment éclairé et si le requérant n'abuse point de sa bienveillance, il va prendre la liberté de continuer à lui présenter ses preuves, car il peut en fournir encore quelques-unes qui ne manquent ni d'intérêt ni de force.

ONZIÈME PRÉSOMPTION. — Le vingt-cinq novembre 1863, de midi à une heure, ainsi que la partie adverse le reconnaît dans une note remise au parquet et jointe au dossier (c'est la note dont on a déjà parlé), le sieur Natsuor se présenta chez le sieur Sapor pour lui offrir quelques brochures d'un très mince format, relatives aux sciences et à l'histoire naturelle. Le sieur Sapor choisit quatre de ces brochures, et le sieur Natsuor, s'en étant rapporté en quelque sorte à son évaluation, en lui disant, sur sa demande de prix, si pour lui, Sapor, elles ne valaient pas un franc, ce dernier répondit qu'elles ne valaient que 75 centimes, prix que le sieur Natsuor accepta sans difficulté. Cette première affaire, que celui-ci trouva avantageuse, le détermina à proposer immédiatement au sieur Sapor l'acquisition des ouvrages de science et d'histoire naturelle qui font l'objet du procès actuel ; et, comme le sieur Sapor avait tous les dehors d'un libraire honnête et les manières élégantes et polies d'une personne bien élevée, le sieur Natsuor, qui se trouvait en contact avec lui presque tous les jours dans les salles publiques de vente, n'aurait jamais soupçonné que son adversaire fût capable de le tromper d'une manière aussi grossière, s'il est permis, devant la justice, d'appeler crûment les choses par leur nom et de se servir du mot propre.

En agissant de la sorte, le sieur Sapor a même manqué aux règles les plus élémentaires de l'habileté commerciale ; car, si l'on considère quelquefois comme légitime et de bonne guerre de plumer la poule, il faut avoir l'adresse de ne point la faire crier, et c'est en cela surtout que consiste la véritable et honnête habileté. Or, le sieur Sapor s'est montré si avide et a fait preuve de tant de mauvaise foi, qu'au lieu de plumer délicatement la poule, il l'a écorchée, et tellement écorchée, qu'elle n'a pu s'empêcher de crier bien haut et de faire du scandale.

DOUZIÈME PRÉSOMPTION. — Le vingt-six novembre 1863, à midi moins un quart, le sieur Natsuor se présenta chez M. Marescq jeune, libraire, place de la Sorbonne, n° 3, pour acheter les *Œuvres complètes de Voltaire,* édition Hachette. Le sieur Natsuor ayant dit à M. Marescq qu'il arrivait de Versailles avec M. Sapor, auquel il avait vendu un fort lot d'ouvrages sur l'histoire naturelle, notamment les années mil huit cent trente-deux à mil huit cent quarante-quatre, complètes moins le quatrième trimestre de cette dernière année, des *Annales de la Société d'Entomologie,* M. Marescq jeune, qui savait que ces années étaient pour la plupart précieuses et rares, surtout les trois premières, demanda au sieur Natsuor combien il avait vendu ces documents. Celui-ci ayant répondu : « Quatre-vingts francs, avec beaucoup d'autres vo- « lumes; » M. Marescq poussa une exclamation de surprise, trépigna des pieds, et dit avec vivacité au sieur Natsuor : « *Mais, malheureux, les années seules* « *de la* Société d'Entomologie *valent cinq cents francs!* » A quoi le sieur Natsuor, stupéfait et rouge de colère, répliqua : « Comment! cinq cents francs; oh! c'est « par trop fort, et, s'il en est ainsi, M. Sapor m'a « indignement volé, car c'est lui-même qui a fixé « le prix, et il a présenté son évaluation de 80 fr. « comme exacte et sincère, et comme exagérée même de « cinq francs. »

Ainsi, dans ce premier moment décisif, et bien que le sieur Natsuor, par suite de ses instincts d'honnête homme et de ses habitudes de franc parler, ne sache pas se contenir, fasse souvent des aveux contre lui-même et parle plus d'une fois à tort et à travers, le sieur Natsuor, ainsi pris à l'improviste et avant qu'il eût pu adopter un plan quelconque, a toujours spontanément déclaré que ce n'est pas lui, mais bien le sieur Sapor, qui avait fixé le prix des ouvrages vendus.

En arrivant, une demi-heure après, chez M. Gardien, huissier, le sieur Natsuor a tenu le même langage, à lui-même, a son maître clerc et à plusieurs jeunes gens attachés à l'étude. Sur ce fait capital le sieur Natsuor a donc toujours dit la vérité, car la vérité est une, et Natsuor, malgré ses vivacités de langage, ses impromptus désordonnés et ses crises nerveuses, n'a jamais varié et ne s'est jamais contredit. M. Marescq jeune et M. le maître clerc de M. Gardien sont spécialement en mesure de certifier ce fait.

TREIZIÈME PRÉSOMPTION.—Malgré l'avis du magistrat qui s'est le premier occupé de cette affaire; malgré les conseils de M. Perrot de Chaumeux, son avocat; malgré l'opposition violente de tous les libraires qu'il a consultés et qui lui ont dit qu'il perdrait infailliblement son procès; en ajoutant que, mystifié et battu comme certain personnage des contes de La Fontaine, il avait le tort de ne pas se tenir en outre pour content et désintéressé; malgré l'avis de beaucoup d'autres personnes et de tous ses proches; enfin, malgré l'avis de tout le monde, et soutenu seulement par l'énergie de ses convictions, le sieur Natsuor a persisté à croire que le dol qu'il a l'honneur de signaler à la justice est plus qu'un dol civil, que c'est un dol criminel, une véritable escroquerie. Dès lors, ainsi que la partie adverse l'en a accusé publiquement dans l'une des salles Sylvestre, dans la soirée du 18 décembre 1863, ou le sieur Natsuor n'est qu'un malheureux monomane qu'il faut envoyer à *Charenton*, ou mieux à *Chaillot*, d'après l'observation de M. Huet, ici présent, attendu, aurait-il dit, que, dans ce siècle, où tout se perfectionne et s'épure, c'est à

Chaillot que l'on dit maintenant; ou le sieur Natsuor, disons-nous, n'est qu'un pauvre monomane dupe des illusions de son cerveau, ou, s'il est reconnu sain d'esprit, il faut admettre que son adversaire ment impudemment et s'est réellement rendu coupable du délit d'escroquerie dont on l'accuse.

Et, comme nouvelle preuve de la réalité des mensonges du sieur Sapor, nous citerons l'allégation contenue dans la note qu'il a déposée au parquet, allégation d'après laquelle le sieur Natsuor lui aurait avoué que les livres vendus quatre-vingts francs ne lui coûtaient que trente-sept francs, tandis que le sieur Natsuor, en présence de sa femme, a montré au sieur Sapor son livre de compte d'après lequel ce prix, en y comprenant les frais de voyage et ceux du transport des livres, s'élevait à quatre-vingts francs et avait en outre pour objet quelques autres volumes.

Pour couper court à toute difficulté sur ce point, le sieur Natsuor a l'honneur de présenter au Tribunal le bordereau de M. le commissaire-priseur dont, au surplus, on connaît déjà le témoignage.

QUATORZIÈME PRÉSOMPTION. — Le sieur Natsuor a toujours considéré l'affaire passée entre le sieur Sapor et lui comme constituant un délit d'escroquerie. C'est pourquoi il a porté immédiatement sa plainte à M. le commissaire de police; et, si le refus de celui-ci d'intervenir dans cette affaire l'a obligé à recourir au ministère d'un huissier, son opinion n'a pas changé pour cela : car, dans les notes qu'il a rédigées de sa main et qui ont servi à M. Gardien (notes que l'on a l'honneur de mettre sous les yeux du Tribunal), le sieur

Natsuor a toujours parlé de *dol* et de *fraude*. Et, comme il tenait à ce que la signification de l'acte fût immédiate, contraint et forcé par cette circonstance, il a dû accepter une rédaction qui n'était pas tout à fait la sienne et que l'huissier n'avait point paru disposé à rectifier.

Si, malgré cette concession du sieur Natsuor, la signification de l'acte, au lieu d'être faite dans l'après-midi du 26 novembre 1863, ne l'a été que le lendemain matin à neuf heures, ce retard n'a eu d'autre cause que celle-ci. Le requérant n'avait apporté avec lui qu'une somme de soixante-cinq francs. M. Marescq jeune, libraire à Paris, place de la Sorbonne, n° 3, auquel il déclara d'avance quel en serait l'usage, ayant refusé, par ce seul motif, de lui prêter pour un jour la somme de trente francs, afin qu'il fût en mesure de faire au sieur Sapor une sommation de rendre les livres contre la remise des quatre-vingts francs payés par ce dernier et l'offre de dix francs d'indemnité (1), le requérant fut obligé de retourner à son domicile, à Versailles, pour se procurer l'argent nécessaire, et, quelque diligence qu'il eût faite, il ne put arriver chez son huissier que

---

(1) Le sieur Natsuor n'a offert dix francs d'indemnité à son adversaire que pour lui ôter tout prétexte de ne point rendre les livres.

Légalement et même moralement, le sieur Natsuor ne devait rien, attendu que le déplacement de Sapor avait été volontaire, que Natsuor y avait consenti, *mais sans le provoquer*, et que Sapor s'était rendu chez M. Salmon avant d'arriver chez lui.

Dans une note remise au parquet, à l'appui de la plainte, le sieur Natsuor a expliqué que les termes impropres *requis par lui* que l'on remarque dans la sommation du 27 novembre 1863 (voir la page 6), sont l'œuvre de l'huissier et non celle de la partie plaignante.

le même jour vingt-six novembre 1863, à six heures et demie du soir.

Le sieur Natsuor, qui, en sa qualité de partie lésée, connaissait parfaitement toutes les circonstances de l'affaire, a toujours été tellement convaincu qu'il était victime d'une escroquerie, qu'il n'a pu s'empêcher, en présence d'interpellations spéciales à lui faites par MM. Hénaux, Saint-Denis et Miard, libraires à Paris, de soutenir publiquement ce système le dimanche 20 décembre 1863, dans une maison de campagne située sur les hauteurs de Sèvres, près de Ville-d'Avray, au quartier du Sentier-des-Vignes, en faisant observer que, bien que d'après son opinion personnelle il y eût délit d'escroquerie, il pouvait néanmoins se tromper, attendu que l'on est mauvais juge dans sa propre cause et que, tant que les Tribunaux n'auraient pas prononcé, il n'était en droit d'accuser ni Sapor ni qui que ce soit.

Et, en effet, le dix-huit du même mois de décembre, le sieur Natsuor avait rencontré ce dernier dans l'une des salles Sylvestre, et, comme Sapor ne paraissait pas disposé à lui rendre ses livres, il s'était borné à lui déclarer, à l'issue de la séance, que, s'étant prêté à ce qu'il vînt chez lui comme expert-libraire autant que comme acheteur, il avait indignement abusé de sa confiance en évaluant soixante-quinze francs ce qu'il savait valoir cinq cents francs et au-delà; abus de confiance que l'on devait donc entendre dans un sens mondain et au point de vue des simples relations sociales et d'honnêteté, et non dans le sens du Code Pénal et au point de vue d'un délit correctionnel. Le sieur Natsuor, par respect pour son adversaire, évita ainsi de dire publiquement toute sa pensée (1). Et, lors même qu'il se serait laissé aller à quelques vivacités de paroles, il serait certainement excusable, car toute personne qui est en mesure de prouver qu'elle a été victime d'une escroquerie, lorsqu'elle vient à rencontrer le voleur, est en droit de l'interpeller publiquement, si une réclamation faite à voix basse paraît rester sans effet. Or, le sieur Sapor affectant de garder un silence dédaigneux, le sieur Natsuor se trouva dans la pénible nécessité de lui dire, en présence de témoins, que, puisqu'il refusait de s'expliquer et de terminer l'affaire à l'amiable, il aurait à répondre prochainement devant le tribunal correctionnel.

Il fallait que le sieur Natsuor fût, intérieurement, bien convaincu de l'existence du délit, pour qu'il osât interpeller ainsi son adversaire, malgré les peines

---

(1) L'article du Code Pénal auquel on fait allusion est celui-ci :

« Art. 408. Quiconque aura détourné ou dissipé, au préjudice des « propriétaires, possesseurs ou détenteurs, des effets, deniers, mar-« chandises, billets, quittances ou tous autres écrits contenant ou « opérant obligation ou décharge, qui ne lui auraient été remis qu'à « titre de louage, de dépôt, de mandat, ou pour un travail salarié ou « non salarié, à la charge de les rendre ou représenter, ou d'en faire « un usage ou un emploi déterminé, sera puni d'un emprisonnement de « deux mois au moins, de deux ans au plus, et d'une amende qui ne « pourra excéder le quart des restitutions et des dommages-intérêts « qui seront dus aux parties lésées, ni être moindre de vingt-cinq « francs. »

Il est évident que cet article du Code Pénal, qui est placé sous la rubrique *abus de confiance*, ne s'applique nullement aux difficultés qui existent entre Sapor et Natsuor, puisque celui-ci, loin de confier ses livres à son adversaire, à la charge de les rendre ou de les représenter, a entendu les lui vendre d'une manière définitive et au prix commercial et courant.

4

prononcées contre les diffamateurs et les calomniateurs.
(Voir les articles de loi cités à la page 4.)

Et c'est dans cette circonstance que le sieur Sapor répondit à haute voix que Natsuor était un fou qu'il fallait envoyer à Charenton. A quoi celui-ci répliqua :
« Jupiter, tu te fàches, donc tu as tort, et je prends acte
« de ton imputation diffamatoire et publique. »

Comme certain personnage de l'antiquité qui disait,
en pareille occurrence : *Non me læsum sentio*, aujour-
d'hui le sieur Natsuor ajoute qu'à tout prendre, il ai-
merait encore beaucoup mieux passer pour fou que pour
fripon.

QUINZIÈME ET DERNIÈRE PRÉSOMPTION. —
Vaincu par tant de preuves, le sieur Sapor manifesta
l'intention de transiger, par l'entremise de M. Lécureux, libraire à Paris. A cet effet, il fit déposer, dans le
magasin de ce dernier, la plus grande partie des livres
et des brochures qui font l'objet du procès actuel.
M. Lécureux en informa le sieur Natsuor par une lettre
ainsi conçue :

Monsieur, veuillez passer chez M. Lécureux pour affaire qui vous
intéresse.

J'ai l'honneur de vous saluer.

Lécureux.

Paris, le 23 décembre 1863.

Le sieur Natsuor s'étant rendu auprès de M. Lécureux,
le samedi vingt-six décembre, fut invité à signer et approuver un désistement préparé d'avance, par lequel il
aurait abandonné sa plainte, aurait consenti à payer ses

frais d'avocat et de procédure, à rembourser le prix de 80 fr. payé par le sieur Sapor, et se serait considéré comme entièrement désintéressé au moyen de la remise, qui lui était offerte, de presque tous les ouvrages qui avaient fait l'objet du marché frauduleux denoncé à la justice.

Le sieur Natsuor, qui n'aurait pas mieux demandé, *même à ce prix*, de rentrer dans la possession de ses volumes, eut la délicatesse de déclarer à M. Lécureux qu'au moyen de ce désistement et de la remise qui serait faite des originaux des deux actes de procédure, le procès serait bien terminé devant les tribunaux, mais qu'il ne le serait point devant le public, attendu que, plusieurs circonstances de l'affaire ayant été indignement travesties, il se réservait au besoin de faire imprimer une brochure et de la communiquer à ses confrères.

Là-dessus on convint de part et d'autre de se donner un jour de réflexion. Le sieur Natsuor écrivit ensuite à M. Lécureux la lettre suivante :

Versailles, le 27 décembre 1863, au soir,
Rue d'Anjou, n· 12.

A Monsieur LÉCUREUX *, libraire à Paris, rue des Grands-Augustins, n° 3.*

Monsieur,

Bien que j'aie lieu de soupçonner que quelques volumes importants, sciemment ou par erreur, ne se trouvent point compris parmi ceux dont M. Sapor offre la restitution et qu'il a déposés dans votre magasin ; bien que mon honneur ait été cruellement attaqué par lui auprès de beaucoup de mes confrères de Paris, je veux bien, en votre considération personnelle, terminer cette malheureuse affaire par voie de transaction amiable.

Dès lors, partie civile et maître de la plainte à ce point de vue, j'aurai l'honneur de vous remettre demain, contre la réception de mes volumes, la somme de quatre-vingts francs et les deux originaux des actes de procédure.

Je désirerais qu'il soit bien constaté, en votre présence, qu'aucun des livres remis par M. Sapor ne porte ma marque de libraire.

Quant à l'action du ministère public, il ne dépend point de moi de l'anéantir pleinement, puisqu'elle pourrait avoir lieu même contrairement à ma volonté. Seulement, il n'est pas probable que le parquet intervienne d'office, attendu que le magistrat qui s'est occupé le premier de cette affaire n'y a vu qu'un procès civil et commercial.

Voici quelle sera ma formule d'approbation du désistement dont vous avez bien voulu mettre le modèle sous mes yeux.

Comme TRANSACTION, *et à ce titre seulement, j'approuve et je signe le présent désistement, entièrement préparé par la partie adverse ou par ses conseils. J'adhère surtout à cette transaction en considération de l'estime et du respect que j'ai pour M. Lécureux, notre honorable intermédiaire, choisi par M. Sapor.*

Veuillez agréer, Monsieur, mes salutations amicales et mes très humbles respects,

F. NATSUOR.

Le sieur Natsuor, ayant quatre enfants et bientôt cinq enfants à nourrir, et étant obligé de gagner son pain jour par jour et à la sueur de son front, avait été distrait de son procès par la force des choses et par la nécessité de ne point négliger ses opérations commerciales. Ce n'est que par ce motif qu'il se vit obligé de manquer, pour un jour seulement, à sa parole envers M. Lécureux. Il se fit un devoir, dès qu'il fût maître de son temps, d'en informer celui-ci par la lettre suivante :

Versailles, le 28 décembre 1863,
rue d'Anjou, n° 12, dix heures du soir.

Monsieur et honorable libraire,

Depuis ma lettre d'hier, j'ai reconnu qu'un ouvrage de Linné, que j'ai positivement compris dans les volumes livrés à M. Sapor, ne se trouve point parmi ceux qu'il a déposés chez vous. Cette découverte ayant changé mes soupçons en certitude, je suis autorisé à penser que d'autres volumes importants ont été retenus par M. Sapor. Demain sans faute, *si Deus et fata volunt*, j'aurai l'honneur de vous donner de vive voix toutes les explications nécessaires. Aujourd'hui je n'en ai pas eu le temps.

D'un autre côté, comme j'ai encore acquis tout récemment la certitude que mon adversaire, dans le but sans doute de se justifier à mes dépens, m'a calomnié auprès de beaucoup de nos confrères de Paris (1), je ne puis signer le désistement dont vous m'avez soumis le modèle qu'en faisant précéder ma signature de la formule suivante, que vous connaissez déjà en partie :

Comme TRANSACTION, *et à ce titre seulement, j'approuve et je signe le présent désistement, entièrement préparé par la partie adverse ou par ses conseils. J'adhère surtout à cette transaction en considération de l'estime et du respect que j'ai pour M. Lécureux, notre honorable intermédiaire, choisi par M. Sapor. Mais je me réserve positivement le droit de prendre, dans l'intérêt de mon honneur indignement attaqué*

---

(1) Le même jour, en effet, 28 décembre 1863, M. Auguste Durand, libraire à Paris, rue des Grès-Sorbonne, n° 7, avec lequel le sieur Natsuor s'était toujours trouvé dans les meilleurs termes, lui déclara, en présence de plusieurs de ses commis, qu'il ne voulait plus être en relation d'affaires avec lui.

M. Huet, également libraire à Paris, rue de Savoie, n° 12, a, depuis, tenu le même langage au sieur Natsuor. Et celui-ci a compris parfaitement qu'on ne le traitait de cette manière que parce que le sieur Sapor l'avait calomnié.

auprès de beaucoup de mes confrères de Paris, telle mesure qui me pa-
raîtra juste et convenable.

Je ne signerai donc qu'en ces termes le désistement de ma plainte ; et, si ces conditions ne conviennent pas à M. Sapor, l'affaire en restera là, et le tribunal correctionnel décidera prochainement quel est, de nous deux, le calomniateur et le coupable.

Vous m'avez manifesté, Monsieur, tout le regret que cette affaire ait pris une tournure aussi grave. La faute n'en est pas à moi. Dès le vingt-huit novembre dernier, j'ai pris deux témoins à mes frais et je les ai conduits en fiacre au domicile de M. Sapor pour lui demander, en leur présence, s'il persistait dans son refus de me rendre mes livres contre la remise du prix payé. M. Sapor ayant poussé jusqu'au bout la mauvaise foi et l'entêtement, force m'a bien été, après vingt jours de patience, et après l'en avoir averti en présence des deux témoins dont j'ai parlé, d'en appeler à la décision du tribunal correctionnel.

L'affaire actuelle, comme vous le voyez, n'est pas commerciale : c'est bien plus une affaire d'honneur que d'argent. Je fermerai donc les yeux, s'il le faut, sur les volumes qui manquent ; mais, sur les questions d'honneur et de dignité, je me montrerai toujours inflexible.

Mille pardons, Monsieur, de ma nouvelle importunité.

Agréez, je vous prie, mes civilités respectueuses.

F. NATSUOR.

Le sieur Natsuor s'étant, en conséquence, rendu de nouveau chez M. Lécureux le mardi 29 décembre 1863, à trois heures moins un quart de l'après-midi, accompagné de M. Mesny et d'un autre employé du chemin de fer, demanda à M. Lécureux, en leur présence, si le sieur Sapor voulait toujours terminer cette affaire à l'amiable et s'il acceptait le désistement de la plainte dans les termes que l'on vient de transcrire.

M. Lécureux répondit que non et présenta au sieur Natsuor le modèle primitif du désistement sur papier timbré, complété par une formule additionnelle dont

on a oublié de prendre la note, et qui était ainsi conçue :

*Je m'interdis expressément de publier quoi que ce soit,
ni en livre, ni en brochure, ni de toute autre manière,
sur l'affaire qui a donné lieu au présent désistement.
Au moyen de la remise qui m'a été faite des volumes désignés ci-dessus et qui comprennent tous ceux qui ont
fait l'objet de la vente ainsi résiliée, je me déclare au
contraire parfaitement satisfait et pleinement désintéressé.*

Le sieur Natsuor ne crut pas que son honneur lui
permit de signer et d'approuver une pareille formule.

D'abord il était faux qu'il fût pleinement désintéressé, puisque, ainsi qu'on l'a déjà dit et qu'on va
l'expliquer encore ci-après, plusieurs volumes ne lui
étaient pas rendus.

En second lieu, le sieur Sapor ayant affirmé et répété
à tous ses confrères que le sieur Natsuor avait fixé lui-
même le prix des ouvrages vendus, que la vente, quoique désavantageuse pour lui, avait été faite loyalement
et sans fraude, et que Sapor ne se tenait pour battu que
parce qu'il avait affaire à un homme de mauvaise
foi qui, pour se venger de ce qu'il n'avait pas su vendre ses livres, lui intentait méchamment un procès
correctionnel, et lui suscitait ainsi plus d'embarras et
lui faisait perdre plus de temps que n'avaient de valeur
et d'intérêt les volumes en litige ; enfin, le sieur Sapor
ayant, tout à son aise, diffamé et calomnié son adversaire, celui-ci répondit qu'on lui couperait le poing
plutôt que de lui faire signer et approuver une formule

au moyen de laquelle, et en la montrant à qui de droit, le sieur Sapor pourrait affirmer désormais, sans crainte de se compromettre, que le fripon n'était pas lui, mais bien le sieur Natsuor.

Le sieur Sapor, en effet, en s'étayant de cette pièce, aurait dit à tous ses confrères, au milieu desquels le sieur Natsuor se trouve tous les jours : « Lorsque mon adversaire a signé et approuvé cette formule, il savait que j'affirmais et répétais partout qu'il était lui-même un fripon insigne, un mauvais coucheur et un homme déloyal. Il n'a pu s'empêcher néanmoins de reconnaître, en présence des témoins les plus honorables, que j'étais fondé à le traiter comme tel, puisqu'il a renoncé formellement, avec pleine connaissance de cause et par écrit, à réfuter mes attaques et à présenter sa justification.

Comme condition de la restitution partielle des livres qu'il ne s'était appropriés qu'à l'aide de manœuvres frauduleuses, le sieur Sapor exigeait donc que son adversaire renonçât à la chose du monde la plus inviolable, à une chose qui est de droit naturel et dont les criminels eux-mêmes ne sont point privés, à une chose qui existe de plein droit et pour laquelle on n'a besoin de stipuler aucune espèce de réserve : *la défense de son honneur !*

M. Huet, libraire à Paris, rue de Savoie, n° 12, étant arrivé au moment où l'on discutait cette affaire, joignit ses instances à celles de M. Lécureux pour engager le sieur Natsuor à signer et approuver purement et simplement le modèle de désistement qui lui était présenté. Ce dernier déclara donc à ses confrères qu'il consentait, en leur considération, à ne plus parler des volu-

mes qui manquaient ni à mentionner qu'il n'adhérait
au désistement qu'à titre de transaction. pourvu qu'ils
voulussent bien, de leur côté, biffer la dernière clause
qui était un piége tendu par son adversaire à sa bonne
foi et à son honneur. Mais le sieur Natsuor, n'ayant pu
faire accueillir une demande aussi légitime, persista
dans son refus, et l'affaire en resta là.

En cette circonstance, M. Huet montra beaucoup de
partialité. Il se vanta, en présence de M. Lécureux (on
transcrit ses propres termes) *de faire tomber l'affaire
dans l'eau, s'il était nommé expert,* de faire voir aux juges des étoiles en plein midi et de leur prouver, même
à l'aide de ventes authentiques, que ce qui vaut mille
francs pour un particulier, peut très bien, pour un libraire, ne valoir que cent francs.

Le sieur Natsuor fut très peu ébloui des argumentations de M. Huet et continua de prendre, en la
présence et du consentement de M. Lécureux, sur du
papier fourni par lui, la note sommaire des livres et
des brochures dont le sieur Sapor offrait la restitution.

En voici un relevé très fidèle, bien que, à cause de sa
longueur et pour ne pas abuser de la bienveillance de
M. Lécureux, il n'ait pu être achevé et se trouve incomplet de quelques articles.

Dans tous les cas, M. Lécureux, M. Mesny et un autre
employé du chemin de fer de l'Ouest, furent témoins
que l'ensemble de ces ouvrages, tous sur l'histoire naturelle, comprenait :

Premièrement. Les années mil huit cent trente-deux
à mil huit cent quarante-quatre des *Annales de la
Société Entomologique de France,* treize années com-

plètes moins le dernier trimestre de 1844, en cinquante livraisons brochées et en très bon état;

Deuxièmement. Soixante-cinq volumes in-8°, tous brochés et en bon état, sauf deux ou trois volumes en demi-reliure basane;

Troisièmement. Et vingt-neuf brochures également in-8, en bon état et non reliées.

Le premier article, à cause de son importance, va donner lieu à quelques observations.

Les *Annales de la Société Entomologique de France*, publiées par une réunion de savants, forment un recueil très estimé, composé d'une livraison par trimestre, avec trois planches dont deux sont ordinairement coloriées avec soin.

Le prix annuel d'abonnement, pour les quatre livraisons formant ensemble un fort volume in-8, est de vingt-quatre francs, *même pour les libraires, auxquels il n'est fait aucune remise.*

Ce recueil, qui paraît depuis l'année 1832, n'a pas été mis dans le commerce. Il n'est tiré qu'à un petit nombre d'exemplaires et proportionnellement aux besoins des membres de la Société.

La collection complète, de 1832 à 1863 (32 années), se vend, aux sociétaires aussi bien qu'aux particuliers, de neuf cents francs à mille francs.

Les quelques exemplaires complets et d'occasion que l'on peut trouver dans le commerce conservent dèslors à peu près toute leur valeur primitive.

Une circonstance particulière, un incendie désastreux dont on garde encore le souvenir, a donné un grand prix aux trois premières années dont presque tous les exemplaires ont été brûlés, en 1834 ou 1835,

dans les magasins de M. Méquignon-Marvis, libraire-
éditeur, demeurant alors dans la rue du Pot-de-Fer, et
actuellement au boulevard Saint-Germain, près du Mu-
sée de Cluny.

Outre l'incendie de 1834 ou 1835, comme cause de
l'excessive rareté des années 1832, 1833 et 1834, les
quatre années suivantes (1835 à 1838) sont également
épuisées, c'est-à-dire qu'elles n'existent plus en nombre au siége de la Société, chez M. Buquet, son trésorier, rue Sainte-Placide, n° 50, à Paris, et qu'on ne
peut les trouver que difficilement et d'occasion.

Les années 1832 et 1833, surtout l'année 1832, sont
devenues tellement rares que, séparément, elles sont en
quelque sorte introuvables. Pour se les procurer, il
faut presque toujours acheter une collection complète.

.. Aucune des années du recueil de la *Société Entomologique de France* n'a d'ailleurs été réimprimée.

Pour tous les libraires qui vendent des ouvrages d'histoire naturelle, ces faits sont de notoriété publique, et
ils étaient particulièrement connus du sieur Sapor, qui
avait vendu la seule année mil huit cent trente-trois
à M. Prosper Baillière, pour le prix de cinquante francs,
et probablement davantage, ainsi que ce dernier l'a affirmé au sieur Natsuor, le 28 décembre 1863, en la présence de plusieurs de ses commis (1).

____

(1) Voici dans quelles circonstances :

Le sieur Natsuor croyait tellement être sûr de terminer l'affaire
à l'amiable qu'il amena avec lui, le 29 décembre 1863, chez M. Lécureux, deux commissionnaires du chemin de fer de l'Ouest pour empor-
ter les livres dont le sieur Sapor offrait la restitution.

Dans cette situation d'esprit, le sieur Natsuor s'était présenté la
veille dans le magasin de M. Prosper Baillière pour vendre les années

A l'aide des renseignements qui précèdent, et pour lesquels on peut consulter spécialement l'honorable M. Buquet, il est facile, d'après une note imprimée qu'il a remise au sieur Natsuor, et qu'on a l'honneur de produire devant le tribunal, d'établir avec certitude la valeur de la partie de ce recueil que l'on a vendue au sieur Sapor. Cette valeur, en chiffres ronds, peut être arbitrée, pour un particulier, à 450 francs, et, pour un libraire, au moins à trois cents francs.

En effet, les années 1832, 1833 et 1834, à cause de leur excessive rareté, se vendent. . . 200 fr. »

Les années 1835, 1836, 1837 et 1838, qui sont également épuisées, valent. . 160 »

Les années 1839, 1840, 1841 et 1842, au prix réduit de 12 fr. chacune, sont estimées. . . . . 48 »

L'année 1843 est d'une valeur de. . . 24 »

Enfin, les trois premiers trimestres de 1844 (on peut se procurer pour six francs le dernier trimestre) valent. . . . . 18 »

Total de l'estimation pour un particulier. . . . . 450 fr. »

1832 à 1844 des *Annales de la Société Entomologique de France,* dont il demandait quatre cents francs.

C'est en débattant le prix que M. Prosper Baillière avoua au sieur Natsuor que son adversaire ne lui avait vendu que cinquante francs l'année 1833.

M. Baillière cherchant à persuader au sieur Natsuor que son prix était exagéré, et le renseignement fourni pouvant être rétorqué contre son auteur, on est fondé à croire que le prix de cinquante francs était un peu plus élevé, nul commerçant, quelque honnête qu'il soit, n'étant tenu de fournir des renseignements contre lui-même.

Et pour un libraire au moins trois cents francs, ce recueil étant tiré à un petit nombre d'exemplaires, et les collections comprenant les années 1832 à 1844 étant excessivement rares, tandis que les années suivantes se trouvent assez facilement et à des prix plus réduits, ci . . . . 300 fr. »

L'estimation de cinq cents francs faite par M. Marescq jeune, libraire à Paris, dont on a parlé en plusieurs endroits, notamment à la *douzième Présomption* (page 44), était donc le prix de vente pour les particuliers, ainsi que M. Marescq l'a expliqué depuis au sieur Natsuor.

Après ces observations essentielles, nous allons présenter le tableau de l'énorme quantité de livres que le sieur Sapor évaluait d'une manière aussi consciencieuse.

INDICATION SOMMAIRE

Des ouvrages et des brochures que le sieur Sapor a offert de rendre au sieur Natsuor, le 29 décembre 1863, par l'intermédiaire de M. Lécureux et de M. Huet, libraires à Paris, en la présence de M. Mesny, employé basculeur à la gare Montparnasse, et d'un autre employé du chemin de fer de l'Ouest.

1. **Annales de la Société Entomologique de France,** années 1832 à 1844, moins le dernier trimestre de 1844, en bon état, brochées et complètes, en tout treize années formant cinquante livraisons, d'une valeur certaine et commerciale d'au moins trois cents francs, ci . . . . . 300 fr.

2. **Walckenaër.** — Histoire des insectes aptères. *Paris,* Roret, 1847, 4 vol. in-8, brochés, fig. noires. Prix fort. 41 fr.

3. **Milne-Edwards.** — Histoire des crustacés. *Paris,* Roret, 1834, 3 vol. in-8, brochés, fig. noires. Prix fort. 31 fr. 50 c.

4. **Lamouroux.** — Histoire des polypiers coralligènes flexibles, vulgairement nommés zoophytes. *Caen,* 1816, in-8, avec 19 planches. *Rare.*

> Coté trente francs dans le catalogue de M. Prosper Baillière.

5. **Savigny.** — Histoire naturelle et mythologique de l'ibis. *Paris,* 1805, in-8, broché, fig. Trois exemplaires.

> Le 30 décembre 1863, en la présence de son commis, M. Leclerc, libraire à Paris, rue de l'École-de-Médecine, n° 14, a offert au sieur Natsuor trois francs de chaque exemplaire.

6. **Savigny.** — Mémoire sur les animaux sans vertèbres. *Paris,* 1816, 2 parties in-8, brochées, avec 32 figures, tant noires que coloriées. — Trois exemplaires.

> Prix de chaque exemplaire. . . . . 24 fr.

7. **William Kirby and William Spence.** — An introduction to entomology. *London,* 1816, 1817 et 1826. — 4 volumes gr. in-8 : les deux premiers brochés, fig. coloriées ; les deux derniers cartonnés, non rognés, fig. noires.

> Au moment de la vente de cet excellent traité, le sieur Natsuor, n'ayant remarqué que les deux derniers volumes, a cru que l'ouvrage était incomplet. Le sieur Sapor, qui avait mis à part les deux premiers volumes et qui savait que cet ouvrage, dans le fait, était vendu complet, s'est bien gardé de détromper le sieur Natsuor, et a profité à son préjudice d'une erreur que Sapor lui-même avait provoquée.

8. **Latreille.** — Familles naturelles du règne animal, exposées succinctement et dans un ordre analytique, avec l'indication de leurs genres. *Paris,* 1825, 1 fort vol. in-8. br. Prix fort. . . . . 8 fr.

9. **Risso.** — Ichthyologie de Nice, ou Histoire naturelle des poissons. *Paris,* 1810, in-8, br., avec onze planches (*mouillé*). Prix fort. . . . . 6 fr.

10. **Risso.** — Histoire naturelle des crustacés des environs de Nice. *Paris,* 1816, in-8, br., fig. (*mouillé*). Prix fort. 4 fr.

11. **Pallas.** — Elenchus zoophytorum. *Hagæ comitum*, 1766, in-8, broché. Prix fort . . . . 4 fr.

12. **Fabricii.**—Fauna Groenlandica. *Hafniæ* et *Lipsiæ*, 1780, in-8, demi-basane. Prix fort. . . . . 7 fr.

13. **Fabricii.**—Systema antliatorum. *Brunswigæ*, 1805, in-8, boché. Coté. . . . . 4 fr.

14. **Duméril.** — Zoologie analytique. *Paris*, Alais, 1806, in-8, broché. Prix fort. . . . . 6 fr. 50 c.

15. **Cuvier.** — Règne animal. *Paris*, Deterville, 1817, 4 vol. in-8, br., fig. Prix fort. . . . . 28 fr.

16. **Wrisberg.** — Observationum de animalculis infusoriis satura. *Gottingæ*, 1765, in-8, br., fig. Coté. . . . 1 fr.

17. **Modeer** — Bibliotheca helminthologica, seu enumeratio auctorum qui de vermibus. *Erlangæ*, 1786, in-8, br. Coté 2 fr.

18. **Linnæi.**—Fauna suecica. *Lugduni Batavorum*, 1746, in-8, figures. Prix fort. . . . . 6 fr.

19. **Temminck.** — Manuel d'ornithologie, 2ᵉ édition. *Paris*, Dufour, 2 vol. in-8, br. Prix fort. . . . . . . 20 fr.

20. **Rudolphi.** — Entozoorum synopsis. *Berlin*. 1819, in-8, br., fig. Prix fort. . . . . 8 fr.

21. **Latreille.** — Considérations générales sur l'ordre naturel des animaux. *Paris*, 1810, in-8, br. Prix fort. . . 7 fr.

22. **Latreille.** — Genera crustaceorum. *Paris*, 1806, in-8, tomus primus.

L'ouvrage complet (4 volumes). . . . . . . 40 fr.

23. **Latreille.** — Mémoires sur divers sujets d'histoire naturelle des insectes. *Paris*, Deterville, 1819, in-8, br.

24. **Latreille.** — Histoire naturelle des salamandres. *Paris*, 1800, in-8, br.

25. **Lamouroux.** — Cours élémentaire de géographie physique. *Caen*, 1821, in-8, br.

26. **Lamarck.** — Corps vivants. *Paris*, Maillard et l'auteur, 1 vol. in-8, br.

27. **Delamarck.** — Extrait du cours de zoologie. *Paris*, 1812, in-8, br.

28. **Lesser,** *traduit par Lyonnet.* — Théologie des insectes, avec des remarques. *La Haye*, 1742, 2 vol. in-8, fig. Coté 4 fr.

29. **Linné.** — Philosophia botanica. *Berolini*, 1790, in-8, br., fig. Prix fort. . . . . 6 fr.

30. **Linnæi.** — Systema natura. *Lipsiæ*, Kiesewetteri, 1748, in-8, cart., fig. Prix fort. . . . . 6 fr.

31. **Linnæi.** — Faunæ suecicæ pars prima. *Lipsiæ*, 1800, in-8, br.

Cet ouvrage avait été vendu complet au sieur Sapor.

32. **Linnæi** (*Caroli*). — Entomologia faunæ suecicæ descriptionibus. *Lugduni*, 1789, in-8 de 765 pages. — Tomus primus.

Cet ouvrage avait été vendu complet au sieur Sapor.

33. **Delarbre.** — Essai zoologique. *Clermont-Ferrand*, 1797, in-8, broché. *Rare.*

34. **Walckenaër.** — Tableau des aranéides. *Paris*, Dentu, 1805, in-8, br.

35. **Helvetische.** — *Entomologie* der Schweizerischen insekten. *Zurich*, 1798, in-8, br. (En allemand.)

36. **Johanneau-Lathamy.** — Systema ornithologiæ. *Parisiis*, 1809, in-12, demi-rel., bas.

37. **Entomologie** du Puy-de-Dôme. Lamelli-Antennes. *Clermont*, 1809, in-8, br. *Rare.*

38. **Gravenhorst.** — Monographia coleopterorum micropterorum. *Gottingæ*, 1806, in-8. br.

39. **Necker.** — Physiologie des corps organisés. *Bouillon*, 1775, in-12, br.

40. **Gustavo de Paykull.** — Monographia staphyllinorum suesvæ. *Upsaliæ,* 1789, in-8, br. — *Deux exemplaires.*

41. — Monographia caraborum. *Upsaliæ,* 1790, in-8, br.

42. **De Nodder.** — The zoological Miscellany, vol. 2e, grand in-8, fig. coloriées.

Cet ouvrage a été vendu complet au sieur Sapor.

43. **Féburier.** — Essai sur les phénomènes de la végétation. *Paris,* 1812, in-8, br.

44. **Le Pelletier de Saint-Fargeau.** — Monographia tenthredinetarum. *Parisiis,* 1823, in-8, br.

45. **Saint-Amans.** — Philosophie entomologique. *Agen* et *Paris,* in-8, br.

46. **Rossius** (*Petrus*). — Fauna etrusca, tomus primus. *Helmstadii,* 1795, in-8, cartonné.

L'ouvrage a été vendu complet au sieur Sapor.

47. **Quelques autres volumes** dont, par suite de l'arrivée de M. Huet et de la discussion qui s'en est suivie, on n'a pas eu le temps de prendre les titres.

48. Enfin, **vingt-neuf brochures** in-8 d'Histoire naturelle, qu'il serait trop long et peu utile de détailler.

En examinant de près tant de bons livres, on ne s'explique guère, à première vue, comment le sieur Natsuor a pu se laisser circonvenir. Mais, si l'on veut bien remarquer qu'il désirait se mettre en bonnes relations de commerce avec le sieur Sapor, il sera facile de comprendre que, pour une première affaire, et ne croyant point être trompé, il ne devait pas se montrer défiant, car la confiance seule amène la confiance.

SUITE DES CONCLUSIONS MOTIVÉES

de la Partie civile et de la Discussion des Principes de Droit.

L'article 405 du Code pénal est-il applicable à l'espèce?

Attendu qu'au moyen des quinze présomptions graves, précises et concordantes, dans le détail desquelles il vient d'entrer, le sieur Natsuor pense avoir suffisament établi que c'est son adversaire et non lui qui a fixé le prix des ouvrages vendus ;

Que les autres circonstances du marché, dans leur partie essentielle, n'étant point niées par le sieur Sapor, l'exposé des faits présenté par la partie civile offre tous les caractères de l'exactitude et de la sincérité ;

Attendu, dès lors, qu'il ne s'agit plus que d'examiner si l'article 405 du Code Pénal est applicable à l'espèce, et qu'on espère démontrer qu'il en est ainsi à l'aide des considérations suivantes :

Il résulte des articles 1109, 1110, 1116, 1117, 118 et 1582 à 1658 du Code Napoléon, aussi bien que des articles 1, 109, 631 et 632 du Code de Commerce, qu'en règle générale et en matière de ventes de meubles, surtout entre commerçants ayant les qualités requises pour contracter, la lésion ne saurait vicier des *conventions légalement faites*. Et par *lésion* on doit entendre *le préjudice qu'éprouve l'un des contractants, par suite de la disproportion qui existe entre la valeur de l'objet qu'il a remis et la valeur de l'objet qu'il a reçu en retour.*

La sûreté du commerce veut, en effet, qu'on exécute les contrats, autant que possible; car la valeur des choses est extrêmement variable, arbitraire, difficile à déterminer, et celui qui stipule de bonne foi ne doit pas être trompé dans son attente. Sur ce point, le sieur Natsuor adopte donc pleinement les principes de son adversaire.

D'un autre côté, et quelque fâcheuses qu'en soient les conséquences, tout consentement sérieux oblige, pourvu qu'il n'ait pas été provoqué et obtenu à l'aide de manœuvres frauduleuses et déloyales.

Mais, dès que de pareilles manœuvres ont eu lieu et que la stipulation n'a pas été faite de bonne foi, ni par suite légalement, il n'existe plus ni consentement valable, ni contrat civil ou commercial. La lésion, surtout si elle est excessive, constitue alors un véritable délit correctionnel qui tombe sous l'application de l'art. 405 du Code Pénal, ainsi conçu :

« Quiconque... en employant des manœuvres frauduleuses...
« pour faire naître l'espérance ou la crainte d'un succès, d'un
« accident ou de tout autre événement chimérique, se sera fait
« remettre ou délivrer des fonds, des *meubles*, ou des obligations,
« dispositions, billets, promesses, quittances ou décharges, et
« aura, par un de ces moyens, escroqué ou tenté d'escroquer la
« totalité ou partie de la fortune d'autrui, sera puni d'un empri-
« sonnement d'un an au moins et de cinq ans au plus, et d'une
« amende de cinquante francs au moins et de trois mille francs
« au plus. »

Aux termes de cet article, trois faits distincts sont nécessaires pour l'existence du délit d'escroquerie : *premièrement*, l'emploi de moyens frauduleux ; *deuxiè-*

mement, la remise des valeurs obtenues à l'aide de ces moyens; *troisièmement* enfin, le détournement ou l'appropriation de ces valeurs, qui consomme l'escroquerie (Chauveau et Hélie, 3ᵉ édition, tome V, page 299).

Or, ces trois caractères du délit d'escroquerie se rencontrent évidemment dans l'espèce soumise au tribunal correctionnel de la Seine.

La remise des objets mobiliers ou des livres entre les mains du sieur Sapor, qui en a disposé comme il l'a entendu, est un fait certain, reconnu et avoué de part et d'autre; et c'est vainement que le sieur Sapor prétendrait avoir offert, dès le 23 décembre dernier, de restituer la plus grande partie des livres : ce serait là tout au plus une circonstance atténuante; mais il n'y aurait pas moins une escroquerie punissable, ainsi que la Cour de Cassation l'a décidé par ses arrêts des 6 septembre 1811, 30 janvier 1835, 4 avril 1839 et 12 avril 1844 (Gilbert, Code Pénal annoté, art. 405, nombres 136, 137, 138 et 143).

Quant à l'emploi de manœuvres frauduleuses, ce fait n'est pas moins indiscutable : car, s'il est admis par la Cour de Cassation, notamment par ses arrêts des 22 mai 1835, 1ᵉʳ juillet 1842, 18 janvier 1844, 7 août 1847, 10 mai et 14 septembre 1850 (Gilbert, Code Pénal annoté, art. 405, nombres 33, 34 et 39), que de simples mensonges, lorsqu'ils ne portent d'ailleurs ni sur le nom ni sur les qualités, ne sont point des manœuvres dans le sens de la loi, il n'est pas moins vrai que ces mensonges, quand ils sont réitérés et qu'ils sont complétés, comme dans l'espèce actuelle, par le double fait de l'arrivée subite de l'acheteur avant le jour primitivement convenu et de la conclusion du marché sciemment précipitée par lui, faits que l'on a déjà détaillés dans la *Sixième Présomption* ci-dessus (pages 27 à 32), il n'est pas moins vrai, disons-nous, que, dans de telles circonstances, les mensonges, au lieu d'être isolés de tout acte extérieur, sont appuyés de deux faits spécialement dolosifs, et constituent dès-lors une manœuvre frauduleuse.

En effet, selon la doctrine de Chauveau et Hélie (3e édition, tome V, p. 309), les manœuvres sont les moyens employés pour surprendre la confiance d'un tiers. Cette expression suppose une certaine combinaison de faits, une machination préparée avec plus ou moins d'adresse, une ruse ourdie avec plus ou moins d'art. Les paroles artificieuses, les allégations mensongères, les promesses, les espérances, ne sont point, *isolées de tout fait extérieur*, des manœuvres ; il faut qu'elles soient étayées d'un *acte quelconque* destiné à les appuyer et à leur donner crédit : circonstance qui existe dans le procès actuel, ainsi que nous venons de le démontrer.

Et l'*événement chimérique* qui complète les manœuvres du sieur Sapor, c'est l'estimation de quatre-vingts francs présentée comme sérieuse et sincère, tandis que la valeur réelle était au moins de cinq cents francs.

Après avoir prouvé, d'une manière sommaire et générale, l'existence du délit d'escroquerie, il ne sera pas inutile d'entrer dans quelques développements et de remonter aux véritables principes.

L'article 35, titre 2, de la loi des 19-22 juillet 1791, était ainsi conçu :

Ceux qui, par dol ou à l'aide de faux noms, ou de

*fausses entreprises, ou d'un crédit imaginaire, ou d'es-
pérances et de craintes chimériques, auraient abusé de
la crédulité de quelques personnes, et escroqué la totalité ou partie de leur fortune, seront poursuivis devant
les tribunaux de district, et si l'escroquerie est prouvée, le tribunal de district, après avoir prononcé les
restitutions et les dommages-intérêts, est autorisé à
condamner, par voie de police correctionnelle, à une
amende qui ne pourra excéder 5,000 livres, et à un
emprisonnement qui ne pourra excéder deux ans.*

« Cette loi, disent Chauveau et Hélie, en incriminant tous
ceux qui, par dol, avaient abusé de la crédulité et escroqué partie
de la fortune d'autrui, ouvrait la porte à toutes les plaintes, à tous
les griefs. Aucune disposition n'a donné lieu à plus de contestations de la part des parties, à plus d'erreurs de la part des juges.
Cette expression vague de *dol* permettait d'atteindre toutes les
espèces de fraudes, même celles qui, sans être jamais légitimes,
sont trop legères et trop insaisissables pour que la loi pénale
doive chercher à les punir, ou qui ne peuvent être poursui-
vies sans attaquer la foi due aux conventions (tome V, p. 297,
3ᵉ édition).

« Il existe, en effet, deux espèces de dol : le dol *civil* et le
dol *criminel*. Le premier comprend toutes les ruses et tous les
artifices qui, blâmables en eux-mêmes, sont employés moins
dans la vue de nuire à autrui, que dans le dessein de servir
les intérêts de celui qui en fait usage. C'est dans cette classe
qu'il faut ranger les actes mensongers, les simulations des contrats, les exagérations de prix. Le dol criminel se manifeste,
non-seulement par la simulation et la ruse, mais par des manœuvres coupables qui ont pour but de léser les intérêts d'autrui (Chauveau et Hélie, tome V, p. 297).

« L'exposé des motifs du Code Pénal porte : On a tâché, dans
la nouvelle définition de ce qui constitue le délit d'escroque-

rie, d'éviter les inconvénients qui étaient résultés des rédactions précédentes. Celle de la loi des 19-22 juillet 1791 était conçue de manière qu'on en a souvent abusé, tantôt pour convertir les procès civils en procès correctionnels, et par là procurer à la partie poursuivante la preuve testimoniale et la contrainte par corps, au mépris de la loi générale, tantôt pour éluder la poursuite de faux en présentant l'affaire comme une simple escroquerie. Cet abus cessera sans doute d'après la rédaction du nouveau Code. La suppression du mot *dol*, qui se trouvait dans la première rédaction, ôtera tout prétexte de supposer qu'un délit d'escroquerie existe par la seule intention de tromper. En approfondissant les termes de la définition, on verra que la loi ne veut pas que la poursuite en escroquerie puisse avoir lieu sans un concours de circonstances et d'actes antécédents qui excluent toute idée d'une affaire purement civile. »

Nous admettons dès-lors comme certain que, pour qu'il y ait délit d'escroquerie dans le sens de la loi pénale, il faut que l'auteur du délit ait employé, non-seulement la simulation et la ruse, mais encore et surtout des manœuvres coupables qui aient eu pour objet et pour résultat de léser gravement les intérêts d'autrui.

Que le sieur Sapor ait employé la simulation et la ruse, c'est un fait, d'après les nombreux développements dans lesquels nous sommes entré, qui est tellement acquis aux débats, qu'il nous paraît inutile d'insister sur ce point.

Ce qu'il importe de préciser, ce sont les manœuvres frauduleuses, et voici surtout en quoi elles consistent.

Le vingt-cinq novembre 1863, le sieur Sapor s'aperçoit que son adversaire ignore complètement la valeur des livres qu'il offre de lui vendre (voir les pages 11 et 12).

Le sieur Sapor, dans l'espoir de surprendre la bonne foi de Natsuor, lui propose donc de se rendre chez lui, à Versailles, le vingt-neuf du même mois de novembre, de deux heures à quatre heures de l'après-midi, ce qui est accepté de part et d'autre.

Le sieur Sapor, pour être plus sûr de tromper son confrère, arrive trois jours plus tôt, et, se disant très pressé de repartir, il précipite la conclusion du marché de telle sorte, qu'il obtient à très vil prix les livres de Natsuor.

Or, il est tellement vrai que c'est là une manœuvre frauduleuse, que si le sieur Sapor était arrivé un jour plus tard, le sieur Natsuor aurait eu le temps de se renseigner et n'aurait jamais vendu 80 fr. ce qui en valait 500. Cela est d'autant plus certain, qu'il lui a suffi de se présenter chez M. Marescq jeune, libraire, pour découvrir immédiatement la fraude. Or, M. Marescq, M. Prosper Baillière ou M. Leclerc, étant en bonnes relations d'affaires avec la partie civile, auraient eu la délicatesse de lui offrir un prix convenable, ainsi qu'ils en donnent des preuves tous les jours et depuis longtemps.

Le sieur Sapor n'est donc venu précipitamment à Versailles qu'avec l'intention de faire un bon marché au préjudice de son confrère ; et, pour arriver à ce coupable but, il n'a épargné ni démarches ni mensonges. Le dol qui en est résulté est donc *criminel*, puisqu'il a eu pour objet, avant tout, de léser le sieur Natsuor.

La circonstance de l'arrivée prématurée du sieur Sapor et de la conclusion du marché sciemment précipitée par lui, est décisive dans cette affaire. Elle explique comment ce qui, sans de certaines circonstances, ne constituerait qu'un dol civil, devient, ainsi aggravé, un véritable dol criminel.

Pour être clair et précis, nous allons citer un exemple.

Le fait d'obtenir la remise de sommes d'argent, à titre d'emprunt, au moyen d'allégations mensongères sur la cause de l'emprunt et sur les ressources de l'emprunteur, ne constitue pas le délit d'escroquerie (arrêt de la Cour de Cassation du 18 janvier 1844) ; mais s'il s'y joint des démarches ou voyages destinés à donner crédit aux allégations, l'escroquerie existe (arrêt de la Cour de Cassation, chambres réunies, du 20 avril 1844 ; —Gilbert, Code Pénal annoté, art. 405, n⁰ˢ 34 et 54). Ainsi, avec une circonstance de plus ou de moins, le dol est criminel ou purement civil.

Par analogie (et, en matière pénale, où les faits ne sont jamais identiquement les mêmes, on ne peut citer des autorités que de cette manière), par analogie, on peut dire que le voyage prématuré du sieur Sapor et la précipitation apportée dans la conclusion du marché ont converti le dol civil en dol criminel, de telle sorte que le sieur Sapor, à force de vouloir faire de l'habileté, a procédé avec une insigne maladresse et s'est réellement rendu coupable d'escroquerie, car, sans ce voyage et sans la précipitation du marché, son adversaire n'aurait jamais été circonvenu.

Ainsi que le font remarquer Chauveau et Hélie (Théorie du Code Pénal, tome V, p. 329, 3ᵉ édition), « la loi prévoit la remise ou la délivrance de *fonds, de* « *meubles ou d'obligations, dispositions, billets, pro-* « *messes, quittances ou décharges.* Le législateur a mul- « tiplié ces diverses expressions *pour atteindre tous les* « *actes préjudiciables.* »

Dès-lors, si le tribunal ne voit point, dans la double circonstance que nous avons précisée, une manœuvre déloyale et frauduleuse, — comme les dols purement civils, surtout en matière de commerce, sont très difficiles à prouver, il faudrait admettre que, pour les ventes de livres, quelle que soit la lésion, et par quelque moyen qu'elle ait été obtenue (autrement que par la violence), il n'y aura jamais dans le fait ni dol civil ni dol criminel, puisque, d'après la jurisprudence et la doctrine des auteurs, les simples promesses fallacieuses ni la dissimulation ne constituent aucune espèce de dol; ce qui conduirait infailliblement à cette conséquence pratique, que l'escroquerie ou tout au moins l'acte d'improbité et d'indélicatesse qui résulte du procès actuel, et non la bonne foi, étant bien souvent l'âme du commerce de la librairie parisienne, la loi, toute formelle qu'elle est, serait néanmoins impuissante à réprimer de tels abus.

RÉPONSE A QUELQUES OBJECTIONS.

PREMIÈRE OBJECTION.

Le sieur Natsuor s'est engagé dans un procès très délicat et qui le mènera beaucoup plus loin qu'il ne pourrait le croire.

Apprenti libraire jusqu'à ce jour, et maintenant simple libraire de province, tout récemment nommé par décision du 12 janvier 1864, comment le sieur Natsuor, qui n'a même pas encore fait ses preuves comme rédacteur de catalogues, ose-t-il, seul, sans appui, sans talent et sans fortune, attaquer une corporation aussi redoutable que la toute puissante librairie parisienne ? Ignore-t-il donc qu'elle est au-dessus des lois, du droit et de la justice ; ignore-t-il qu'elle viole impunément tous les jours, depuis un temps immémorial, l'article 419 du Code relatif aux coalitions (1) ?

Comment le sieur Natsuor, réduit à ses seules forces, espère-t-il, dans la personne de M. Sapor, l'un de ses membres, qui n'a fait que ce que font tous les autres libraires, comment le sieur Natsuor espère-t-il faire appliquer l'article 405 du Code Pénal, qui prononce des peines moins graves (2) ! Qui peut le plus, peut le moins ; qui a l'impunité sur un article capital, peut

(1) *Art. 419 du Code Pénal.* Tous ceux qui, par des faits faux ou calomnieux semés à dessein dans le public, par des sur-offres faites aux prix que demandaient les vendeurs eux-mêmes, par réunion ou coalition entre les principaux détenteurs d'une même marchandise ou denrée, tendant à ne la pas vendre ou à ne la vendre qu'à un certain prix, ou qui, par des voies ou moyens frauduleux quelconques, auront opéré la hausse ou la baisse du prix des denrées ou marchandises ou des papiers et effets publics au-dessus ou au-dessous des prix qu'aurait déterminés la concurrence naturelle et libre du commerce, seront punis d'un emprisonnement d'un mois au moins, d'un an au plus, et d'une amende de cinq cents francs à dix mille francs. Les coupables pourront de plus être mis, par l'arrêt ou le jugement, sous la surveillance de la haute police pendant deux ans au moins et cinq ans au plus.

(2) *Art. 405 du Code Pénal.* Quiconque, soit en faisant usage de faux noms ou de fausses qualités, soit en employant des manœuvres frauduleuses pour persuader l'existence de fausses entreprises, d'un pouvoir ou d'un crédit imaginaire, ou pour faire naître l'espérance ou la crainte d'un succès, d'un accident ou de tout autre événement chimérique, se sera fait remettre ou délivrer des fonds, des meubles ou des obligations, dispositions, billets, promesses, quittances ou décharges, et aura, par un de ces moyens, escroqué ou tenté d'escroquer la totalité ou partie de la fortune d'autrui, sera puni d'un emprisonnement

l'avoir à plus forte raison sur un article moins essentiel.

Natsuor n'a pas calculé suffisamment, comme So-PHRONIUS (1), tout le scandale qu'il allait faire, toutes les haines qu'il allait soulever; et, faible comme il est, il sera écrasé et foulé aux pieds pour avoir oublié la maxime du poëte :

> Craignez *d'un peu de bruit* les trompeuses amorces,
> Et consultez longtemps votre esprit et vos forces.

RÉPONSE A LA PREMIÈRE OBJECTION.

Voilà ce que l'on dit !..... ET JE DIS AUTRE CHOSE.

Loin d'attaquer une puissante corporation à laquelle il appartient depuis trois ans par ses relations journalières, Natsuor va prendre au contraire sa défense, car c'est dans son sein qu'il compte les meilleurs amis.

De ce qu'un membre est gangrené, s'en suit-il que tous les autres le soient? A côté des gens les plus honnêtes, il a toujours existé des fripons. C'est un inconvénient inséparable des choses humaines et auquel il faut savoir se résigner. Un corps entier, surtout lorsqu'il tombe en pleine dissolution, tant il est travaillé

d'un an au moins et de cinq ans au plus, et d'une amende de cinquante francs au moins et de trois mille francs au plus.

Le coupable pourra être, en outre, à compter du jour où il aura subi sa peine, interdit, pendant cinq ans au moins et dix ans au plus, des droits mentionnés en l'article 42 du présent Code : le tout, sauf les peines plus graves, s'il y a crime de faux.

(1) Question liturgique, traitée sous le pseudonyme de *Sophronius*, en huit pages pleines de sens et de bonne raillerie, qui ont mis en révolution le clergé de la France et surtout celui de Versailles.

par la jalousie et la concurrence, un corps entier dont presque tous les membres sont divisés, malgré leur apparente concorde, *un corps entier qui n'est plus constitué légalement*, ne saurait être responsable des fautes isolées d'un de ses membres.

On accuserait en outre certains libraires de Paris, sous le nom de *Bande Noire*, de se coaliser égoïstement, de se rendre maître des prix dans les ventes publiques, et d'entraver ainsi la naturelle et libre concurrence du commerce.

Si l'on y regarde de près, cette accusation superficielle n'est qu'une calomnie. Où peut-on voir une coalition dans le sens de l'art. 419 du Code Pénal? La marchandise dont il s'agit, les livres, disséminés dans toute la France, dans toute l'Europe et jusqu'en Amérique, ne sont nullement au pouvoir de la *Bande Noire*, et ne peuvent être accaparés par elle.

Quels sont les Sociétaires? — Bt, Bx, Df, F (source), G... (le gascon), Lq, LL, Ls, Pt, S.-D, desquels il est permis de dire tout au plus :

Il en est jusqu'à dix que l'on pourrait compter (1).

Quelle influence exclusive peuvent donc avoir les membres de la *Bande Noire* relativement au nombre

---

(1) *Désignation plus détaillée, et par ordre alphabétique, des chefs et des principaux membres de la fameuse Bande Noire.*

1. B..., au quartier du Poisson-d'Avril, figure allongée et maligne comme celle d'une fouine.

2. B...., au quartier de l'Opéra, figure rébarbative et bourrue comme celle du Juif Errant. C'est, au fond, une excellente pâte d'homme.

3. D...., sur les bords de la Seine, bon ton et bonnes manières, comme cela convient à des chefs de bande.

presque illimité des amateurs et des libraires de Paris?
— Aucune en réalité, puisque tous les autres libraires,
et Natsuor le premier, achètent en concurrence et à leur

4. F..., au quartier des Panoramas, un petit homme très habile, qui offre quarante francs, *comme volume remboîté*, d'un ouvrage rare et précieux, relié en maroquin ancien, dans sa reliure primitive et originale parfaitement conservée. Et tant pis pour l'imbécile qui, croyant au remboîtage, se laisse emboîter lui même et donne pour quarante francs ce qui en vaut plus de soixante !

5. G..., au quartier de la Porte, un véritable petit gascon qui offre cinq francs de bénéfice sur un lot de livres (dont huit volumes, ouvrage complet, reliés en très beau maroquin ancien avec dentelles), lot sottement vendu comme fouillis par un commissaire-priseur, et sur lequel il a été facile de gagner, d'un jour à l'autre, près de deux cents fr.

6. L..., qui n'est plus jeune, puisqu'il a des cheveux blancs, et qui tend ses filets sur les bords de la Seine. C'est peut-être le Rotschild de la bande. Par sa fortune et ses manières distinguées, il a droit à la considération et au respect de tout honnête homme.

7. L..., au quartier Montmartre, un gros homme assez commun, remarquable par une certaine dandinerie.

8. L..., qui n'est pas gras, au quartier des Capucins, un des plus inoffensifs et des plus honnêtes de la bande.

9. P..., c'est-à-dire en face d'un pont, aussi énorme et vigoureux que sa femme est petite et délicate ; homme d'ailleurs très habile, très bien élevé, et qui, par son tempérament, rappelle le type énergique de Mirabeau !

10. Enfin S.-D..., au quartier de la Pécheresse de l'Evangile, un gros petit homme trapu, à la figure boursouflée et aux petits yeux d'hippopotame. C'est un *animal raisonnable*, un commerçant plein de malices, qui croit avoir de l'esprit et que l'on peut comparer à *Gaudentius*, car il est de sa force.

Comme on le voit, ces dix commerçants sont très honorables et d'une parfaite moralité. S'occupant tous de la vente et de l'achat de livres d'occasion et ayant dès-lors un intérêt commun, il est tout naturel qu'ils s'associent entre eux, et ils le font sans aucune espèce de fraude.

barbe, et ne s'en trouvent pas beaucoup plus mal. Il est
d'ailleurs de notoriété publique qu'il existe une autre
petite bande rivale qui, au besoin, empêche la première d'être maîtresse des prix. Ainsi tout, en somme,
se passe assez régulièrement ; et, quand tout le monde
a tort, tout le monde a raison.

Au surplus, et pour des acquisitions d'une certaine
importance, il n'est pas défendu à ceux qui n'ont pas
assez de capitaux de s'entendre avec d'autres pour réunir et compléter la somme nécessaire.

La jurisprudence, en effet, consacre cette opinion de
Natsuor.

Ainsi, la Cour impériale de Paris a jugé, le 27 août
1842, que l'association entre plusieurs marchands de
bois, dans le seul but d'acheter les bois qui sont offerts
à la libre concurrence du commerce, ne constitue pas
une coalition, surtout s'il reste sur la place, entre les
mains des autres marchands de bois, une quantité au
moins égale à celle acquise par l'association. — Ainsi
encore, la Cour de Cassation a décidé, le 26 janvier 1838,
que les membres d'une société commerciale qui, par la
réunion de leurs capitaux et de leur industrie, amènent
la baisse du prix des marchandises, quelque excessive
qu'elle soit, ne se rendent pas, dans le sens de la loi,
coupables du délit de coalition (Gilbert, Code Pénal annoté, art. 419, n°s 1 et 14).

Ce que l'on pourrait dire avec plus de raison aux
membres de la *Bande Noire*, dont quelques-uns habitent
les bords de la Seine, et dont la plupart sont disséminés,
à droite et à gauche, sur toute l'étendue des Boulevarts,
depuis l'église de la Madeleine jusqu'à la place de la
Bastille, ce qu'on serait fondé à leur dire, c'est qu'ils fe-

raient bien de se montrer moins durs et moins jaloux envers leurs confrères; et lorsque, par exemple, ils ne veulent pas de certains livres au-delà d'un prix de cent cinquante francs, ils ne devraient point, par malveillance, les pousser jusqu'à cent quatre-vingts.

Quant à la seconde accusation, que les autres libraires de Paris se permettent tous les jours des actes pareils à ceux qu'on a signalés à la justice, c'est encore une pure calomnie.

En cette circonstance et pour nous servir d'une expression vulgaire, on a confondu *autour* avec *à l'entour*. Les libraires de Paris, en général, ne craignent pas de mentir un peu (c'est dans leur métier); mais ceux d'entre eux qui se respectent se gardent bien d'employer des manœuvres pareilles à celles du sieur Sapor.

Nous avons vu d'ailleurs (pages 68 et 74) que les affirmations mensongères et les promesses fallacieuses, isolées de tout autre acte, ne constituent ni un dol criminel ni même un dol civil.

Il est donc parfaitement licite de profiter d'un bon marché, pourvu que l'on n'emploie aucune manœuvre frauduleuse; de simples mensonges, nous le disons de nouveau, ne présentent rien de tel.

Et quant au *tolle* général d'indignation et de colère, quant au débordement d'injures et de fiel dont quelque loustic de GAUDENTIUS (1) semble nous menacer, nous sommes loin de nous en émouvoir.

(1) *Gaudentius* n'a pas été heureux dans le choix de son pseudonyme. *Sophronius*, mot tiré du grec, signifie un homme de bon sens. *Gaudentius*, tiré du latin *gaudere*, se réjouir, et, en vieux français,

Même après ce procès, et quelque scandaleux qu'en
doive être l'éclat, Natsuor continuera de tendre sans
rougir une main amicale à ses confrères de Paris, et ne
sera repoussé que par les esprits pusillanimes que la

se *gaudir*, signifie quelque chose comme : *un saltimbanque, un pail-
lasse*, en un mot, un LOUSTIC.

Gaudentius, qui est un prêtre de Versailles, n'est donc qu'un mauvais plaisant.

Voici, en effet, qu'elques extraits de son chef-d'œuvre, aussi profondément pensé que bien écrit :

*Lettre de J.-B. Gaudentius, jardinier-horticulteur, sur l'influence
de la feuille de Sophronius sur les chenilles noires foliphages. (Question d'histoire naturelle.)*

« Parmi toutes les feuilles plus ou moins putrides qu'un vent mal-
sain nous a apportées, pendant les jours brumeux que nous venons de
traverser, il en est une sur laquelle se sont jetées avec furie une foule
de chenilles noires affamées de tout comestible qui exhale une odeur
un peu douteuse. Cette feuille était tombée d'un arbre rabougri, à
l'écorce âpre et rugueuse, dont la séve fortement acidulée donne aux
rares feuilles qu'il produit un je ne sais quoi de méphitico-piquant qui
flatte le haut goût des très-friandes chenilles foliphages. Cet arbre
s'appelle *Sophronius*, nom jusqu'ici peu connu des hommes de la
science horticole, mais qui retentira désormais avec éclat dans tous
les traités de plantes vénéneuses, et dont on fera mémoire dans tous
les ouvrages de toxicologie bourgeoise. — Je disais donc que ces
jours-ci, une bourrasque avait détaché quelques feuilles qui couron-
naient le tronc creux et chenu de Sophronius. . . . .

« Le Sophronius (ainsi que je l'ai déjà insinué, si je ne me trompe),
le Sophronius, dis-je, est un abre rabougri, à l'écorce rugueuse, aux
branches couvertes de piquants. Son tronc large est creux au sommet,
et les quelques rares feuilles qui décorent sa tête dissimulent difficilement tout le vide qui est sous son front gercé par de nombreuses fê-
lures. Sa racine ne semble chercher dans le sol où elle est plantée que
les sucs les plus âcres, les plus acides, les plus empoisonnés. Lorsqu'il
croit par mégarde sur le sol d'une ville, toutes les eaux bourbeuses

moindre raillerie effarouche ; par ces hommes sans instruction première et sortis du néant, qui n'ont d'autre talent que l'aptitude commerciale, et qui, bien qu'arrivés au faîte de la fortune et des honneurs, n'ont jamais

venant des sources multiples de la cité sont absorbées aussitôt par les fibrilles de la racine de cet arbre. On dirait que cette racine est quasi-intelligente, tant elle sait se diriger du côté des courants souterrains qui lui apportent des sucs malsains. C'est de là que vient le liquide amer qui suinte sous son écorce et va ensuite empoisonner ses feuilles glauques. Ces chétives et malingres feuilles ne connurent jamais la fraîcheur : l'acidité en fait tout le mérite et aussi tout le danger pour les chenilles foliphages qui, après s'être imprudemment nourries de la feuille de cet arbre, ressemblent à des alambics ambulants qui distillent partout des sucs corrosifs et empoisonnés. . . . .

« Horticulteurs, attention !!... Guerre aux chenilles qui se nourrissent de la feuille de Sophronius. Si vous tenez à vos fleurs et ne voulez pas voir s'évanouir l'espérance de l'avenir qui vous promet des fruits, pourchassez-les à outrance, écrasez-les sans merci. Si vous n'y prenez garde, ces chenilles sophroniphages se multiplieront à l'infini (car rien ne se multiplie si vite que la chenille, disait le docte Aristote) ; et s[i] cette malheureuse multiplication se produisait, qu'adviendrait-il ? Ces chenilles deviendraient pour vos jardins une plaie mille fois plus terrible que celle des grenouilles et des têtards qui affligea jadis l'Egypte aux temps de feu Pharaon. Croyez donc au conseil d'un naturaliste désintéressé qui pousse le cri d'alarme.

Je sais bien que quelques zoologistes effrénés feront un plaidoyer en faveur des chenilles que je combats ; dans leur amour pour ces bestioles à la bave empoisonnée, ils sauront trouver des accents qui iront jusqu'à l'éloquence. Ils vous diront que rien n'est plus innocent que ces chenilles foliphages ; que la bave âcre qu'elles déposent sur tout ce qu'elles touchent est un préservatif qui tue des insectes tracassiers et importuns mille fois plus dangereux. Ne les croyez point, ces éloquents avocats des chenilles sophroniphages. Si vous avez à cœur la conservation des précieuses et jeunes plantes qui croissent autour de vous et réjouissent vos regards, courez sus aux bêtes foliphages ; écrasez-les sous vos pieds, ayant bien soin de ne pas les toucher de la main ;

mais su encourager ni comprendre une conception neuve et hardie ; par ces hommes dont fourmille notre siècle, malgré nos prétendus progrès, et qui, esprits routiniers par excellence, suivent docilement la règle

car le pied est le seul instrument dont il faut se servir en combattant les chenilles qui ont sucé le venin de la feuille du Sophonius.

« Dans mon jardin, à St-Cloud, ce 2 janvier.

« J.-B. GAUDENTIUS.

Appréciation de notre Lettre par les journaux de province.

Nous lisons dans l'*Echo Agricole* de Saint-Jean-de-Chignac l'appréciation suivante de l'ouvrage que nous donnons au public.

« Un homme modeste, dont le rare mérite avait été dérobé au pu-
« blic par les ombres discrètes de son jardin, où il se vouait généreu-
« sement à la culture spéciale des plantes potagères, vient de publier
« une lettre dans laquelle il dénonce au courroux des agriculteurs, les
« chenilles sophroniphages, fléaux des jardins. Celui qui a composé un
« si utile ouvrage a bien mérité de l'humanité horticole. Toutefois, il
« faut le dire, dans son légitime courroux, il a eu le tort d'être trop
« exclusif, et tout en dénonçant ce qu'a de pernicieux la feuille de
« Sophronius, il aurait dû ne pas taire la haute utilité que cette feuille
« pourrait avoir pour l'agriculture. S'il est évident que digéré par les
« chenilles noires, le suc de la susdite feuille est un disolvant très-
« actif pour toutes les plantes qui végètent dans nos jardins, il est
« aussi évident que le détritus de cette feuille, répandu sur une terre
« pauvre en humus végétal, l'enrichit, la féconde, grâce aux matières
« alcalines qu'il contient à haute dose. Mais il faut *bien* remarquer
« que pour enrichir le sol, il faut avoir *bien* soin que cette feuille soit
« *bien* hachée, triturée, mise en poudre. »

Nous terminerons ces citations, qui comprennent à peu près toute la brochure, par ces paroles sérieuses adressées au Prêtre-Loustic Gaudentius :

« Je viens de lire la lettre de *Gaudentius* et son salmigondis d'his-
« toire naturelle plein de fiel et de venin.

commune, et ne jugent de la valeur et de la moralité d'un homme que d'après les lois de l'apparence et du préjugé !

DEUXIÈME OBJECTION.

Quoi que puisse dire et répondre le sieur Natsuor, tous les libraires de Paris prendront fait et cause pour le prévenu : ce qu'il a fait, tous, en pareil cas et s'ils avaient été sûrs de l'impunité, n'auraient pas hésité à le faire. La manière d'opérer du sieur Sapor est certainement dans leurs principes : on appelle cela faire du commerce. Il faut être un provincial comme la partie plaignante, pour dénaturer ainsi les choses, et voir dans un tel fait un délit d'escroquerie. Commercialement parlant, c'est, au contraire, un acte des plus méritoires, car c'est la fine fleur de l'habileté parisienne.

Le libraire qui, en dépréciant, à l'aide de fausses affirmations, la marchandise offerte, l'obtient à très bas prix, prouve qu'il sait son métier et agit de bonne foi, *même en trompant le vendeur,* celui-ci ne devant pas ignorer qu'en matière de commerce, un mensonge fait

« Je n'en dirai que quelques mots :

« Ne répondre que par des injures, c'est s'avouer vaincu. »

Les *intrigants*, les *sycophantes* et les *docteurs au petit pied* (ce sont les termes de *Sophronius*) ont justifié le mot du poète :

Tant de fiel entre-t-il dans l'âme des dévots !

Mais ils n'ont pas réfuté des raisons sans réplique.

Plusieurs autres lettres, toutes de seize pages compactes comme la première, paraîtront très prochainement. *Sophronius*, qui est un homme sérieux, ne s'abaissera jamais à répondre à des injures.

Versailles, 22 janvier 1864.

à son profit ne constitue ni un acte coupable ni une manœuvre frauduleuse.

RÉPONSE A LA DEUXIÈME OBJECTION.

Dans de certaines limites, et ainsi que nous l'avons vu aux pages 68 et 74, l'acte, en effet, quoique moralement répréhensible, ne tombe point sous l'application de la loi pénale. Mais les libraires qui se respectent (et le sieur Natsuor en connaît) se gardent bien de commettre de tels actes d'indélicatesse et d'improbité.

Les usages de la librairie parisienne, contraires aux lois d'une saine morale et à la maxime que la bonne foi est l'âme du commerce, paraissent au sieur Natsuor dignes de figurer à côté des fameux cas de conscience du vénérable Escobar, si justement flétris dans les *Lettres provinciales*.

Si les tribunaux, à raison de l'indulgence de la loi pénale, sont obligés dès-lors de tolérer des usages contraires à l'exacte probité, il est du devoir d'un écrivain consciencieux de signaler de tels usages à l'indignation du public et des honnêtes gens.

TROISIÈME OBJECTION.

La base de la plainte est la valeur des livres vendus. Que le sieur Natsuor soit bien persuadé d'une chose, c'est que tous les libraires, ainsi qu'il a déjà pu le pressentir par les discours de M. Huet (voir la page 57), se coaliseront entre eux et chercheront à surprendre, sur ce point, la religion du tribunal.

RÉPONSE A LA TROISIÈME OBJECTION.

Si le prévenu ne convient pas que les livres vendus

étaient d'une valeur certaine et commerciale d'au moins cinq cents francs, la partie civile fera citer un certain nombre de libraires, et, quand ils seront devant le tribunal, en les interrogeant séparément et en l'absence les uns des autres, on saura bien les interloquer et leur faire dire la vérité.

Subsidiairement, le sieur Natsuor pourrait demander que l'on procédât à une expertise qui serait confiée, par exemple, à M. Buquet, à M. Baillière (Prosper), à M. Marescq jeune où à M. Poulet.

C'est donc vainement que certains libraires ayant affirmé que la fraude, par suite de la dénégation du prévenu, ne pouvant être prouvée que par le résultat d'une expertise, et les juges étant obligés, sur ce point, de nommer pour experts des libraires, ceux-ci mentiront à leur conscience et atténueront la valeur des livres à expertiser plutôt que de fournir des armes contre eux-mêmes et de condamer un confrère *qu'ils voudraient sauver à tout prix.*

Le tribunal aura tel égard que de raison aux résultats de l'expertise et saura comprendre que, d'après le principe qu'on ne peut être juge et partie dans sa propre cause, il sera prudent de se défier des estimations qui ne seront pas conformes à celles de l'honorable M. Buquet, lequel, n'ayant aucun intérêt direct dans cette affaire, se fera sans doute un devoir d'éclairer les juges et de dire toute la vérité.

Ainsi, nous pouvous l'affirmer en toute assurance :

Oui, nous succomberions, si nous n'avions pas des juges à Berlin ; oui, nous succomberions, si nous n'avions pas des magistrats intègres et intelligents qui apprécieront les témoignages individuels par leur force et leur moralité bien plus que par leur nombre, et qui, au milieu de tant d'affirmations et d'évaluations contradictoires, sauront discerner le vrai du faux et déjouer de coupables manœuvres! Nous considérons en effet comme telles toutes manœuvres qui auraient pour but de tromper la religion du tribunal, lors même qu'elles auraient lieu par esprit de confraternité, dans de bonnes intentions dès-lors et en faveur du prévenu.

CONCLUSIONS DÉFINITIVES DE NATSUOR

PARTIE CIVILE.

Attendu que le sieur Natsuor pense avoir démontré avec certitude, et sans l'intervention d'aucun témoin, que le sieur Sapor s'est rendu coupable, à son préjudice, d'un véritable délit corrrectionnel, en s'appropriant une partie de sa fortune représentée en livres; que le sieur Sapor n'a obtenus à très vil prix qu'à l'aide de manœuvres frauduleuses et déloyales (1) ;

Attendu que le sieur Natsuor, s'étant aperçu presque immédiatement du délit dont il était victime, a fait une sommation extra-judiciaire au sieur Sapor, dès le 27 novembre 1863, et dans les vingt-quatre heures du marché frauduleux ;

Que le sieur Sapor, poussant la mauvaise foi et l'improbité commerciale jusqu'à ses dernières limites, loin

(1) Ainsi qu'on le verra plus loin (page 97), d'après l'opinion des juges de première instance, il *n'y avait pas escroquerie* dans cette affaire, mais simplement *dol civil.*

de reconnaître loyalement sa faute et de chercher à implorer l'indulgence de la partie lésée, d'après le principe : *à tout péché miséricorde*, a travesti indignement tous les faits, s'est ouvertement moqué du sieur Natsuor et l'a même traité, soit publiquement, soit en particulier, auprès de beaucoup de ses confrères de Paris, de *fou*, de *fripon* et de *mauvais coucheur*;

Que le sieur Sapor, par suite d'un faux amour-propre, ne s'est donc pas contenté de tromper le requérant, qu'il l'a, en outre, cruellement diffamé et calomnié;

Que, lors même que la plupart des faits qui constituent la diffamation et la calomnie n'auraient eu lieu qu'à l'aide d'insinuations perfides répétées et colportées de libraire à libraire, le résultat en a été aussi fâcheux pour le sieur Natsuor que si la calomnie et la diffamation avaient été publiques, puisque, dans le fait, elles ont été portées à la connaissance de tous les libraires avec lesquels il se trouve en relation;

Attendu, d'ailleurs, que le mot de *fou* a été prononcé publiquement, en présence de beaucoup de libraires et de plusieurs amateurs, dans l'une des salles Sylvestre, rue des Bons-Enfants, n° 28, le vendredi dix-huit décembre 1863, le jour même où le sieur Sapor a été assigné devant le Tribunal correctionnel;

Attendu que c'est vainement que le sieur Sapor prétend qu'il avait été provoqué par son adversaire; — que celui-ci ayant l'intention de se désister de sa plainte, s'il parvenait à se faire rendre ses livres, il était tout naturel qu'il s'adressât, pour cet objet, au sieur Sapor; et ce n'est qu'après que ce dernier l'eût traité publiquement de *fou*, et par suite du scandale qui en résulta, que le requérant fut obligé de s'expli-

quer sur cette affaire, et il le fit en termes très convenables et de manière à blesser le moins possible le sieur
Sapor (*V.* les pages 48 et 49);

Attendu que le sieur Natsuor, ainsi qu'il l'a expliqué
en partie dans sa plainte, ne voulant point perdre son
confrère, ne l'a fait assigner devant le Tribunal correctionnel qu'après l'en avoir averti sérieusement et à
plusieurs reprises ;

Qu'en effet, le lendemain de la sommation extra-
judiciaire du 27 novembre 1863, le requérant se présenta au domicile du sieur Sapor, accompagné de
M. Mesny et d'un autre témoin, et lui demanda, en leur
présence, s'il persistait à ne pas rendre les livres contre
la remise du prix payé;

Que le sieur Sapor répondit encore qu'il ne rendrait
rien, la vente ayant été faite légalement et de bonne
foi, et le Tribunal de Commerce devant, d'après l'avis
unanime de tous les libraires qu'il avait consultés, *en
dénaturant les faits en sa faveur,* repousser les prétentions ridicules du sieur Natsuor ;

Que celui-ci répliqua que le Tribunal de Commerce,
d'après sa manière de voir, n'avait pas qualité pour
juger cette affaire, et qu'il ne suffisait pas de s'être fait
délivrer une patente de négociant pour pouvoir
tromper avec impunité, en réduisant à de simples
affaires civiles tous les délits correctionnels;

Que la loi pénale s'appliquant indistinctement à tout
le monde, aux négociants comme à ceux qui ne le sont
point, des actes d'improbité et d'indélicatesse, lors
même qu'ils auraient eu lieu entre commerçants et à
raison d'opérations de commerce, ne constituent pas

moins un délit qui, par sa nature, est de la compétence
du Tribunal correctionnel ;

Que si l'on admettait que le Tribunal de Commerce
est seul compétent pour statuer en pareille matière, la
célérité avec laquelle les affaires commerciales sont ex-
pédiées et jugées (célérité et procédure sommaire passées en force d'usage et établies dans l'intérêt même du
commerce, dont toutes les opérations doivent être
promptes et rapides) ne permettrait pas de réprimer
d'une manière suffisante les actes d'improbité et d'escroquerie entre commerçants, les juges consulaires
n'ayant pas d'ailleurs, sur ce point, l'expérience et la
sagacité des Tribunaux correctionnels ou criminels,
seuls aptes à statuer sur des questions relatives à l'honneur et à la probité ;

Attendu qu'à ce mot de *correctionnel* prononcé par
son adversaire, le sieur Sapor pâlit de colère ou
de peur, et lui répondit qu'il prît bien garde à lui,
cherchant évidemment, comme beaucoup de ses confrères, en pareil cas, à intimider la partie lésée, et faisant allusion aux dommages-intérêts auxquels celle-ci
pourrait être condamnée si la plainte n'était pas admise;

Attendu que le sieur Sapor, ainsi averti très expressément, en la présence de deux témoins, que c'est devant le *Tribunal correctionnel* que l'affaire serait portée,
et sachant bien, dans le for intérieur de sa conscience,
que le délit était réel, a consommé ce délit en persis-
tant à conserver les livres qui en faisaient l'objet;

Que ce n'est que le mercredi 23 décembre 1863, après
avoir sans doute consulté des personnes plus sages que
lui, que, dans le but de saper la plainte par sa base, il
a fait déposer chez M. Lécureux, libraire à Paris, la

plus grande partie des livres et des brochures enlevés
par fraude au requérant ;

Attendu que celui-ci, ainsi qu'il l'a écrit dès le principe à M. le Procureur impérial, a toujours été disposé
à terminer cette affaire à l'amiable et que, s'il en a été
autrement, c'est parce que son adversaire, comme on a
pu le voir à la *quinzième Présomption* (pages 50 à 56),
lui a imposé des conditions contraires à son honneur,
et auxquelles il était de son devoir de ne pas sous-
crire ;

Attendu que, aux termes de l'art. 63 du Code d'Instruction criminelle, et d'après deux arrêts de la Cour de
Cassation des 30 mai 1820 et 7 janvier 1830 *(Gilbert,*
Code d'Instruction criminelle annoté, art. 63, n° 45),
le sieur Natsuor devant porter de préférence l'affaire
devant le juge du lieu du délit, c'est-à-dire devant le
Tribunal correctionnel de Versailles, a néanmoins, selon la faculté laissée à la partie plaignante par l'art. 63
du Code d'Intruction criminelle, fait assigner le sieur
Sapor devant le Tribunal correctionnel de la Seine,
afin de déranger le moins possible son adversaire et de
lui donner tout le temps d'arriver à une transaction
amiable par l'intermédiaire et par les conseils d'amis
communs qui résident tous à Paris ;

Que, dès lors, la partie civile s'est ponctuellement
conformée, jusqu'au bout, aux règles de la convenance
et de la modération ;

Attendu que le sieur Sapor, bien qu'il se pique d'a-
voir et qu'il ait en effet, pour ceux qui ne jugent que
d'après les apparences, des manières plus distinguées
que celles de son adversaire, loin d'imiter les procédés
de celui-ci, l'a diffamé et calomnié sans motif valable,

à moins que l'on ne considère comme tel le désir qu'avait Sapor de rester tranquille possesseur des volumes livrés, et l'intérêt qu'il avait par conséquent à soutenir que la vente ayant été faite légalement et de bonne foi, le sieur Natsuor se plaignait à tort et était lui-même un homme dangereux *(pour les libraires)*, un mauvais coucheur et un fripon;

Attendu que cette conduite du sieur Sapor et sa persistance, du 27 novembre 1863 au 23 décembre suivant, et même depuis cette époque, à calomnier le requérant, l'a obligé, bien malgré lui et pour la seule défense de son honneur, à prendre une mesure qui lui répugnait beaucoup et à livrer un confrère indélicat à la justice et à la sévérité des tribunaux;

Que le sieur Natsuor n'a pu se dispenser d'en venir à cette mesure extrême, parce que son adversaire, même depuis qu'il a fait remettre les livres chez M. Lécureux, a continué de soutenir qu'il n'avait pas surpris la bonne foi du requérant, qu'il ne cédait que pour ne pas avoir le désagrément d'un procès correctionnel, et parce que, selon l'expression de M. Marescq jeune, le sieur *Natsuor était une canule ;*

Attendu que la partie civile croit avoir démontré que tous les torts sont du côté de son adversaire; et, si les considérations qu'elle a développées dans son Mémoire ne sont pas jugées suffisantes, elle offre de les compléter pour la plus prochaine audience, et de produire à cet effet des témoins directs, faculté qu'au besoin elle requiert légalement et d'une manière expresse;

Attendu qu'en considérant la preuve comme faite, il en résultera deux choses bien distinctes :

Premièrement, que le sieur Natsuor a été trompé;

Deuxièmement, qu'il a été indignement diffamé et calomnié;

Que, par suite, il a droit à une réparation pécuniaire correspondant au préjudice matériel qui lui a été porté, et à une réparation d'honneur correspondant au préjudice moral dont il est fondé à se plaindre;

EN CE QUI TOUCHE LES DOMMAGES-INTÉRÊTS MATÉRIELS,
OU RÉPARATION PÉCUNIAIRE :

Attendu que tous les livres et toutes les brochures que le sieur Sapor a enlevés au requérant à l'aide de manœuvres frauduleuses et déloyales ont, pour celui-ci et pour tout libraire consciencieux, une valeur certaine et commerciale d'au moins cinq cents francs;

Que le sieur Natsuor, à la place de livres qu'on offre de lui rendre en très grande partie, il est vrai, mais enfin qu'on ne veut ou qu'on ne peut point lui rendre dans leur intégrité primitive, serait fondé à demander le paiement de leur valeur entière;

Que néanmoins, et pour éviter toute difficulté à cet égard, il consent à reprendre, sur le pied de quatre cent vingt francs, tous les volumes et toutes les brochures qui étaient déposés chez M. Lécureux, après qu'il aura été bien constaté qu'ils s'y trouvent encore tous;

Que les quatre-vingts francs de surplus se trouveront compensés avec pareille somme que le requérant a reçue du sieur Sapor, et représenteront, à titre d'indemnité, les volumes qui manquent;

EN CE QUI CONCERNE LA RÉPARATION D'HONNEUR :

Attendu que c'est surtout auprès des libraires et des

amateurs de Paris qui suivent régulièrement les ventes publiques de livres, que le sieur Natsuor a été diffamé et calomnié ;

Que l'affiche par extrait, pendant trois mois, du jugement à intervenir, dans les quatre salles de vente, dites salles Sylvestre, rue des Bons-Enfants, n° 28, à Paris, et l'insertion, également par extrait, du même jugement dans les principaux journaux de la capitale, le tout aux frais du sieur Sapor, sembleraient, à la partie civile, présenter les caractères d'une réparation suffisante ; que, si le tribunal ne croyait pas devoir faire droit à cette dernière réquisition, la partie civile, tant pour le premier chef que, subsidiairement, pour réparation d'honneur, demanderait un complément de dommages-intérêts fixé à mille francs.

L'affaire étant ainsi suffisamment expliquée, avec motifs à l'appui,

Le sieur NATSUOR, Honoré-Joseph-Fortuné, partie civile, ancien receveur de l'Enregistrement et des Domaines, actuellement établi libraire à Versailles, rue d'Anjou, n° 12,

Requiert formellement, *sous la réserve des droits du Ministère public*, à ce qu'il plaise au Tribunal :

Premièrement, condamner le sieur Sapor à remettre au requérant, indépendamment d'une somme de quatre-vingts francs qui restera compensée avec celle qu'il a reçue du sieur Sapor, tous les livres et toutes les brochures déposés chez M. Lécureux, dans le même état et tels qu'ils se trouvaient dans le magasin de ce dernier, le 29 décembre 1863 ; si mieux n'aime le sieur Sapor, à la place de ces livres, remettre à la partie civile une somme de quatre cent vingt francs, à titre de complément de dommages-intérêts ;

Deuxièmement, ordonner, *le tout au frais du sieur Sapor,* que le jugement à intervenir sera affiché par extrait, pendant trois mois, à l'époque choisie et désignée par la partie civile, dans les quatre salles de vente de livres connues sous le nom de salles Sylvestre, et situées à Paris, rue des Bons-Enfants, n° 28 ;

Que pareil extrait du jugement sera inséré, également à l'époque choisie par le requérant, dans les principaux journaux de Paris, tels que *le Moniteur, le Siècle, le Temps, le Droit* ou *la Gazette des Tribunaux;*

Condamner le sieur Sapor à un complément de dommages-intérêts évalué à mille francs, mais dans le cas seulement où le Tribunal ne jugerait pas à propos d'ordonner l'affiche et l'insertion publiques demandées sous le deuxième chef ;

Condamner enfin le sieur Sapor à tous les frais de l'instance, dans lesquels entreront les honoraires de l'avocat du sieur Natsuor, attendu que le magistrat instructeur qui s'est le premier occupé de cette affaire, a exigé formellement, le 5 décembre 1863, lors de la comparution volontaire des parties devant lui, que le sieur Natsuor, qui déclara se constituer partie civile, se fît assister d'un avocat, s'il persistait à vouloir que le ministère public intervînt dans cette affaire,

ET SERA JUSTICE.

Versailles, 28 janvier 1864.

JUGEMENT

DU TRIBUNAL CORRECTIONNEL DE LA SEINE (7ᵉ chambre).

Audience du jeudi 28 janvier 1864.

§ 1ᵉʳ. OBSERVATIONS PRÉLIMINAIRES.

Tout ce qui précède, moins la citation de Boileau et l'épigraphe *vœ mundo a scandalis,* forme le contenu du *Mémoire* que le sieur Natsuor, partie civile, se proposait de produire devant la septième chambre du Tribunal correctionnel de la Seine, à l'audience publique du jeudi 28 janvier 1864.

L'impression de ce mémoire n'étant, ce jour-là, pas encore achevée, la partie civile n'avait apporté que deux épreuves dont une fut communiquée en partie à son avocat, quelques minutes seulement avant que la cause fût appelée.

Le sieur Natsuor demanda donc l'autorisation de lire quelques extraits de son Mémoire.

Les deux juges et M. le président composant le Tribunal correctionnel paraissaient tellement convaincus de la non-existence de l'escroquerie reprochée à la partie adverse, que l'affaire ne fut pas même examinée sérieusement.

C'est en vain que le sieur Natsuor insista pour lire au moins ses conclusions écrites ; cette faculté lui fut également refusée, et ce ne fut que par grâce spéciale que l'honorable M. Perrot de Chaumeux put dire quelques mots. Pour un avocat pris au dépourvu et qui adoptait, au fond, l'avis du Tribunal et du Parquet, il ne s'en tira pas trop mal, et le sieur Sapor eut le désagrément d'entendre, en présence du public, quelques vérités assez dures.

C'est en vain encore que la partie civile, si les preuves, selon elle mathématiques, résultant de son mémoire, n'étaient pas jugées suffisantes, offrit de produire des témoins à la plus prochaine audience et en fit verbalement la réquisition la plus expresse.

Le Tribunal, dont l'opinion, conforme à celle du ministère public, était arrêtée d'avance, parce qu'il était persuadé que la question d'escroquerie n'était pas même discutable, le Tribunal crut faire acte de sagesse en repoussant sur ce deuxième chef la demande du sieur Natsuor, probablement d'après ce principe qui lui paraissait applicable à l'espèce :

> *Le Juge prétendait qu'à tort et à travers*
> *(On ne saurait faillir) condamnant un pervers.*

La partie civile, qui s'était fait illusion à ce point qu'elle ne doutait pas le moins du monde que son adversaire, au vu de son Mémoire, ne fût condamné, *mais seulement à des dommages-intérêts* et à une simple amende, la partie civile ne saurait adopter un jugement aussi sévère.

Elle a écrit son Mémoire avec chaleur et d'inspiration, sous l'empire de crises nerveuses dont son style doit infailliblement porter l'empreinte. La conviction profonde qui l'animait, et qui est la meilleure garantie de sa bonne foi, était au moins égale à la conviction contraire des juges. S'il est vrai que *le style c'est l'homme*, cela doit être évident pour tout lecteur impartial, car il n'est

7

pas possible de dissimuler et de se contrefaire à ce point.

Le Tribunal, en refusant d'entendre le sieur Natsuor, nous semble avoir violé l'art. 190 du Code d'Instruction criminelle, puisqu'il n'a pas même donné à son défenseur le temps de prendre des conclusions, circonstance qui, en effet, n'est point mentionnée dans le jugement. Aux termes d'un arrêt de la Cour de Cassation du 26 mars 1824 *(Gilbert, Code d'Instruction criminelle annoté*, art. 190, n° 10), il ne suffit pas que l'affaire ait été *exposée* par la partie civile pour que le jugement qui s'ensuit soit réputé contradictoire à son égard ; il faut encore que la partie civile ait pris des *conclusions expresses :* on pourrait donc considérer le jugement rendu le 28 janvier 1864 comme n'étant pas contradictoire à l'égard du sieur Natsuor. En matière correctionnelle, en effet, les droits du prévenu et du plaignant sont corrélatifs dans tout ce qui se rattache à leurs moyens de défense ou de preuves. En conséquence, l'omission de prononcer sur une demande du plaignant qui avait pour objet de prouver les faits de sa plainte, constitue en sa faveur une nullité et un moyen de cassation (arrêt du 4 avril 1811 ; — *Gilbert, Code d'Instr. crim.*, art. 408, nombre 101). Et toute formalité qui a pour objet de mettre un prévenu en état de se défendre est censée avoir été omise lorsque l'accomplissement n'en est pas constaté (Cass., 15 janvier 1814 et 11 avril 1835 ; — même Code annoté, art. 408, nombre 33).

D'un autre côté, ainsi que l'enseignent Chauveau et Hélie (tome V, page 339, 3e édition), et d'après la jurisprudence de la Cour de Cassation (arrêts des 12 octobre 1838, 16 octobre 1840, 8 janvier 1841, 10 mai 1850 et 20 mars 1851 ; — *Gilbert, Code Pénal annoté*, art. 405, n°s 160 à 165), les jugements correctionnels doivent énoncer toutes les circonstances constitutives de l'escroquerie.

Et, spécialement, selon deux arrêts des 6 juin 1840 et 7 octobre 1842 *(Gilbert, Code Pénal annoté,* art. 405, n° 164), il y a nullité pour insuffisance de motifs dans le jugement qui, en relaxant un individu prévenu d'escroquerie, se borne à déclarer que le fait imputé à cet individu ne présente pas les caractères de ce délit (1).

Comme on le verra au paragraphe 2 ci-après, le jugement rendu le 28 janvier 1864 méconnaît ces principes.

Nous aurions pu dès-lors le soumettre à une juridiction supérieure et le faire casser, tout au moins pour vice de forme. Mais, en nous réservant d'y réfléchir d'une manière plus sérieuse, nous avons pensé qu'au

---

(1) Ce vice de forme étant capital, nous croyons utile de citer, à l'appui, d'autres autorités.

1. *Il est indispensable que les motifs s'expliquent sur les faits du procès, de manière à permettre de les apprécier.* — Ainsi, un jugement qui, en renvoyant les prévenus de la poursuite, se bornerait à déclarer que les faits, tels qu'ils résultent de l'instruction et des débats, ne constituent pas la contravention imputée aux prévenus, serait nul pour défaut de motifs (Cass., 28 août 1846 et 22 mai 1812, et opinion conforme des auteurs;— Gilbert, Code d'Instr. crim., art. 163, nombre 5).

2. Les motifs des jugements doivent porter sur tous les chefs de la prévention ou de la demande (Cass., 29 févr. 1828, 11 déc. 1829 et 28 avril 1848. — Gilbert, même Code, art. 163, nombre 7.)

3. L'escroquerie étant un délit particulier dont les caractères ont été déterminés par la loi, il s'ensuit que l'erreur des juges, en ce qui le constitue, est un moyen de cassation (Arrêts des 27 nov. 1812 et 17 sept. 1836). — Les arrêts qui statuent en matière d'escroquerie doivent donc, à peine de nullité, contenir le détail et l'appréciation de chacun des faits reprochés au prévenu (Cass., 22 mai 1812).— Voir le Code d'Instruction criminelle de Gilbert, art. 408, nombres 56 et 57, et les autorités qu'il cite.

fond et comme question de principe, le jugement du 28 janvier 1864 était peut-être inattaquable; qu'il valait mieux l'exécuter provisoirement et soumettre l'affaire au Tribunal de Commerce de Versailles, d'après l'unanime opinion des magistrats et du ministère public.

En effet, contrairement à ce que nous avions cru tout d'abord et à ce que nous croyons encore, et puisqu'il faut adopter l'avis de personnes qui se disent plus éclairées que nous, les manœuvres que nous avons signalées aux pages 71 à 74 n'ont pas un caractère suffisant de gravité pour constituer un *dol criminel*.

D'ailleurs, dans le procès intenté au sieur Sapor, il ne s'agit que d'une forte lésion; et, d'après la doctrine de Chauveau et Hélie *(Théorie du Code Pénal*, 3e édition, tome V, page 297), la lésion rentre dans la classe des actes mensongers, des simulations de contrats et des exagérations de prix, lesquels ne constituent jamais qu'un *dol civil,* ainsi défini par l'art. 1116 du Code Napoléon.

« Le *dol* est une cause de nullité de la convention, « lorsque les manœuvres pratiquées par l'une des par- « ties sont telles qu'il est évident que, sans ces ma- « nœuvres, l'autre partie n'aurait pas contracté. — « Il ne se présume pas et doit être prouvé. »

La thèse du *dol criminel* que nous avons soutenue avec bonne foi et qui nous paraît encore très discutable, pour ne pas dire certaine, n'était pas néanmoins tellement absurde qu'elle dût nous faire mettre en dehors du droit commun.

Il est vrai que le ministère public lui-même, quelques minutes avant que l'affaire fût appelée, nous avait engagé à accepter, au moyen de notre désistement de la plainte, la transaction proposée par le sieur Sapor et par l'honorable Mᵉ Moulin, son défenseur.

Notre refus formel avait probablement paru au Tribunal, qui n'a pas jugé à propos d'en connaître les motifs, présenter les caractères de l'obstination et de l'entêtement. Il a pu penser dès-lors que, par esprit de vengeance, nous avions tenu à ce que l'affaire fût plaidée, quelque scandale qu'il dût en résulter pour notre confrère. Si telles avaient été nos intentions, le Tribunal aurait très bien fait de nous interdire la parole. Et nous aurions éténous-même bien imprudent, puisque la partie adverse eût été fondée à nous demander des dommages-intérêts que le Tribunal aurait accordés sans difficulté, s'il avait cru à notre mauvaise foi (voir la page 4).

Pour nous, au contraire, qui n'étions mû que par les sentiments les plus honnêtes et qui, en agrandissant les débats, voulions les porter à la hauteur d'une question de morale publique, nous sommes trop fort de notre conscience pour que nous ne soyons pas fondé à nous plaindre du demi-déni de justice dont nous avons été l'objet, et de la *sévérité* avec laquelle M. le président nous a interrogé, en oubliant sans doute que, simple partie civile, nous n'étions ni un criminel ni même un prévenu, et que, du moment que notre adversaire, bien qu'assisté d'un avocat, ne concluait à aucun dommages-intérêts, on ne devait pas se montrer plus sévère que lui. Cette sévérité a été telle (par respect pour les convenances, nous évitons de nous servir du mot propre), cette sévérité a été poussée si loin que nous, qui sommes pourtant d'un caractère assez hardi, avons été d'abord intimidé et interloqué au point de ne pouvoir dire au juste quel était notre âge. Pour en tenir lieu, nous avons donné la date de notre naissance, qui est celle du 20 décembre 1821. Revenu de cette première émotion, nous avons vainement insisté pour lire notre Mémoire, au moins en partie ou par extrait : notre réclamation a été inutile. Et cependant l'escroquerie ne peut jamais être prouvée qu'en précisant, avec les plus minitieux détails, toutes les circonstances de l'affaire. La Cour de Cassation elle-même, ainsi que nous venons de le voir à la page 99, exige que ces détails soient insérés dans le jugement ou l'arrêt, afin qu'elle soit en mesure d'apprécier si les faits qui constituent ou non le délit d'escroquerie ont été appréciés sainement.

Au moment où l'affaire allait être soumise aux juges, on nous a offert, il est vrai, la restitution à peu près totale, contre la remise du prix payé, des livres dont l'acquisition frauduleuse a donné lieu au procès actuel; mais, comme condition de cette restitution partielle, on a continué d'exiger formellement la suppression du présent mémoire, ou de tout autre écrit quelconque sur le même sujet, condition contraire à notre honneur et que nous avons dû répudier de toutes nos forces, ainsi que nous l'avons expliqué aux pages 55 et 56.

Notre Mémoire sera donc imprimé pour être produit à l'audience de la Cour impériale, et nous le distribuerons seulement aux personnes auprès desquelles nous avons été diffamé, quelque contrariété qui puisse en résulter pour M. Sapor. S'il nous attaque pour une prétendue diffamation, nous répondrons par une demande reconventionnelle de même nature; car c'est lui le premier qui nous a trompé et calomnié, et qui, en nous mettant dans le cas d'une légitime défense, nous a obligé de nous justifier auprès de nos confrères de Paris, et de dissiper des préventions qui, même en ce moment, 15 mars 1864, subsistent encore.

Après ces explications nettes et catégoriques, nous allons reproduire le texte du jugement.

§ 2. — TEXTE DU JUGEMENT

Rendu par la septième Chambre du Tribunal correctionnel de la Seine, à l'audience publique du jeudi 28 janvier 1864.

Voici ce texte complet. Nous transcrivons littéralement l'extrait authentique qui vient de nous être délivré aujourd'hui 6 février 1864 (1).

Le jugement est net, précis, et parfaitement motivé. Par sa concision et son laconisme, il rappelle les beaux jours de Lacédémone, car il serait difficile de dire plus de choses en moins de mots :

Extrait des minutes du greffe du tribunal de première instance du département de la Seine, séant au Palais-de-Justice, à Paris.

« D'un jugement rendu en l'audience publique de police correctionnelle de la septième Chambre dudit Tribunal,

« Entre le sieur NATSUOR (Henri-Joseph), âgé de trente-deux ans (2), libraire, demeurant rue d'Anjou, n° 12, à Versailles, — demandeur, d'une part ;

---

(1) Pour la différence qui existe entre l'expédition ou l'extrait qui nous a été délivré et l'expédition plus complète jointe au dossier, voir, à la page 132, l'*Observation essentielle* qui termine le Mémoire adressé à la Cour impériale de Paris.—Il a été reconnu, à l'audience publique du samedi 5 mars 1864, que les additions signalées provenaient des notes d'audience ou des pièces jointes au dossier, additions qui ne sont faites que sur les expéditions en forme des jugements ou des arrêts.

(2) La promptitude avec laquelle l'affaire a été expédiée et jugée

« Et le sieur Sᴀᴘᴏʀ (François), âgé de 29 ans, libraire, demeurant au quartier de la Bastille, à Paris, célibataire, — défendeur, comparant à l'audience, d'autre part ;

« *Prévenu d'escroquerie.*

---

n'a pas permis sans doute à M. le greffier de recueillir exactement les prénoms du sieur Natsuor et la date réelle de sa naissance.

La partie civile s'appelle Nᴀᴛsᴜᴏʀ (*à rebours*), Honoré-Joseph-Fortuné. Son prénom habituel est *Fortuné,* ce qui est une véritable dérision, puisque, depuis qu'il est au monde, il court après la fortune sans avoir jamais pu l'attraper, et que sa vie excentrique et aventureuse, si jamais elle est connue du public, n'est qu'un long tissu d'infortunes plus ou moins tragiques, et qui n'ont pas toujours été méritées.

À tout prendre, Natsuor est un réformateur inconnu, un écrivain qui obéit à une voix intérieure et qui, poussant une idée jusqu'au bout et ayant le courage de son opinion, ne s'inquiète nullement des conséquences et n'est intimidé ni par les menaces des méchants, ni par la perspective de la prison, toujours réservée aux réformateurs calomniés ou incompris.

Natsuor, traité tantôt de fou, tantôt de mortel raisonnable, et condamné judiciairement ou administrativement pour *simple délit de presse,* a tour à tour habité, pour fort peu de temps, il est vrai, *Charenton, Bicêtre* et *Sainte-Pélagie.* Il se trouvait dans cette dernière prison, toute pleine encore des souvenirs de Béranger, au moment où ce grand poète rendait le dernier soupir.

Il paraît qu'à travers tant de persécutions et d'infortunes, Natsuor, soutenu et protégé par son bon ange, n'a nullement vieilli ; et il faut, malgré ses quarante-deux ans bien complets, qu'il ait encore la figure d'un jeune homme, comme il en a l'énergie et la vivacité, puisque M. le président du Tribunal ou M. le greffier ne lui donnent (et cela est écrit en toutes lettres) qu'un âge de trente-deux ans. Or, Natsuor est né à La Roquebrussane (Var), le 20 décembre 1821, et des langues malveillantes affirment qu'il a la tête aussi dure que les rochers de son pays natal. M. le président ou M. le greffier, ou tous les deux peut-être, lui ont fait dès-lors la gracieuseté de le rajeunir de dix ans. S'il avait encore des prétentions auprès du beau sexe, il devrait être flatté d'une erreur de cette nature. Mais, père de cinq enfants vivants, sans compter les trois

« En présence de M. le Procureur impérial,

« Il appert avoir été extrait ce qui suit :

« Le tribunal, après en avoir délibéré conformément à la loi, faisant droit :

« Attendu qu'en admettant que les faits allégués par NATSUOR seraient prouvés, ils ne constitueraient ni crime ni délit,

« Renvoie SAPOR des fins de la poursuite, sans dépens, et condamne la partie civile aux dépens.

« Fait et jugé par Messieurs : Boudet de Paris, chevalier de la Légion-d'Honneur, président ; Saunac, juge ; Delahaye, juge-suppléant nécessaire,

« En présence de M. Bachelier, substitut de M. le Procureur impérial,

« Assistés de Me Morel, greffier de la septième chambre,

« Le jeudi vingt-huit janvier mil huit cent soixante-quatre.

« En marge de la minute du présent jugement est la mention suivante :

« Enregistré à Paris, le 6 février 1864. Reçu un franc vingt centimes.   *Signé :* DABLANC.

« Pour extrait conforme délivré par nous, greffier soussigné, le six février mil huit cent soixante-quatre, y ayant appel par la partie civile.   *Signé :* MIGNARD.

Collationné : paraphé M.

Timbre du Tribunal de police correctionnelle.

Après avoir soumis plus tard l'affaire à un jurisconsulte, le texte authentique de ce jugement lui a paru

qui sont morts, il a trop renoncé aux vanités de ce monde, pour aspirer à d'autres conquêtes que celles du divin maître qui a dit :

« *Ne craignez point ceux qui peuvent emprisonner ou détruire le* « *corps, mais qui sont impuissants à tuer l'âme ;* » car le réformateur s'évanouit et passe, mais ses idées sont immortelles !

tellement contraire, *en la forme*, aux prescriptions de
la loi, que nous avons cru de notre devoir de persister
dans l'appel que nous avions interjeté, par mesure de
prudence, suivant acte passé au greffe du Tribunal correctionnel de la Seine, le jeudi 4 février 1864, avant
même d'avoir pu, *malgré notre réquisition formelle*,
prendre communication de la minute du jugement,
laquelle, au 4 février 1864, n'était pas encore déposée
au greffe.

Notre appel était formulé dans les termes que l'on va
transcrire ; mais, malgré toute la bienveillance dont
M. le commis-greffier a fait preuve à notre égard, il a
fallu, après avoir consulté M. le chef de bureau et M. le
secrétaire du Parquet, revenir à la formule ordinaire
et banale, M. le secrétaire ayant prétendu que notre
appel, dans les termes où il était rédigé, était irrévéren-
cieux envers M. le président du Tribunal.

Comme notre intention a toujours été de respecter la
justice, même dans ses erreurs, nous reproduisons ici,
pour qu'on puisse apprécier le jugement de M. le secrétaire du Parquet, les termes mêmes de notre projet
d'appel.

L'an mil huit cent soixante-quatre, le quatre février,

A comparu le sieur NATSUOR (Honoré-Joseph-Fortuné), ancien
receveur de l'Enregistrement et des Domaines, actuellement établi
libraire à Versailles, rue d'Anjou, n° 12, lequel, élisant domicile
au présent greffe, *et agissant en sa qualité de partie civile, et
encore au nom et dans l'intérêt du ministère public,* a déclaré
former appel du jugement rendu par le Tribunal correctionnel de
la Seine, septième chambre, le jeudi vingt-huit janvier dernier,
aux termes duquel jugement le sieur Sapor, libraire à Paris, au

quartier de la Bastille, prévenu d'un délit d'escroquerie commis au préjudice du sieur Natsuor, a été relaxé de toutes poursuites.

Les motifs principaux de cet appel sont les suivants :

1^{ent}.Contrairement à une réquisition expresse et légale, faite verbalement à l'audience, M. le président du Tribunal a refusé de la manière la plus absolue d'entendre la lecture, au moins par extrait, non-seulement du Mémoire de la partie civile, mais encore et surtout de ses conclusions écrites ;

2^{ent}. Le tribunal n'a pas non plus donné à l'avocat de la partie civile le temps de présenter lui-même ses conclusions ;

3^{ent}. La partie civile ayant offert, si les preuves résultant de son Mémoire n'étaient pas jugées suffisantes, de produire des témoins à la plus prochaine audience, le Tribunal n'a pas fait droit à cette demande légitime ;

4^{ent}. Aucune des circonstances constituant ou non le délit d'escroquerie reproché au prévenu, n'est insérée dans le jugement et n'a été énoncée publiquement à l'audience, malgré le vœu impératif de la loi et la jurisprudence expresse de la Cour de Cassation (Arrêts des 12 octobre 1838, 16 octobre 1840, 8 janvier 1841, 6 juin 1840, 7 octobre 1842, 10 mai 1850 et 20 mars 1851. *Gilbert, Code Pénal annoté*, art. 405, nombres 160 à 165);

5^{ent}. Enfin, en violation de l'art. 190 du Code d'Instruction criminelle, M. le substitut du Procureur impérial, bien que présent à l'audience, a gardé le silence le plus complet, ainsi d'ailleurs que le jugement le constate, et il n'a pu dès-lors, selon le vœu de la loi, ni résumer l'affaire ni donner ses conclusions ;

Sous la réserve de tous autres moyens à faire valoir devant la Cour impériale de Paris et de la preuve directe à fournir par témoins, indépendamment d'un Mémoire imprimé qui sera distribué à M. le président et à MM. les conséillers, ainsi qu'au ministère public.

A l'appui de son appel, et conformément à l'art. 207 du Code d'Instruction criminelle, la partie civile a déposé une épreuve d'imprimerie de son Mémoire.

L'irrégularité commise dans la forme nous a fait penser que le jugement, quant au fond, pouvait bien n'être pas mieux fondé, et, qu'avant de soumettre l'affaire au Tribunal de Commerce de Versailles, il convenait de la faire examiner sérieusement par la Cour impériale de Paris, chambre des appels de police correctionnelle.

En effet, un des divers cas du délit d'escroquerie prévus d'une manière générale et punis par l'art. 405 du Code Pénal, consiste, en faisant naître, à l'aide de manœuvres frauduleuses, l'espérance d'un événement chimérique, à se faire remettre des meubles, et à s'emparer ainsi de la totalité ou d'une partie de la fortune d'autrui (v. la page 67).

Le sieur Sapor, qui se trouvait dans ce dernier cas, dit à son adversaire : « Vous me connaissez comme « achetant, en vente publique, plus cher que toute « autre personne, les ouvrages de science et d'histoire « naturelle. Je suis donc en mesure de les payer mieux « que M. Prosper Baillière ou M. Leclerc, auxquels vous « avez l'habitude de les vendre, et vous pouvez vous en « rapporter à moi pour l'estimation, car je suis incapable de tromper qui que ce soit et surtout un confrère. »

Le sieur Sapor ne s'en tient point là. Sachant que le sieur Natsuor est excédé de veilles et de fatigues, et que les livres à vendre, tous encore en désordre, ne sont ni triés ni cotés, il arrive chez lui, à Versailles, trois jours plus tôt qu'on n'était convenu, précipite la conclusion du marché en se disant très pressé de repartir; et, au moyen de cette double manœuvre et d'affirmations mensongères et réitérées, il surprend la bonne foi de la partie civile et obtient, pour 80 fr., des livres qui en valent au moins cinq cents.

En opérant de cette manière, le sieur Sapor a fait naître, dans l'esprit de son adversaire, l'espérance de vendre ses livres à un prix raisonnable, à un prix commercial et courant; et cette espérance a été déçue, puisque le prix offert et payé de 80 fr. n'était que la sixième partie tout au plus de la valeur commerciale.

C'est donc, d'après les termes mêmes de l'art. 405 du Code Pénal, en employant des manœuvres frauduleuses et en faisant naître l'espérance d'un événement chimérique, que le sieur Sapor s'est fait remettre les livres du sieur Natsuor à très vil prix, et qu'il s'est approprié illégalement une partie de sa fortune.

Ce cas nous paraît, en conséquence, rentrer positivement dans ceux qui sont prévus par l'art. 405 du Code Pénal. Et c'est vainement que l'on allèguerait que, s'agissant ici d'une simulation de contrat (voir la page 100), le dol ne peut être que civil. La loi pénale, ainsi que nous venons de le voir, ne fait nullement cette distinction, car, dans sa généralité, elle qualifie le dol de *criminel* toutes les fois qu'on s'est emparé de la fortune d'autrui *en employant des manœuvres frauduleuses*. Or, dans l'espèce et ainsi que nous l'avons prouvé avec détail, notamment aux pages 66 à 74, et ci-dessus, page 108, de telles manœuvres ont eu lieu.

C'est vainement encore que l'on prétendrait qu'un prix quelconque ayant été payé et accepté, il ne saurait y avoir escroquerie dans le sens de la loi pénale. Si un tel système était fondé, il en résulterait qu'en matière de ventes de livres, quelque considérable que soit la lésion et par quelques manœuvres qu'elle ait été obtenue, il n'y aura jamais dol criminel, ce qui semblerait contraire au texte formel de la loi : car, à moins de voler directement et de se mettre tout à fait au nombre des malfaiteurs, ce n'est jamais que par la vilité de prix que, dans un marché relatif à des livres, on pourra se rendre coupable d'escroquerie. Or, l'art. 405 du Code Pénal, ainsi que nous l'avons déjà fait remarquer à la page 73, *in fine*, ayant pour objet, par la généralité de ses termes, d'atteindre tous les actes préjudiciables, il est impossible d'admettre qu'il ne s'applique pas à l'extrême vilité de prix, *lorsqu'elle n'a eu lieu que par suite des manœuvres frauduleuses et déloyales de l'acheteur.*

Ces considérations, qui ne manquent ni de force ni de justesse, et qui sont contraires à celles qu'on nous oppose à la page 100, nous ont porté à persister dans notre opinion primitive et à soumettre l'affaire, avec quelque espoir de succès, à la décision de la Cour impériale de Paris, chambre des appels de police correctionnelle.

Nous avons, à cet effet, rédigé un nouveau Mémoire très succinct, dans lequel nous nous en sommes tenu à l'exposé pur et simple des faits, avec preuves offertes à l'appui, et que nous avons déposé au greffe de la Cour impériale de Paris, le 20 février 1864 (1).

(1) Le mémoire déposé au greffe de la Cour impériale de Paris, le samedi 20 février 1864, porte entièrement écrites de notre main, les mentions suivantes, savoir :

§ 1er. *En tête et à la première page :*

PIÈCE PRINCIPALE accompagnée de cinq autres pièces désignées au bas de la page 16.

§ 2. *Au bas de la page* 16 :

Epreuve d'imprimerie déposée au greffe de la Cour impériale de

Bien que ce Mémoire ne soit, en très grande partie, que la reproduction des premières pages du présent volume, nous allons le transcrire en entier, d'après le principe : *bis repetita docent.*

MÉMOIRE

PRÉSENTÉ

A M. LE PRÉSIDENT ET A MM. LES CONSEILLERS

COMPOSANT LA COUR IMPÉRIALE DE PARIS

Chambre des appels de Police Correctionnelle.

EXPOSÉ DES FAITS.

MESSIEURS,

Le soussigné, Honoré-Joseph-Fortuné NATSUOR, nouvellement établi libraire à Versailles, rue d'Anjou, n° 12, en vertu d'un brevet délivré le 12 janvier 1864, a

Paris, chambre des appels de police correctionnelle, à l'appui de l'appel interjeté par la partie civile, soussignée.

Paris, le 20 février 1864.

F. NATSUOR.

§ 3. *Au bas de la même page 16 et un peu plus loin.*

PIÈCES JOINTES A L'APPUI DU PRÉSENT MÉMOIRE :

1° Les pages 65 à 74 d'un autre Mémoire imprimé (*c'est le présent volume*) ;

2° Bordereau de M. Courteville, commissaire-priseur (*premier fait du présent Mémoire*) :

l'honneur, en sa qualité de partie civile, de déférer à votre haute juridiction un jugement rendu par le Tribunal correctionnel de la Seine, 7ᵉ chambre, le jeudi vingt-huit du même mois de janvier, dont il a interjeté appel par acte passé au greffe du même Tribunal, le quatre février suivant; aux termes duquel jugement M. Sapor, libraire à Paris, au quartier de la Bastille, prévenu d'un délit d'escroquerie commis au préjudice du sieur Natsuor, a été renvoyé des fins de la poursuite.

Voici, dans toute leur simplicité et avec leur plus entière exactitude, les circonstances dans lesquelles aurait été commis le délit reproché au prévenu.

I. — *PREMIER FAIT*. — Le lundi 23 novembre 1863, le sieur Natsuor s'est rendu publiquement adjudicataire, au prix total, tous frais compris, de 80 fr., en cinq lots *vendus comme incomplets et dépareillés*, d'ouvrages d'histoire naturelle que l'on a reconnu, après vérification ultérieure, comprendre en totalité :

1° Les années 1832 à 1844 du *Recueil de la Société Entomologique de France*, treize années complètes moins le dernier trimestre de 1844, en cinquante livraisons brochées et en très bon état;

3° Catalogue imprimé des livres de feu M. Berger de Xivrey (*troisième fait du présent Mémoire*) ;

4° Quittance du caissier de M. Clérambault, commissaire-priseur (*troisième fait du présent Mémoire*) ;

5° Catalogue de M. Miard, libraire à Paris (*quatrième fait du présent Mémoire*).

Certifié véritable par la partie civile, à Paris, le 20 février 1864.

F. NATSUOR.

2° Soixante-cinq volumes in-8, tous brochés et en bon état, sauf deux ou trois volumes en demi-reliure basane;

3° Et vingt-neuf brochures également in-8, en bon état et non reliées.

Tous ces ouvrages, quoique primitivement vendus comme dépareillés et sans garantie, étaient néanmoins complets et ont été revendus comme tels à M. Savy, ainsi qu'on le verra au *quatrième fait* ci-après.

Ils sont, pour un libraire, d'une valeur certaine et commerciale d'au moins cinq cents francs, dont trois cents francs applicables aux *Annales de la Société d'Entomologie* (1).

II. — *DEUXIÈME FAIT.* — Le sieur Natsuor et

(1) Témoins a entendre sur ce premier fait. —1° M. Courteville, commissaire-priseur à Versailles, rue Satory, n° 28 ; — 2° M. Salmon, libraire à Versailles, rue de l'Orangerie, n° 35 ; — 3° M. Lécureux, libraire à Paris, rue des Grands-Augustins, n° 3, *chez lequel la plupart des livres dont il s'agit sont déposés depuis le 23 décembre 1863 ;* — 4° M. Marescq jeune, libraire à Paris, place de la Sorbonne, n° 3;—5° M. Mesny, employé basculeur à la gare Montparnasse, demeurant à Paris, rue de Rennes, n° 20 ; — 6° M. Prosper Baillière, libraire à Paris, rue Hautefeuille, n° 19;— 7° M. Poulet, libraire à Paris, quai des Grands-Augustins, n° 39;— 8° enfin, M. Buquet, officier de la Légion-d'Honneur, trésorier de la *Société Entomologique de France,* demeurant à Paris, rue Ste-Placide, n° 50.

Pour la valeur des livres, le sieur Natsuor accepte l'estimation de MM. Buquet, Marescq jeune, Prosper Baillière et Poulet.

A l'appui de ce premier fait, il produit en outre le bordereau délivré par M. Courteville, commissaire-priseur, et par lui acquitté à la date du 28 novembre 1863.

M. Salmon, libraires à Versailles, qui assistaient tous deux à la vente publique du 23 novembre 1863, étant en pleine mésintelligence, le premier croyait avoir acheté les ouvrages d'histoire naturelle dont il s'agit plus qu'ils ne valaient réellement. Dans cette situation d'esprit, il se présenta, le mercredi 25 novembre 1863, dans l'après-midi, chez M. Sapor, son confrère, pour lui proposer, avec quelques autres documents, la revente des livres et des brochures provenant de cette acquisition.

Le sieur Natsuor, en faisant connaître à M. Sapor que ces livres et ces brochures comprenaient, notamment, 48 à 50 livraisons du *Recueil de la Société Entomologique de France*, eut la bonne foi, selon d'autres la maladresse, d'avouer qu'ayant acheté le tout comme fouillis et comme incomplet et dépareillé, il croyait avoir payé trop cher, attendu qu'un seul des cinq lots à lui vendus s'était élevé à trente-sept francs en principal, plus 6 0/0 applicables aux frais.

M. Sapor, dont la spécialité est la vente et l'achat des livres de science et d'histoire naturelle, et qui connaissait parfaitement toute l'importance et toute la valeur des *Annales de la Société d'Entomologie*, s'étant aperçu, à ce récit, de l'ignorance et de l'erreur du sieur Natsuor, lui proposa, le 25 novembre 1863, en la présence d'un jeune homme que l'on croyait être son commis et que l'on a su depuis être son frère, de se rendre chez lui, à Versailles, le dimanche 29 novembre 1863, de deux heures à quatre heures de l'après-midi, ce qui fut accepté de part et d'autre.

Le même jour, 25 novembre 1863, en sortant du magasin de M. Sapor, le sieur Natsuor se rendit chez M. Prosper Baillière, libraire, et lui parla des livres et des brochures dont il venait de proposer l'acquisition à leur confrère. M. Baillière répondit au sieur Natsuor, en la présence de plusieurs de ses commis, que les 48 à 50 livraisons des *Annales de la Société Entomologique de France,* même dépareillées, avaient quelque valeur, surtout l'année 1832, si elle était complète; qu'il pouvait donc lui apporter toutes ces livraisons dans l'état où elles se trouveraient et qu'il les lui achèterait à un prix raisonnable.

Le sieur Natsuor ne prit aucun engagement avec M. Prosper Baillière, et lui fit observer qu'il ignorait s'il avait l'année 1832, attendu que, n'ayant pas encore eu le temps de vérifier et de classer les livraisons, il avait seulement remarqué des séries applicables aux années 1839 et 1844, ou à d'autres années pour lesquelles sa mémoire était en défaut.

Au nombre des ouvrages d'histoire naturelle achetés par le sieur Natsuor, à la vente publique du lundi 23 novembre 1863, se trouvaient sept volumes de la suite de Buffon, savoir :

1° L'histoire des insectes aptères, par Walckenaër. *Paris*, Roret, 1847, 4 vol. in-8, brochés, figures noires. Prix fort. . . . . 41 fr.

2° L'histoire des crustacés, par Milne-Edwards. *Paris*, Roret, 1834, 3 vol. in-8, brochés, fig. noires. Prix fort. . . . . 31 fr. 50

Le même jour, 25 novembre 1863, le sieur Natsuor proposa ces deux ouvrages à M. Leclerc, libraire, qui parut décidé à les acheter, *mais seulement après les avoir vus,* au prix total de 30 à 35 fr.

Il n'y avait donc, pour cet article, qu'une vente en projet qui aurait été réalisée dès le lendemain, si

M. Sapor ne s'était point, ce jour-là et de très bonne heure, présenté chez le sieur Natsuor et ne l'avait pas induit en erreur, ainsi qu'on le verra plus loin au *quatrième fait* (1).

III. — *TROISIÈME FAIT.* — M. Sapor, *qui vend et qui achète des ouvrages d'histoire naturelle,* savait combien était précieuse la collection des *Annales de la Société d'Entomologie,* attendu que les trois premières années (1832, 1833 et 1834), spécialement, sont épuisées, surtout l'année 1832, et qu'elles ont, malgré leur peu de volume, une très grande valeur, par suite d'un incendie arrivé en 1834 ou 1835, rue du Pot-de-Fer, et

______

(1) TÉMOINS A ENTENDRE A L'APPUI DU DEUXIÈME FAIT. — 1° MM. Salmon, Courteville et Prosper Baillière, déjà nommés; — 2° M. Leclerc, libraire à Paris, rue de l'Ecole-de-Médecine, n° 14;—3° M. Roret, libraire à Paris, rue Hautefeuille, n° 12, *pour la valeur commerciale des livres dont il est l'éditeur;*— 4° enfin le frère de M. Sapor et M. Sapor lui-même ; car l'exactitude du *deuxième fait,* d'après une note que ce dernier a déposée au parquet et qui est jointe au dossier, n'est point contestée dans son ensemble.

Seulement M. Sapor prétend que son adversaire lui aurait avoué qu'il n'avait payé tous les volumes vendus que trente-sept francs. M. Sapor, auquel, immédiatement après la vente critiquée, le sieur Natsuor produisit son livre d'achat, avait pu se convaincre, au contraire, que le prix intégral, tous frais compris, s'élevait à quatre-vingts francs, ainsi qu'on en a justifié, au *premier fait,* par la production du bordereau du commissaire-priseur. Le sieur Natsuor n'avait donc parlé que d'un lot de trente-sept francs en principal, et M. Sapor, dans l'intérêt de sa défense, a sciemment confondu le tout avec la partie.

qui en a détruit presque tous les exemplaires. M. Sapor avait donc lieu de craindre, s'il ne se présentait chez son confrère que le dimanche 29 novembre 1863, ainsi qu'on en était convenu, que celui-ci eût le temps de connaître l'importance de ce recueil, et ne pût être trompé, même à l'aide d'affirmations mensongères ou d'autres manœuvres. M. Sapor voulant, en conséquence, faire un bon marché au préjudice du sieur Natsuor, changea le jour de son arrivée, qu'il fixa au 26 novembre, à huit heures du matin, et en prévint seulement son confrère dans l'une des salles Sylvestre, rue des Bons-Enfants, n° 28, le mercredi 25 novembre 1863, vers les dix heures du soir, au moment de la vente des livres de feu M. Berger de Xivrey, faite par M. Clérambault, commissaire-priseur, assisté de M. Delion, libraire, en qualité d'expert.

Le sieur Natsuor répondit à M. Sapor qu'une visite aussi rapprochée le gênerait beaucoup, car il n'arriverait lui-même à Versailles qu'à minuit; qu'il était excédé de fatigues et de veilles, par suite de commissions à lui données coup sur coup par ses nombreux clients, notamment par M. l'abbé Bertrand, M. Royer et M. de Refuge; et que, d'ailleurs, les livres d'histoire naturelle qu'il voulait vendre et pour lesquels il n'avait pas encore eu le temps de consulter ses catalogues, étaient en désordre, sans évaluation préparée et sans prix marqués.

Le sieur Natsuor, en effet, rentré à son domicile le mercredi 25 novembre 1863, à minuit, fit un mince repas, mit à jour sa comptabilité commerciale, et ne put trier et classer, indépendamment des sept volumes de la suite de Buffon, que les *Annales de la Société*

Entomologique de France, qu'il trouva en très bon
état, et complètes de 1832 à 1844 (moins le quatrième
trimestre de cette dernière année); le sieur Natsuor
se coucha donc seulement à trois heures du matin (1).

IV. — *QUATRIÈME FAIT.*— M. Sapor, dans l'espoir
de surprendre plus facilement la bonne foi du sieur Natsuor, qu'il savait être fatigué par beaucoup de veilles et
de voyages, arriva précipitamment chez lui au moment
de son lever, le 26 novembre 1863, à dix heures moins
vingt-cinq minutes du matin, afin de ne lui donner le
temps de se rendre compte ni de la valeur ni même du
titre de la plupart des ouvrages que M. Sapor désirait
acheter.

Le sieur Natsuor dit alors à son confrère que, par
cela seul qu'il était venu plus tôt qu'on ne s'y attendait, on ne se trouvait pas en mesure de lui vendre, à
moins qu'il ne consentît à fixer lui-même la valeur des

(1) TÉMOINS A ENTENDRE SUR CE TROISIÈME FAIT.—1° M. Prosper Baillière, déjà nommé, auquel M. Sapor a vendu, à un prix
très élevé, l'année 1833 du *Recueil d'Entomologie*; — 2° M. Delion, libraire à Paris, quai des Augustins, n° 47 ; — 3° M. l'abbé
Bertrand, chanoine à Versailles, rue d'Anjou, n° 47 ; — 4° et
M. Royer, principal commis du bureau des hypothèques, demeurant à Versailles, rue de Provence, n° 2.

A l'appui de ce troisième fait, le sieur Natsuor produit, en outre : 1° un exemplaire du catalogue imprimé des livres de feu
M. Berger de Xivrey ; — 2° et une quittance du caissier de
M⁰ Clérambault, commissaire-priseur, de laquelle il résulte que
le sieur Natsuor a acheté, pour le compte de M. l'abbé Bertrand,
de M. de Refuge et de M. Royer, dans la séance du mercredi
25 novembre 1863, les n°⁰ 9, 12, 13, 41 et 66 de ce catalogue.

livres loyalement et sans fraude, et à les acheter au prix commercial et courant, proposition que M. Sapor accepta en affirmant, à diverses reprises, qu'il était incapable de tromper un confrère et qu'il avait l'habitude de payer les ouvrages d'histoire naturelle et de sciences plus cher que tout autre libraire, ainsi que le sieur Natsuor avait pu s'en convaincre dans les ventes publiques de Paris auxquelles il assiste très souvent.

Celui-ci fit observer encore à M. Sapor qu'il avait vendu dernièrement, le 8 octobre 1863, à M. Bachelin-Deflorenne, libraire à Paris, au prix de 95 fr., un *Office de la Vierge*, avec figures, relié en maroquin ancien, et qui valait bien trois cents francs, puisque M. Bachelin le revendit presque immédiatement, pour ce prix, à M. Miard, son confrère. Le sieur Natsuor ajouta qu'il entendait formellement ne point vendre dans les mêmes conditions, et que, s'il était trompé, il se montrerait inflexible et inexorable. Là-dessus nouvelles protestations de sincérité de la part de M. Sapor.

Le sieur Natsuor lui laissa donc faire le choix des ouvrages et des brochures qui lui convenaient, parmi lesquels M. Sapor ne comprit que ceux qui étaient complets et en bon état de conservation, en ayant soin de rejeter les ouvrages qui étaient incomplets ou mal conservés.

Au nombre des livres acceptés et choisis figuraient quelques volumes provenant de précédentes acquisitions.

Le sieur Natsuor, qui avait caché l'année 1832 du *Recueil de la Société Entomologique de France*, demanda dès le principe à M. Sapor, en simulant de n'avoir point cette année, *qu'il savait être épuisée*, combien il pensait qu'elle pouvait valoir; à quoi M. Sapor répondit qu'il l'estimait quinze francs.

M. Sapor ayant ensuite fait observer que les années 1832 à 1844 du *Recueil de la Société Entomologique*, sans la première année, qui est celle de 1832, n'avaient que très peu de valeur, le sieur Natsuor lui avoua qu'il l'avait mise de côté pour M. Prosper Baillière, lequel la lui avait demandée, mais sans en fixer le prix.

Et M. Sapor ayant affirmé de nouveau que les autres années, sans celle-là, seraient à peu près sans valeur et qu'il les paierait bien plus cher que M. Baillière, le sieur Natsuor, qui n'avait pris aucun engagement envers ce dernier, consentit à mettre ensemble les années 1832 à 1844.

En priant alors M. Sapor de faire son évaluation pour tous les ouvrages et pour toutes les brochures qu'il avait triés et mis à part, le sieur Natsuor lui dit qu'il avait lieu de croire, d'après la demande de M. Prosper Baillière, que les treize années du *Recueil de la Société Entomologique de France* valaient, à elles seules, au moins deux cent soixante-dix francs, opinion contre laquelle M. Sapor se récria vivement, en protestant qu'elles ne valaient pas même cinquante francs.

M. Sapor ayant encore affirmé que les *Annales de la Société d'Entomologie* et tous les autres livres et documents qui font l'objet du procès actuel, outre qu'ils n'auraient, en général, été composés que d'anciennes éditions bonnes seulement à vendre au poids du papier, ne valaient pas plus de soixante-quinze francs, le sieur Natsuor fit remarquer à M. Sapor que cette évaluation ne lui paraissait pas suffisante.

Ce dernier ayant de rechef affirmé positivement et à

diverses reprises qu'il n'était pas homme à faire deux prix et que son évaluation était sincère, le sieur Natsuor répliqua que, même dans la bouche d'un libraire consciencieux, 75 francs voulaient bien dire 90 francs, 85 francs, ou tout au moins 80 francs; et il apporta en preuve les cinq francs de plus que M. Sapor lui-même avouait être dans l'intention d'offrir à M. Salmon, au sujet de quelques livres qu'il venait de lui marchander. Mais M. Sapor, après avoir affirmé qu'il ne donnerait cinq francs de plus des livres de M. Salmon que parce qu'il en avait un besoin urgent et une commission spéciale, ayant présenté de nouveau son évaluation comme entièrement exacte, et voyant que le sieur Natsuor paraissait ébranlé par ses protestations d'honneur et de probité, déposa sur le bureau du magasin, entre les mains de Mme Natsuor, une somme de quatre-vingts francs en quatre pièces d'or de vingt francs chacune, en priant celle-ci de lui rendre cinq francs; mais Mme Natsuor ayant retenu toute la somme, M. Sapor déclara qu'il payait cinq francs de trop.

Le sieur Natsuor aurait donc, sans le concours et la présence de sa femme, accepté purement et simplement l'estimation de son confrère; et, dans le fait, même en recevant 80 francs, il a toujours pris pour base l'évaluation de M. Sapor, laquelle, d'après leurs conventions expresses, devait représenter le prix commercial et courant (1).

(1) TÉMOINS A ENTENDRE A L'APPUI DE CE QUATRIÈME FAIT.— 1° M. Salmon, M. Prosper Baillière, M. Royer et M. l'abbé Bertrand, tous les quatre déjà nommés; — 2° M. Bachelin Deflorenne, libraire à Paris, rué des Prêtres-St-Germain-l'Auxerrois,

V. *CINQUIÈME FAIT.* — Le sieur Natsuor, ayant cru à la loyauté et à la probité de M. Sapor, parut satisfait de la vente faite au prix de quatre-vingts francs, en ce sens que, d'après l'opinion même de M. Courte-

n° 14; — 3° M. Miard, libraire à Paris, rue de Rivoli, n° 170; — 4° M. Ricœur dit Laîné, libraire à Paris, rue Monsieur-le-Prince, n° 16; —5° M. Hénaux fils, libraire à Paris, quai Voltaire, n° 19; — 6° M. Guillemot, libraire à Paris, quai des Augustins; —7° M. Claudin, libraire-expert, demeurant à Paris, rue Guénégaud, n° 3; — 8° enfin, Mme Mélanie-Louise-Tullie MAREAU, femme du sieur Natsuor, partie civile.

Observation essentielle. — Le nœud du procès et sa partie la plus délicate sont tout entiers dans ce quatrième fait. Le principal témoin est ici la dame Natsuor, dont la déposition sera corroborée en partie par celles de M. l'abbé Bertrand, de M. Royer et de MM. Bachelin, Ricœur-Laîné, Hénaux et Guillemot.

M. Claudin attestera un fait qui, de la part de son confrère M. Sapor, prouvera des rapports difficiles sinon indélicats.

Le sieur Natsuor établira sa moralité et celle de sa femme par des témoignages irrécusables.

En présence des deux affirmations contraires de la partie civile et du prévenu, de la moralité de l'un et de l'autre, des présomptions graves, précises et concordantes venant à l'appui de la déposition de la dame Natsuor, la Cour appréciera, dans sa sagesse, s'il n'y a pas lieu d'admettre le témoignage de celle-ci, et de quel côté doit pencher la balance.

Le sieur Natsuor invoquerait en outre les dix Présomptions graves, précises et concordantes détaillées dans un premier Mémoire manuscrit joint au dossier, et qu'il est en mesure de compléter par cinq autres Présomptions qui n'ont ni moins de force ni moins d'intérêt (v. les pages 23 à 65).

Subsidiairement et s'appuyant sur la loi et la jurisprudence, le sieur Natsuor supplierait respectueusement la Cour de daigner

ville, commissaire-priseur, ayant pensé tout d'abord avoir acheté au-delà du prix commercial, le prix payé par M. Sapor, complété par la valeur des livres non encore vendus provenant de la même vente, permettait au sieur Natsuor de compter sur un bénéfice net et certain de dix à quinze francs. Et, comme M. Sapor se disait très pressé et obligé, à raison de ses affaires, de partir par le train de dix heures et demie du matin, le sieur Natsuor lui laissa faire ses paquets précipitamment et comme il voulut, sans vérifier si son confrère n'y comprenait point, sciemment ou par erreur, d'autres volumes que ceux qu'on avait entendu lui vendre (1).

admettre le témoignage de sa femme, témoignage que M. Sapor accepte indirectement, puisqu'il convient lui-même que c'est entre les mains de Mme Natsuor qu'il a payé le prix de la vente. Aucun article de loi, en effet, ne s'oppose à ce qu'on entende comme témoin et sous la foi du serment la femme de la *partie civile*, les dispositions prohibitives de la loi ne s'appliquant qu'à *certains parents du prévenu* (art. 156 du Code d'Instr. crim.). Et, s'il faut citer quelques autorités à l'appui, nous indiquerons un arrêt de la Cour de Liége du 19 juillet 1832 ; un arrêt de la Cour de Cassation du 27 mai 1837 ; et, en ce qui concerne spécialement *la femme dont le mari s'est porté partie civile*, un arrêt de la même Cour de Cassation du 9 juillet 1836 (*Gilbert*, Code d'Instr. crim., art. 156, nombres 15, 16 et 17).

Un témoin peut, d'ailleurs, être valablement entendu aux débats sur des faits à charge qu'il tient de la bouche d'une personne qui elle-même ne pourrait être entendue (Cass., 11 avril 1811 et 30 mai 1818 ; — *même Code annoté*, art. 322, n° 19).

(1) Voici, dans tous leurs détails, les circonstances de l'affaire. M. Sapor, ne sachant pas encore s'il parviendrait à circonvenir le requérant, avait manifesté l'intention de retourner chez M. Salmon,

Le sieur Natsuor poussa la bonne foi et la complaisance jusqu'à porter lui-même à la gare du chemin de

leur confrère, pour lui offrir cinq francs de plus (voir la *septième Présomption*). Mais il renonça bientôt à ce projet, le sieur Natsuor lui ayant affirmé que, pour les marchés qu'il avait l'habitude de faire avec les libraires de Paris, ainsi que M. Sapor pouvait le demander à MM. Hénaux et Claudin, il était toujours facile et accommodant, qu'il les terminait en une seule fois et sans chercher à prendre des renseignements ultérieurs, pourvu qu'il eût lieu de croire qu'on ne cherchait pas à le tromper : protestation que M. Sapor réitéra vivement. Celui-ci, montrant ensuite la grande quantité de livres et de brochures qu'il venait de choisir, demanda au sieur Natsuor quelle heure il était. — Dix heures, répondit ce dernier. M. Sapor ajouta : *Je suis très pressé ; je voudrais partir par le train de dix heures et demie ; dites-moi vite votre prix.* Le sieur Natsuor fit observer à M. Sapor, ainsi qu'il le lui avait déjà déclaré, qu'il ne pouvait fixer le prix d'ouvrages dont il n'avait pas même le temps d'examiner les titres, vu leur grand nombre et le désir que son adversaire manifestait de partir de suite. M. Sapor consentit donc à fixer lui-même ce prix ; et, avant qu'il en vînt là, Natsuor lui ayant dit qu'il désirait mettre de côté les *Annales de la Société d'Entomologie* et les sept volumes de la suite de Buffon, attendu que M. Leclerc devait lui acheter ce dernier ouvrage pour 30 à 35 francs, et M. Prosper Baillière les cinquante livraisons relatives à l'*Entomologie* pour un prix dont il n'avait pas encore parlé, M. Sapor répondit que tous les autres ouvrages, sans ces deux-là, ne valaient presque rien, et que, séparément, il n'en voudrait même pas du tout. Et M. Sapor ayant ajouté qu'il paierait plus cher que MM. Leclerc et Prosper Baillière, le sieur Natsuor finit par se laisser circonvenir, n'ayant jamais pu penser qu'un confrère dont il pouvait si facilement faire contrôler l'estimation, considérât comme une chose licite et reçue de le tromper de cette manière.

Et il est tellement vrai que la conclusion du marché frauduleux a été sciemment précipitée par M. Sapor, qu'il résulte du témoignage de M. Mesny, employé basculeur à la gare Montparnasse, que les paquets de livres, mal ficelés et mal établis, portaient en eux-mêmes la preuve qu'ils avaient été faits avec beaucoup de précipitation.

fer de Versailles, rive gauche, une partie des volumes ainsi vendus, et se servit même de sa carte d'abonné pour faire admettre M. Sapor trois minutes seulement avant le départ du train et sans faire enregistrer ses bagages.

A leur arrivée à Paris, le jeudi 26 novembre 1863, à onze heures dix minutes du matin, le sieur Natsuor paya à M. Mesny, employé basculeur, vingt centimes pour l'enregistrement des bagages, et se rendit en fiacre, avec M. Sapor, au domicile de ce dernier, au quartier de la Bastille.

En quittant M. Sapor, le sieur Natsuor se présenta, à midi moins un quart, pour l'achat des *Œuvres complètes de Voltaire*, édition Hachette, dans le magasin de M. Marescq jeune, libraire, place de la Sorbonne, n° 3. Le sieur Natsuor ayant annoncé à M. Marescq qu'il arrivait de Versailles avec M. Sapor, auquel il avait vendu un fort lot d'ouvrages sur l'histoire naturelle, notamment les années 1832 à 1844, complètes moins le quatrième trimestre de cette dernière année, du *Recueil de la Société Entomologique de France*, M. Marescq jeune, qui savait que ces années étaient pour la plupart précieuses et rares, surtout les trois premières, demanda à son confrère combien il avait vendu ces documents. Celui-ci ayant répondu : « *quatre-vingts francs, avec beaucoup d'autres volumes,* » M. Marescq poussa une exclamation de surprise, trépigna des pieds, et dit avec vivacité au sieur Natsuor : « *Mais, malheureux, les années seules du* Recueil d'Entomologie *valent cinq cents francs!* »

Le sieur Natsuor, alors tardivement éclairé, répondit que M. Sapor, à l'estimation duquel il s'en était rapporté

sans la moindre défiance, avait complétement surpris
sa bonne foi en affirmant de la manière la plus expresse
que son évaluation de 80 fr., exagérée même de cinq
francs, était le prix sincère, le prix loyal et commercial des livres et des brochures vendus, prix que le sieur
Natsuor n'avait entendu accepter qu'à cette condition.

Ce dernier, après avoir encore consulté M. Prosper
Baillière et M. Leclerc, libraires à Paris, porta immédiatement, auprès de M. le commissaire de police de la
rue Suger, une plainte verbale contre M. Sapor. Mais
M. le commissaire de police, et ensuite deux agents qui
stationnaient dans la rue Saint-André-des-Arts, entre
les nᵒˢ 35 à 41, ayant refusé d'intervenir dans cette affaire, même officieusement et à titre de simples témoins,
le sieur Natsuor n'eut d'autre ressource, pour conserver ses droits et constater la fraude, que de recourir au
ministère d'un huissier.

En effet, par exploit du sieur Gardien, huissier à
Paris, en date du 27 novembre 1863, et qui devait être
signifié le 26, deux heures seulement après la découverte de la fraude, ainsi que l'original en porte la preuve
matérielle, sommation a été faite à M. Sapor de rendre
les ouvrages qui n'étaient arrivés en sa possession que
par suite de certaines manœuvres.

M. Sapor, tant par sa réponse consignée au pied de
l'exploit que par des explications écrites déposées au parquet, le 5 décembre 1863, lors de la comparution amiable des parties devant le magistrat premier instructeur
de l'affaire (1), a prétendu, tout en convenant d'une

____

(1) Le 20 février 1864, la lettre ou note de M. Sapor, *pièce essentielle,* manquait au dossier déposé au greffe de la Cour impé-

manière implicite des principales circonstances de l'affaire, du prix payé et de l'importance des livres et des brochures, que la vente avait été faite légalement, de bonne foi et à prix débattu.

M. Sapor affirme, en effet, que le sieur Natsuor lui aurait demandé d'abord cent vingt francs des livres dont il s'agit, et, qu'en abaissant successivement ses prétentions, il aurait enfin accepté le prix de quatre-vingts francs offert par son adversaire. Mais cette version, contraire à la vérité des choses et à la déposition expresse d'un témoin, est fortement combattue, à l'aide de présomptions graves, précises et concordantes, tant dans le Mémoire manuscrit que dans un autre *Mémoire imprimé* (c'est le présent volume), dont on lira quelques extraits à la Cour, si elle veut bien le permettre (2).

VI. *SIXIÈME FAIT.* — Il est un fait que nous avons déjà mentionné sommairement, aux pages 123 et 124, en note, et sur lequel il ne serait pas inutile d'insister, à savoir : la *conclusion du marché sciemment précipitée par M. Sapor.* Cette démonstration étant faite avec détail à la *Dixième Présomption* du Mémoire manuscrit (v. la page 39 ci-dessus), nous ne pouvons qu'y renvoyer (3).

riale de Paris. (Témoins qui ont vu cette pièce : 1° M. le magistrat premier instructeur de l'affaire ; 2° M. Perrot de Chaumeux, avocat de la partie civile.)

(2) TÉMOINS A ENTENDRE A L'APPUI DU CINQUIÈME FAIT. — 1° MM. Courteville, Mesny, Leclerc, Prosper Baillière, Marescq jeune, Buquet et la dame Natsuor, tous déjà nommés ; — 2° et M. le commissaire de police de la rue Suger, à Paris.

(3) TÉMOINS A ENTENDRE SUR LE SIXIÈME FAIT. — M. Salmon, M. l'abbé Bertrand et M. Mesny, tous les trois déjà nommés.

CONCLUSIONS DE LA PARTIE CIVILE.

Tel est, Monsieur le Président et Messieurs les Conseillers, l'exposé fidèle, avec preuves offertes à l'appui, des faits qui se sont passés entre le sieur Natsuor et M. Sapor, faits du rapprochement desquels, aux yeux de la partie civile, serait résulté un délit correctionnel résumé en deux questions *présentées aux premiers juges* de la manière suivante :

PREMIÈRE QUESTION.

Dans une vente volontaire de livres faite à son domicile par un libraire de la province à un libraire de Paris, à l'estimation et à la bonne foi duquel le libraire de la province, qui ne connaît pas la valeur de ces livres et qui ne les a pas encore triés ni cotés, mais qui entend formellement les vendre au prix commercial et courant, déclare s'en rapporter, l'extrême vilité de prix obtenue à l'aide d'affirmations mensongères et réitérées, complétées par la double manœuvre de l'arrivée soudaine du libraire de Paris avant le jour primitivement convenu, et de la conclusion du marché sciemment précipitée par ce dernier, l'extrême vilité de prix, dans ces circonstances, offre-t-elle les caractères du délit d'escroquerie prévu et puni par l'article 405 du Code Pénal?

DEUXIÈME QUESTION.

Le délit d'escroquerie ne devient-il pas encore plus grave, si, la fraude ayant été découverte une heure après le marché consommé, et la réclamation de la partie lésée ayant été en quelque sorte immédiate, l'auteur de la fraude a persisté dans son refus de rendre les livres contre la remise du prix payé, malgré la sommation qui lui a été faite, par le ministère d'un huissier, dans les 24 heures du marché frauduleux?

Le rapport qui existe entre ces deux questions et l'exposé des faits, ou la démonstration légale que M. Sapor s'est en effet rendu coupable d'un délit correctionnel est faite, d'après l'opinion du sieur Natsuor, aux pages 66 à 74 d'un autre Mémoire imprimé dont les premiers juges ont formellement refusé d'entendre la lecture (1), bien que le sieur Natsuor ne se soit nullement écarté des bornes d'une discussion convenable, ainsi qu'on le prouvera en distribuant aux magistrats de la Cour d'appel, à l'appui du présent et second Mémoire, les pages 66 à 74 énoncées ci-dessus, telles qu'elles sont primitivement sorties de l'impression.

La septième chambre du Tribunal correctionnel de la Seine, à l'audience publique du jeudi 28 janvier 1864, a répondu de la manière suivante, et sans rien préciser, aux deux questions que nous venons de transcrire et qui étaient formellement posées dans les pièces jointes au dossier :

« Entre le sieur Natsuor, Henry-Joseph, âgé de
« 32 ans, libraire, demeurant rue d'Anjou, n° 12, à
« Versailles, demandeur, d'une part ;

« Et le sieur Sapor, François, âgé de 29 ans, libraire,
« se disant né à Lyon (Rhône), le 19 janvier 1835, de-
« meurant au quartier de la Bastille, à Paris, céliba-
« taire, défendeur, comparant à l'audience, d'autre part,

« *Prévenu d'escroquerie,*

« En présence de M. le Procureur impérial ;

(1) Ce sont les pages 66 à 74 du présent volume.

« Le Tribunal, après en avoir délibéré conformément
« à la loi, faisant droit :

« Attendu qu'en admettant que les faits allégués par
« Natsuor seraient prouvés, ils ne constitueraient ni
« crime, ni délit ;

« Renvoie Sapor des fins de la poursuite, sans dé-
« pens, et condamne la partie civile aux dépens. »

Ce jugement, ainsi motivé, nous a tellement paru
contraire à la loi, *en la forme sinon quant au fond*, que
nous avons cru de notre devoir d'en interjeter appel, au
nom surtout de la morale publique.

Le procès actuel avait eu un grand retentissement auprès des libraires de Paris, dont un certain nombre étaient
présents à l'audience (1). Cette manière très sommaire, de
la part du Tribunal, de résoudre la question en décidant
que les faits allégués, lors même que la preuve en serait
faite, ne constitueraient ni crime ni délit, a fait tirer
de cette décision des conséquences qui, bien certainement, n'ont jamais été dans l'intention des juges, Ainsi,
les libraires qui ont assisté au jugement et qui connaissaient toutes les circonstances de l'affaire, mais par des
renseignements antérieurs à des débats qui n'ont pas eu
lieu, vont répétant partout que la partie civile n'avait
pas l'ombre du sens commun, que le Tribunal a trouvé
que les faits qu'on lui a soumis, même en les supposant
certains et indiscutables, ne constituaient ni crime
ni délit, ni acte d'improbité ou d'indélicatesse, et que,
par suite, cette manière de profiter d'un bon marché
au préjudice d'un libraire inexpérimenté ou d'un par-

(1) Le chef principal et l'un des membres les plus influents de la
Bande noire, sans parler des autres libraires, assistaient au jugement,

ticulier sans défiance, *même en employant certaines manœuvres*, était parfaitement licite et dans l'ordre naturel des choses : jurisprudence qui, si elle était en effet celle de l'autorité judiciaire, mettrait fort à l'aise la conscience de beaucoup de libraires indélicats.

Il semble évident dès-lors que si le Tribunal de première instance avait inséré purement et simplement, dans les motifs ou dans le dispositif du jugement, d'après le vœu impératif de la loi et la doctrine formelle de la Cour de Cassation, la double question qui lui était soumise et qu'il a cru devoir résoudre négativement, les libraires intéressés n'auraient pas été en droit d'en tirer des conséquences très probablement contraires à l'opinion intime du Tribunal. Car, de ce que certains faits ne constitueraient pas le délit d'escroquerie, il ne suit nullement qu'ils n'aient pas les caractères de l'improbité et de l'indélicatesse. Or, d'après la manière vague et générale avec laquelle le jugement du 28 janvier 1864 est motivé, on peut soutenir que le Tribunal a entendu amnistier et trouver réguliers même les actes d'improbité reprochés au sieur Sapor.

La partie civile, dans son ignorance des usages du Palais, n'a pu examiner la question que d'après ses instincts d'honnête homme ; et, dans le for intérieur de sa conscience, il lui semble, à moins qu'il n'y ait une lacune dans notre législation criminelle, que des actes d'indélicatesse et d'improbité doivent tomber sous l'application de quelque article du Code Pénal.

Si, dès-lors, les articles 405 ou 408 ne sont pas applicables à l'espèce, elle laisse respectueusement à la Cour le soin de décider quel est l'article qu'il convient d'invoquer à l'appui de la plainte.

Dans tous les cas, le sieur Natsuor s'en rapporte exclusivement à la sagesse et à la sagacité des magistrats, et il est le premier à reconnaître que les faits qu'il a signalés à la justice sont tellement dans les habitudes de commerce de la librairie parisienne, qu'il existe, en faveur du prévenu, les circonstances les plus atténuantes.

ET SERA JUSTICE !

Versailles, le dimanche 7 février 1864.

OBSERVATION ESSENTIELLE. — L'extrait authentique du jugement du 28 janvier 1864, *délivré à la partie civile* par M. Mignard, greffier en chef du Tribunal correctionnel de la Seine, le 6 *février* 1864, n'est pas entièrement conforme à l'expédition également authentique délivrée par le même greffier le 8 *du même mois de février*, et jointe au dossier déposé au greffe de la Cour impériale.

Les différences les plus saillantes sont celles-ci :

Dans l'extrait délivré à la partie civile, il est dit seulement que M. Sapor est *prévenu d'escroquerie.*

Dans l'expédition jointe au dossier, après les mots *prévenu d'escroquerie*, se trouve l'explication suivante : *à l'aide de manœuvres frauduleuses, délit prévu et puni par l'art. 405 du Code Pénal.*

L'extrait délivré à la partie civile ne constate pas que M. Bachelier, substitut de M. le Procureur impérial, ait résumé l'affaire ni donné ses conclusions.

Dans l'expédition jointe au dossier, on lit tout le contraire en ces termes : *M. le Procureur impérial, après avoir résumé l'affaire, a pris des conclusions tendantes à ce qu'il plût au Tribunal renvoyer le prévenu des fins de la plainte.*

Or, le sieur Natsuor avait positivement déclaré, le 4 février 1864, *sans pouvoir parvenir à le faire insérer sur le registre*, que c'était surtout *pour vices de forme* qu'il appelait du jugement du 28 janvier 1864, et que ces vices se réduisaient aux quatre griefs ci-après :

1° M. le Président du Tribunal n'a pas permis à la partie civile de lire, *au moins par extrait*, ni son Mémoire imprimé, ni ses conclusions ; — 2° la partie civile ayant offert de produire des témoins à la plus prochaine audience, le Tribunal n'a pas fait droit à cette demande légitime ; — 3° en violation de l'art. 190 du Code d'Instruction criminelle, M. le Procureur impérial n'a point résumé l'affaire ni donné ses conclusions ; — 4° enfin aucune des circonstances constituant ou non le délit d'escroquerie reproché au prévenu, n'est insérée dans le jugement et n'a été énoncée publiquement à l'audience, malgré le vœu impératif de la loi et la jurisprudence expresse de la Cour de Cassation (Arrêts des 12 octobre 1838, 16 octobre 1840, 8 janvier 1841, 6 juin 1840, 7 octobre 1842, 10 mai 1850 et 20 mars 1851 ; — *Gilbert, Code Pénal*, art. 405, n°ˢ 160 à 165).

Témoins à entendre : 1° M. le commis-greffier du Tribunal correctionnel de la Seine (*celui qui boîte*), et plusieurs autres employés du greffe ; — 2° M. Mignard, greffier en chef ; — 3° M. le secrétaire du Parquet ; — 4° M. Fauche, greffier de la Cour impériale de Paris, et plusieurs employés du même greffe.

Paris, greffe de la Cour impériale, 20 février 1864.

I

La Cour impériale de Paris (Chambre correctionnelle) rend, à peu de frais, prompte et bonne justice. — Preuves à l'appui.

Nous nous sommes imposé le devoir de publier tous les incidents du procès.

Comme preuve dès-lors de l'extrême régularité qui, grâce aux excellentes mesures que l'on vient de prendre, règne maintenant au greffe du Tribunal correctionnel de la Seine, nous croyons utile de transcrire les documents ci-après, en nous empressant de reconnaître que nous n'avons eu qu'à nous louer des procédés bienveillants et de l'exquise délicatesse de tous les employés du greffe.

Le public pourra d'ailleurs se convaincre, avec pièces en mains, que, contrairement à certains préjugés populaires, la justice, en France, *surtout en matière correctionnelle,* est rendue avec beaucoup d'intégrité et avec une grande économie de frais et de temps.

§ 1er. *Lettre de M. le greffier du Tribunal correctionnel de la Seine.*

Greffe correctionnel de la Seine.

Paris, ce 16 février 1864.

Monsieur Natsuor,

Vous êtes invité à passer au greffe, *lorsqu'il vous sera possible,* de midi à trois heures, pour retirer le reliquat de la consignation par vous faite lors de votre appel. N° 400.

En guise de signature, un timbre à l'encre bleue, portant la légende : *Tribunal de Police correctionnelle du département de la Seine.*

Nous étant présenté, d'après cette invitation, le 20 février 1864, au greffe du Tribunal correctionnel de la Seine, il nous a été rendu, contre notre quittance apposée sur un registre, la somme de douze francs quinze centimes, pour les causes qui suivent.

Le 4 février 1864, on nous avait fait consigner, tant pour les frais présumés de notre appel que pour les droits de timbre et d'enregistrement du jugement du

28 janvier 1864, une somme totale de vingt francs,
ci. . . . . 20 fr. »

Les frais réels ne s'élevaient qu'à sept
francs quatre-vingt-cinq centimes, savoir :

1° Droits d'enregistrement du jugement. 1 fr. 20
2° Timbre de la minute de ce jugement. 1 »
3° Timbre de l'expédition du même ju-
ment. 1 50
4° Indemnité due au greffier pour les
deux rôles composant cette expédition. » 80
5° Timbre du registre contenant l'acte
d'appel. . . . . » 25
6° Droits d'enregistrement de cet acte. 1 20
7° Timbre de l'expédition de l'acte d'appel 1 50
8° Indemnité due au greffier pour cette
expédition (un rôle). . . . . . » 40

Somme égale. . . 7 fr. 85   7   85

Différence formant la somme qui nous
a été fidèlement rendue. . . . . 12 fr. 15

Nous ne ferons qu'une observation sur ce décompte.

Le jugement du 28 janvier 1864, ainsi que nous
avions pu nous en convaincre le 6 février suivant, le
jour même où un extrait authentique nous en a été délivré, était écrit sur une *demi-feuille volante de papier,
frappée d'un impôt de cinquante centimes.*

Si l'on nous a fait payer *un franc pour le timbre de la
minute du jugement,* c'est-à-dire le prix de deux demi-
feuilles de papier timbré, ne serait-ce point parce que,

postérieurement à notre appel, et pour corriger seulement des vices de forme, la demi-feuille volante aurait été déchirée et remplacée, du 6 au 8 février 1864, par une autre demi-feuille ?

Dans ce cas, notre manière de voir expliquerait les différences qui existent entre l'extrait authentique du jugement qui nous a été délivré le 6 février 1864, et l'expédition également authentique du même jugement, expédition portant la date du 8 février 1864, et qui est jointe au dossier déposé au greffe de la Cour impériale (1).

On peut consulter, à cet effet, l'*Observation essentielle* qui termine notre mémoire adressé à la Cour impériale de Paris. (Voir la page 132.)

§ 2. *Lettre de M. le greffier de la Cour impériale de Paris.*

A Monsieur NATSUOR, libraire à Versailles, rue d'Anjou, 12.

Paris, le 15 février 1864.

MONSIEUR,

Vous êtes invité à vous présenter *de suite* au greffe de la Cour impériale, au Palais-de-Justice, pour y déposer, en vôtre qualité de partie civile, et conformément à l'article 160 du décret du 18 juin 1811, la somme de QUINZE FRANCS à laquelle pourront s'élever les frais à faire sur l'appel d'un jugement de Police correctionnelle rendu entre vous et le sieur *Supor*.

J'ai l'honneur de vous saluer,

FAUCHE, greffier.

(1) Notre opinion n'a point paru fondée. (Voir la première note de la page 103.)

RÉPONSE A CETTE LETTRE.

Versailles, le 16 février 1864.

Monsieur le greffier,

Le jour même de mon appel, le 4 février courant, j'ai consigné, entre les mains de M. le commis-greffier du Tribunal correctionnel de la Seine, une somme de 20 francs, dont 1 fr. 20 pour l'enregistrement du jugement du 28 janvier 1864, et le surplus pour les frais à faire sur l'appel par moi interjeté.

Retenu pour quelques jours à Versailles par les couches de ma femme, j'aurai l'honneur de me présenter très prochainement, en ma qualité de partie civile, au greffe de la Cour impériale de Paris, et de déposer un Mémoire imprimé à l'appui de ma plainte, dans laquelle, après m'être donné tout le temps de la réflexion et *malgré l'examen très sommaire des premiers juges*, je persiste plus que jamais.

J'ai l'honneur, Monsieur le greffier, de vous présenter mes civilités.

F. NATSUOR.

Malgré nos explications, et attendu que le greffe de la Cour impériale n'a rien de commun avec le greffe du Tribunal correctionnel, nous avons dû consigner (ce que nous avons fait à la date du 20 février 1864) la somme de quinze francs, suivant l'évaluation approximative et légale des frais à faire sur notre appel, et nous nous sommes fait rembourser directement, par M. le greffier du Tribunal correctionnel de la Seine, notre excédant de consignation, soit 12 fr. 15 c.

Les frais de notre appel, déduction faite de ceux de l'expédition du jugement de première instance, compris ci-dessus, page 135, dans la note détaillée de M. le greffier du Tribunal correctionnel de la Seine, ne se sont pas même élevés à quinze francs.

. · Voici, en effet, le décompte définitif que nous a présenté, le 30 mars 1864, M. le greffier de la Cour impériale de Paris.

Somme consignée le 20 février 1864. . . . . . 15 fr. »

Il a été dépensé :

1° Pour l'assignation de la partie civile et du sieur Sapor devant la Cour impériale. . . . 7 fr. 40

2° Pour les frais de l'arrêt, savoir : droits de timbre 1 fr. 50 ; droits d'enregistrement 1 fr. 20 ; total 2 70

Soit, en tout, dix francs dix centimes. . 10 fr. 10   10   10

Différence qui nous a été remboursée. . . . . . 4 fr. 90

Si l'on résume cette petite affaire, on verra qu'avec une citation qui coûte, à Paris, 4 fr. 45 c., et en payant, en cas d'insuccès, 2 à 3 francs de droits d'enregistrement et de timbre, on peut soutenir, en première instance et sans le concours d'un avocat, tout un procès correctionnel.

Et, si l'on a intérêt à en appeler, il ne faudra pas avancer, en tout, et débourser, en définitive, plus de 25 à 30 francs.

Le ministère d'un avocat, en matière correctionnelle, est d'ailleurs facultatif ; lorsqu'on est en mesure de se défendre soi-même, on n'a point, dès-lors, de tels frais à supporter.

Il nous reste à parler de la célérité que l'on met à instruire et à juger les affaires correctionnelles.

Le Mémoire à l'appui de notre appel ayant été déposé seulement le *20 février 1864,* l'affaire a été inscrite pour l'audience du jeudi *3 mars 1864,* ainsi que le constate l'assignation suivante, qui vient de nous être notifiée.

§ 3. *Assignation de la partie civile devant la Cour impériale de Paris, chambre des appels de Police correctionnelle.*

L'an mil huit cent soixante-quatre, le vingt-six février,

A la requête de M. le Procureur général impérial près la Cour impériale de Paris, y demeurant ;

Lequel élit domicile en son Parquet, au Palais-de-Justice, à Paris ;

J'ai, Henry-Alexis LEMAITRE, huissier audiencier à la Cour d'Assises de ladite ville, demeurant audit Versailles, rue de la Paroisse, n° 9, soussigné, donné assignation :

A M. NATSUOR, libraire, demeurant à Versailles, rue d'Anjou, n° 12, en son domicile, où étant et parlant comme il est dit à l'original,

A comparaître le jeudi trois mars mil huit cent soixante-quatre, à dix heures du matin, à l'audience et par-devant MM. les Président et Conseillers de la chambre des appels de Police correctionnelle de la Cour impériale, sise à Paris, au Palais-de-Justice,

Pour voir statuer sur l'appel interjeté par M. *Natsuor,* d'un jugement rendu par le Tribunal correctionnel de Paris, septième chambre, le vingt-huit janvier dernier, qui a renvoyé le nommé *Sapor* de la prévention d'escroquerie;

Entendre le rapport qui sera fait à l'audience, répondre aux conclusions du Ministère public et entendre prononcer par la Cour ce qu'il appartiendra ;

Et j'ai, à domicile et parlant comme dessus, laissé la présente copie.

Coût : un franc, non-compris le timbre et l'enregistrement (2 fr. 20).   Henry LEMAITRE.

En obtenant, par le cours naturel des choses, sans aucune espèce de démarche de notre part et sans même nous faire assister d'un avocat, que notre affaire, pour laquelle nous n'avons consigné les frais que le 20 février 1864, soit jugée dès le 3 mars suivant, c'est le cas d'affirmer, avec pleine connaissance de cause, qu'on nous a rendu et qu'on a l'habitude de rendre prompte et bonne justice.

Nous ne pouvons dès-lors qu'applaudir au zèle éclairé des magistrats de la Cour d'appel et à leur impartialité profonde, qui leur ont fait un devoir de ne point repousser la plainte d'un pauvre petit libraire de province, seul, sans appui et sans fortune, d'un libraire inexpérimenté, qui croit être un honnête homme, qui a tout au moins la ferme intention de l'être, et qui, par des scrupules de conscience bien plus que dans son intérêt personnel, désirerait, si la Cour adopte l'opinion et le libellé des premiers juges, soumettre cette question délicate à la décision suprême de la Cour de Cassation.

A cause du nombre et de l'importance des affaires qui devaient être jugées à l'audience du jeudi 3 mars 1864, la nôtre, qui était une des dernières inscrites, fut renvoyée au surlendemain 5 mars.

Le Mémoire transcrit aux pages 111 à 133 et toute la feuille 5 contenant les pages 65 à 80, notamment la description satirique de l'*honnête Bande noire*, furent distribués d'avance aux magistrats dont les noms suivent, savoir :

1° M. le président Haton de la Goupillière ;

2° M. l'avocat général Bondurand :

3° Et MM. les conseillers de Bonnefoy Dufour, de Fleury, Hello, de Lafaulotte, et de Maisonfort.

L'argumentation spéciale consignée aux pages 108 à 110, et à l'état seulement d'épreuve d'imprimerie, fut mise sous les yeux de M. le Président de la Cour impériale. Si l'impression de l'ouvrage eût été plus avancée, cette partie de notre argumentation eût également été distribuée aux autres magistrats.

Il est incontestable d'ailleurs que l'affaire a été examinée avec le plus grand soin, et que le Mémoire et les argumentations légales qui en formaient le complément ont été communiqués à M. l'avocat général et à tous les conseillers appelés à juger cette affaire.

A l'audience publique du samedi 5 mars 1864, nous avons présenté, en outre, les observations suivantes.

II

Plaidoyer de la partie civile. — Première observation préliminaire.

Je commence par déclarer à la Cour qu'ayant des motifs sérieux d'appeler du jugement du 28 janvier 1864, ainsi que je l'établirai ci-après, je n'aurais pas mis en cause mon honorable adversaire, s'il m'avait été possible, sans le faire citer, d'obtenir la réformation du jugement.

Dans tous les cas, si la citation, bien que faite à la requête de M. le Procureur général et non à ma réquisition expresse, est la conséquence forcée de mon appel, mon appel, à son tour, est la conséquence forcée des vices de forme contenus dans le jugement, ainsi que je vais encore l'établir.

Dès-lors et en bonne justice, si je prouve que j'avais raison de me plaindre de la rédaction insuffisante du jugement, on ne saurait voir, dans mon appel, un acte d'animosité envers mon adversaire ; car j'ai déclaré moi-même à M⁰ Perrot de Chaumeux, mon avocat en première instance, auquel j'ai soumis mon Mémoire, que, si la chose était possible, je ne désirais point mettre en cause M. Sapor.

Dans tous les cas, il est de jurisprudence certaine, et l'opinion des auteurs est également unanime, que, sur le seul appel de la partie civile, la Cour, même en décidant qu'il y a délit correctionnel, ne peut appliquer aucune peine au prévenu.

Et si, contrairement à la doctrine des auteurs et à la jurisprudence expresse de la Cour de Cassation, ma plainte devait avoir pour effet de faire condamner mon confrère à un seul jour d'emprisonnement, je m'en désisterais par ce seul motif, attendu que l'escroquerie dont j'accuse M. Sapor est tellement en usage dans la librairie parisienne, que, même à mon point de vue, mon confrère s'en est rendu coupable en quelque sorte de bonne foi et avec des manœuvres si peu graves que cette escroquerie, sainement appréciée, se réduit en définitive à un simple acte d'indélicatesse. Or, d'après l'opinion de tous les juges de première instance et du Parquet, et d'après l'examen approfondi et impartial d'autres magistrats très instruits et très intègres, aux lumières desquels il est de mon devoir de déférer, un tel acte ne peut tomber sous l'application d'aucun article du Code Pénal.

Malgré cet aveu public et cette réparation d'honneur que j'entends faire spontanément en faveur de M. Sapor, et dont je l'autorise à prendre acte, si cela lui convient, je ne puis point me désister purement et simplement de ma plainte, attendu que ce serait donner l'autorité de la chose jugée à une décision qui, par les fausses conséquences qu'on en tire, me blesse profondément dans mon honneur, et que j'ai le plus grand intérêt dès-lors à faire motiver légalement.

J'offre néanmoins de me désister purement et simplement de ma plainte et de payer tous les frais tant de première instance que d'appel, si M. Sapor veut bien convenir du fait principal, lequel est certainement conforme à la réalité des choses, à savoir, que ce n'est point moi, mais lui-même qui a fixé le prix des livres

vendus, et que c'est à son estimation et à sa bonne foi que je m'en
suis rapporté, trop légèrement, j'en conviens, et seulement dans
la crainte de passer moi-même pour indélicat, si je me défiais
d'un confrère au déplacement duquel j'avais indirectement sinon
formellement consenti.

Et je devais d'autant moins me défier de M. Sapor qu'il a des
dehors très honorables, des manières distinguées, et que, depuis
trois ans que je me trouve tous les jours en relation d'affaires
avec beaucoup de libraires de Paris, je n'avais jamais été trompé
de cette manière.

Il y a plus. M. ****** jeune, libraire à Paris, place de la Sorbonne, n° 3, et M. Huet, également libraire à Paris, rue de
Savoie, n° 12, ont eu même la délicatesse, dans certaines circonstances, de me faire observer que je me trompais à mon préjudice,
et m'ont offert et payé, de livres que je leur présentais trop légèrement sans doute, plus que je n'en demandais moi-même.

Après de tels antécédents et avec les dehors de probité de
M. Sapor, il est assez naturel que je me sois laissé circonvenir :
car un honnête homme qui a pour principe de ne tromper personne est peu défiant et croit facilement à la probité des autres.

Ce qui m'a vivement indigné dans cette affaire, c'est que tous
les libraires de Paris que j'ai consultés (et ils sont nombreux), tous,
à l'exception peut-être de deux ou trois (je dis *peut-être*, car je
ne suis même pas bien sûr de l'exception), c'est que tous les
libraires de Paris que j'ai consultés m'ont demandé d'où je venais
pour entendre ainsi le commerce et prendre les choses tant à
cœur. Ils ont prétendu que tous les torts étaient de mon côté,
attendu que la pire des choses, dans le commerce, est de jouer le
rôle de dupe, et que la prétendue escroquerie dont je me plaignais
si fort n'était autre chose (1) que la quintessence et la fine fleur
de l'habileté parisienne.

(1) M. le Président de la Cour impériale ne m'a permis de lire que
jusqu'ici. Les détails qui suivent n'étaient-ils pas intéressants et utiles?
— Que le lecteur en juge par lui-même.

A cela je réponds que, fort heureusement pour l'honneur du corps entier, la probité instinctive de mes confrères de Paris vaut beaucoup mieux que leurs principes (1), et que l'habileté dont quelques-uns aiment tant à se vanter pourrait, avec un seul degré de plus dans les circonstances accessoires, dégénérer en véritable escroquerie.

Voici, en effet, un fait tout récent, que je tiens de source certaine, et à propos duquel je connais personnellement l'auteur et sa dupe (2).

(1) Si tous les libraires de Paris me donnent tort, ne serait-ce pas aussi parce que M. Sapor m'avait calomnié auprès de beaucoup de ses confrères ?

(2) Un de mes confrères de Paris, que j'estime beaucoup, et avec lequel je suis et j'entends rester dans les meilleurs termes, a prétendu qu'il était clairement désigné dans cet article. C'est une profonde erreur.

D'abord la prononciation de M. ****** est plutôt étranglée et difficile que trop pleine et trop grasse. Ensuite, il avait été réellement recommandé par une dame du grand monde à M. L....., son vieux confrère, lequel, sans lui demander aucune espèce d'explication, l'avait pris pour un amateur distingué, le jeune marquis de T...., tant il avait été enchanté de ses manières élégantes et polies, de sa bonne tenue et de ses aimables procédés!

D'autres ont cru reconnaître, dans cet article, M. G...., un gros petit libraire très habile et très malin, le confrère de S.-D. en figure boursouflée (il paraît que c'est là le signe de la finesse normande), lequel M. G..., dont l'esprit est plus net que la prononciation, voyage très souvent et ne révise guère que dans les ventes de livres rares et d'un grand prix.

C'est encore là une calomnie infâme contre laquelle je proteste de toutes mes forces, en me faisant un devoir de reconnaître publiquement que M. G...., autant et plus habile que M. Sapor, n'est pas moins honnête et est incapable de *tromper légalement* qui que ce soit.

La diversité de l'application prouve d'ailleurs que je n'ai entendu présenter qu'un fait chimérique, destiné seulement, *en exagérant certaines circonstances*, à faire comprendre à la Cour, que l'habileté de certains libraires de Paris, à force d'être subtile, pouvait tomber dans le domaine de l'escroquerie et de la mauvaise foi.

Un jeune libraire de Paris, à la prononciation grasse, sinon gracieuse, et qui, au fond, est un très honnête homme et un excellent garçon, égaré par de faux principes, bien qu'il soit, pour me servir d'une expression vulgaire, passablement *esbrouffeur*, un jeune libraire de Paris, par sa correspondance et ses relations dans la Province, savait qu'un autre libraire à la figure pâle et aux cheveux blancs, lequel, malgré ses 75 ans bien comptés, ne peut jamais se tenir en place et pousse ses excursions habituelles jusqu'à Toulouse, venait de rapporter, de cette dernière ville, de très beaux volumes reliés en maroquin ancien et qui, surtout à cause de cette reliure, sont maintenant très recherchés et d'un grand prix.

Notre jeune libraire savait en outre que son vieux confrère, *dont il n'était pas connu*, était parfaitement accueilli, à Toulouse, comme très ancienne connaissance, dans la maison de madame la Comtesse de ***, laquelle s'intéressait au vieux libraire et lui procurait, de temps à autre, d'excellents marchés.

Notre jeune *esbrouffeur* se rend donc à toute vapeur et par le chemin de fer dans la ville où demeure le libraire possesseur des beaux et rares maroquins. Il se fait conduire chez celui-ci, avec grand fracas et à grand renfort de chevaux, dans un fiacre loué à l'heure, et se présente comme un amateur de province, venu tout exprès de Toulouse, et spécialement recommandé par la comtesse de ***. Le vieux renard se laisse prendre à ce piége assez grossier, et, croyant obliger un ami de madame la comtesse, il laisse les volumes en maroquin à très bon marché.

L'escroquerie n'étant pas assez forte, le prétendu amateur retourne le lendemain matin chez le vieux libraire, et, sous le prétexte d'une erreur de compte qui n'existait pas, il trouve encore le moyen d'obtenir, sur le prix convenu et payé, une réduction importante à laquelle le vieux libraire, dans la crainte toujours de désobliger madame la comtesse de ***, n'ose se refuser.

Quelques jours après, le vieux libraire s'aperçoit qu'il a fait un marché de tous points désavantageux, et il apprend que son prétendu amateur n'est autre chose que le plus *esbrouffeur* des libraires de Paris, lequel, pour tromper son confrère, a simulé un voyage de long cours, et a fait usage d'une fausse qualité et d'une fausse recommandation. Et, à propos de cette petite escroquerie bien caractérisée, notre jeune *esbrouffeur* se vantait d'être dans une bonne voie et d'entendre à merveille les finesses de la librairie parisienne.

Eh bien, toute l'industrie et tout le bénéfice de certains libraires de Paris (*sans parler de la Bande Noire, que tant de gens détestent et que personne n'ose attaquer*), tout le bénéfice de certains libraires de Paris consiste à voyager sans cesse, à se présenter comme des amateurs riches et qui paient très cher, et à duper de cette manière le plus de particuliers ou de libraires qu'ils peuvent.

Et l'on appelle cela un commerce honnête et licite ; et l'on appelle cette mauvaise finasserie le *nec plus ultrà* de l'industrie et de l'habileté parisienne! Et des hommes d'intelligence, des hommes qui tiennent dans leurs mains ce qu'il y a de plus noble et de plus pur dans le commerce, des hommes qui vivent des merveilleux produits de l'esprit humain, dont le contact seul, même matériel, devrait les rendre meilleurs, des libraires honorables ne craignent point, pour un sordide intérêt, de déshonorer le noble corps dont ils font partie et de s'abaisser aux manœuvres des marchands de bric-à-brac !

Et si un libraire consciencieux croit de son devoir de plaider contre ses propres intérêts et de dévoiler de telles turpitudes, on aura le droit de crier haro sur le baudet et le provincial ! Non, non, je ne saurais l'admettre. Ma conscience d'honnête homme se soulève et se révolte, et domine mes instincts commerciaux. La question d'argent s'efface, je ne vois plus que la question d'honneur !

Si l'on me demande maintenant ce que j'entends par *la Bande noire*, voici comment je crois pouvoir la définir.

DÉCLARATION

DE

GUERRE A LA BANDE NOIRE

Il existe, à Paris, une association secrète de libraires, très connue sous le nom de **Bande Noire,** qui assiste à toutes les ventes publiques de livres, et qui, pour son malheur, deviendra bientôt célèbre.

Je vais donc l'apostropher comme elle le mérite, lui faisant le défi le plus solennel, en réponse à ses ridicules menaces, d'oser me traduire devant quelque tribunal que ce soit, malgré la violente sincérité de mon langage, attendu que les membres de cette association dangereuse ne peuvent s'y reconnaître et me poursuivre devant les tribunaux, sans reconnaître, par contre-coup, que je suis bien renseigné et que je dis vrai sur leur compte.

Du reste, s'ils poussent mon indignation à bout et s'ils ne renoncent pas *immédiatement* à leur coupable industrie, je les préviens que le Parquet, auquel ma conscience d'honnête homme m'oblige à les signaler clairement par la lettre initiale de leur nom, ainsi que par leur description grotesque (physique ou morale), et par l'indication de leur demeure parfaitement quoique indirectement précisée, je les préviens que le Parquet aura bientôt les yeux ouverts sur eux, s'il ne les a déjà ; que le Ministère public a trois ans pour constater et poursuivre les *Révisions frauduleuses et les Ré-*

viseurs, et que je suis en mesure de prouver par témoins tout ce que j'affirme.

ATTENTION DÈS-LORS !

La Bande Noire, que je ne crains pas plus que je n'approuve; — **La Bande Noire,** *cette peste de la librairie parisienne,* que l'on rencontre, partout lorsqu'on vend des livres, nulle part quand il faut l'atteindre et lui demander compte de ses actes ;—**La Bande Noire,** cette association illégitime et monstrueuse, dans laquelle on voit avec peine des hommes d'intelligence et de cœur, et qui, par ses entraves à la liberté des enchères et ses prudentes révisions faites clandestinement et au domicile de l'un des associés, prélève tous les jours des bénéfices énormes et immoraux au préjudice de la veuve et de l'orphelin, au détriment même du trésor public et de l'utile et honorable corporation des commissaires-priseurs ; — **La Bande Noire,** cette association sur une vaste échelle et exclusivement normande, d'industriels patentés d'autant plus dangereux qu'ils ont des dehors honorables, et qui, par l'énormité de leurs gains illicites et journaliers, par la complète et profonde impunité dont ils jouissent depuis bientôt dix ans, par l'audace et le secret de leurs manœuvres non encore réprimées, sont parvenus au faîte de la fortune et des honneurs, et donnent le scandaleux spectacle de commerçants enrichis en buvant tous les jours l'iniquité comme l'eau , et en violant expressément le deuxième paragraphe de l'article 412 du Code Pénal (1);

(1)   *Entraves apportées à la liberté des enchères.*

Art. 412 du Code Pénal. — Ceux qui, dans les adjudications de la propriété, de l'usufruit ou de la location des choses mobilières ou im-

— **La Bande Noire,** cette association criminelle dont les révisions de tous les jours, lors même qu'elles ne seraient point prouvées d'une manière directe et *de visu,* sont tellement certaines et de notoriété publique, que tous les autres libraires de Paris en affirmeront l'existence à la justice, sous la foi du serment et la garantie de l'honneur ; — **La Bande Noire,** cette association corruptrice par le mauvais exemple qu'elle donne et le désir qu'elle inspire aux âmes faibles ou ignorantes d'en faire tout autant , celles-ci ne pouvant s'imaginer que, si une telle association est en

mobilières, d'une entreprise, d'une fourniture, d'une exploitation ou d'un service quelconque, auront entravé ou troublé la liberté des enchères ou des soumissions, par voies de fait, violences ou menaces, soit avant, soit pendant les enchères ou les soumissions, seront punis d'un emprisonnement de quinze jours au moins, de trois mois au plus, et d'une amende de cent francs au moins et de cinq mille francs au plus.

La même peine aura lieu contre ceux qui, par dons ou promesses, auront écarté les enchérisseurs.

Commentaire de cet article.

La convention par laquelle plusieurs individus s'associent pour qu'un seul d'entre eux enchérisse, jusqu'à telle somme seulement, une chose mise en adjudication, avec convention qu'en cas d'adjudication à leur profit, cette chose serait ultérieurement attribuée à l'un d'eux, et que celui à qui elle resterait en définitive paierait une certaine somme aux autres, constitue le délit d'entraves à la liberté des enchères de la part de tous ceux qui ont pris part à cette convention. — Doivent être considérés comme complices par aide et assistance, ceux qui stipulent avec l'adjudicataire que le prix de l'adjudication ne sera pas porté au delà d'une certaine somme, et que si l'adjudication a lieu à un prix inférieur, l'adjudicataire leur paiera la différence *(Arrêts de la Cour de Cassation* des 19 novembre et 12 mars 1841, et arrêts des cours de Limoges et de Rouen des 3 juin 1841 et 24 juin 1845 ; — *Gilbert, Code Pénal annoté,* art. 412, nombres 10 et 11).

effet contraire aux lois, elle ait pu, sous les yeux même de la police et des commissaires-priseurs, rester si long-temps impunie et prospérer à ce point; — **La Bande Noire,** ainsi définie clairement, et qui existe en effet ; — **La Bande Noire,** il est urgent de la dissoudre et de la livrer aux tribunaux, au nom de la loi et de la morale publique, et dans l'intérêt même de l'immense et honnête majorité des libraires parisiens !

Que ceux donc qui m'approuvent secrètement (et ils sont nombreux) aient le courage de me soutenir devant la justice et de prendre fait et cause pour moi; car, je ne me le dissimule point, sans leur appui sincère, je succombe et suis perdu sans retour. L'acte vigoureux que j'accomplis et qui va me conduire à la vie où à la mort, est, en effet, la lutte énergique de la vertu contre le vice, le coup d'état audacieux d'un véritable homme de bien, ou la dénonciation infâme et intéressée d'un vindicatif calomniateur (1) !

La librairie parisiènne est malade, et grandement malade de la peste, et, pour faire cesser le mal, il faut que quelqu'un se dévoue.

Comme le baudet des *Fables de La Fontaine,* je me

---

(1)   *Extrait de quelques dispositions pénales.*

I. — LOI DU 17 MAI 1819

Sur la répression des crimes et délits commis par la voie de la presse ou par tout autre moyen de publication.

Art. 13. —Toute allégation ou imputation d'un fait qui porte atteinte à l'honneur ou à la considération de la personne ou du corps auquel le fait imputé, est une diffamation.

Toute expression outrageante, terme de mépris ou invective qui ne renferme imputation d'aucun fait, est une injure.

ART. 18. — La diffamation envers les particuliers sera punie d'un

dévoue donc bêtement ou généreusement, dussé-je encourir de nouveau les justes condamnations de l'honorable M. Boudet de Paris, Président sévère, inflexible et impartial de la septième chambre du Tribunal correctionnel de la Seine !

OBSERVATIONS.

Par cette dernière phrase on fait allusion à une condamnation très sévère contre l'auteur, pour délit de presse, prononcée en première instance, par M. Boudet de Paris, le 25 novembre 1857, et dont il sera rendu un compte détaillé dans un autre ouvrage qui a pour titre :

**Les Prisons de Valenciennes, la Douane
et les Contrebandiers.**

QUESTIONS DE PROPRIÉTÉ LITTÉRAIRE
ET DE LIBERTÉ INDIVIDUELLE.

Ces questions sont ainsi résumées :

I. L'autorité administrative a-t-elle le droit d'empêcher, au préjudice de l'auteur qui est français, l'introduction en France *d'un ouvrage non périodique ni politique, contenant plus de dix feuilles d'impression;* ouvrage imprimé en pays étranger et que l'autorité judiciaire de Valenciennes, à laquelle cet ou-

emprisonnement de cinq jours à un an, et d'une amende de 25 francs à 2,000 francs, ou de l'une de ces deux peines seulement, selon les circonstances.

Art. 19.—L'injure contre les particuliers sera punie d'une amende de 16 francs à 500 francs.

II. — CODE PÉNAL.

Art. 373.—Quiconque aura fait par écrit une dénonciation calomnieuse contre un ou plusieurs individus, aux officiers de justice ou de police administrative ou judiciaire, sera puni d'un emprisonnement d'un mois à un an, et d'une amende de 100 fr. à 3,000 fr.

vrage a été déféré par l'autorité administrative du même lieu,
n'a point trouvé contraire aux lois ?

II. L'auteur de l'ouvrage, qui, intérieurement, est dévoué au
gouvernement de S. M. l'Empereur, qui n'a subi d'ailleurs
aucune espèce de condamnation politique, et dont la moralité
est bien connue et non contestée, l'auteur de l'ouvrage, qui
réside en France et qui accepte la responsabilité de l'écrit,
peut-il en outre, par suite seulement de cette publication, être
arbitrairement détenu dans une maison d'arrêt de la frontière,
sur le seul ordre d'un sous-préfet et par mesure de sûreté générale (1) ?

Qu'est-ce donc, en définitive et en peu de mots, que la fameuse *Bande Noire* ?

En résumé, Monsieur le Président et Messieurs les
Conseillers, la *Bande Noire* est une association clandestine de certains libraires de Paris, association contraire
aux lois et qui, par ses opérations et ses manœuvres
secrètes et déloyales, et en poussant plus d'une fois les
livres au-delà de leur valeur réelle, finit par dégoûter
d'assister aux ventes les libraires et les particuliers, se
rend ainsi maîtresse des prix qu'elle élève ou abaisse
d'après ses seuls intérêts, et prélève dès-lors tous les
jours, surtout dans les ventes à domicile ou après faillite ou décès, des bénéfices énormes et immoraux au
préjudice de la veuve et de l'orphelin, au préjudice
encore des amateurs et des libraires, et au détriment

(1) Détails intéressants, curieux et très délicats, et publication de
toute la correspondance échangée à ce sujet. 1 vol. in-8.— Prix : 6 fr.
Pour les cent premiers souscripteurs, le prix est abaissé à 4 fr. L'ouvrage paraîtra dès que l'on aura recueilli cent souscriptions.— S'adresser à M. ROUSTAN, libraire-éditeur, à Versailles, rue d'ANJOU, n° 12.

même du Trésor public et de l'utile et l'honorable corporation des commissaires-priseurs ;

Ce qui constitue le double délit d'entraves à la liberté
des enchères et de coalition frauduleuse, délits prévus
et punis par les articles 412 et 419 du Code Pénal.

**Deuxième observation préliminaire. — Lettre de
M. Sapor qui manque au dossier remis à M. le
Conseiller rapporteur.**

Cette lettre, entièrement écrite de la main de M. Sapor, et contenant quatre petites pages, a été déposée
par lui, en ma présence, le 5 décembre 1863, entre les
mains de M. le magistrat tenant le *Bureau des Consi-
gnations*, lequel l'a annexée au dossier.

Cette *pièce essentielle*, qui sert de base à toute l'argumentation de mes deux Mémoires, et qui manque au
dossier remis à M. le Conseiller rapporteur, a été communiquée, le 7 ou le 8 décembre 1863, à M⁰ Perrot de
Chaumeux, mon avocat en première instance, lequel
m'en a expliqué lui-même le contenu.

Dans cette lettre, M. Sapor reconnaissait :

Premièrement, qu'il était venu en effet chez moi trois
jours plus tôt qu'on n'en était primitivement convenu,
et que la proposition de venir à Versailles émanait de lui;

Deuxièmement, que les livres dont je lui avais parlé
dans l'après-midi du 25 novembre 1863, notamment
les *Annales de la Société d'Entomologie*, ayant un
grand intérêt pour lui, il était tout naturel qu'il s'em-
pressât de venir chez moi, afin de ne pas me donner
le temps de la réflexion et de les obtenir ainsi à très
bon marché et de préférence à tout autre libraire.

M. Sapor prétendait, en outre :

Premièrement, que je lui aurais avoué que les livres vendus ne me coûtaient que 37 francs, allégation que l'on a démontré, aux pages 112, 113 et 116, n'être pas exacte, au moyen même de la production du bordereau du commissaire-priseur ;

Deuxièmement, que j'aurais demandé de tous ces livres cent vingt francs seulement ; et que, sur ses observations que mon prix était fabuleusement exagéré, j'avais consenti à le réduire à quatre-vingts francs, somme qu'il avait en effet payée à ma femme.

Observations de la partie civile. — A l'audience publique de la Cour impériale de Paris, du 5 mars 1864, M. Sapor n'a point nié l'existence ni le contenu de cette lettre, dont il a reproduit à peu près les termes lors de l'interrogatoire verbal que M. le Président lui a fait subir.

Troisième observation préliminaire.

Avant de parler de la question d'escroquerie, j'ai l'honneur de déclarer à la Cour, ainsi que je l'affirme dans mon Mémoire et que je le prouverai plus tard, que c'est au nom surtout de la morale publique que j'ai appelé du jugement du 28 janvier 1864 (*v.* les p. 130 et 131).

En agissant ainsi j'ai peut-être empiété, bien malgré moi, sur les attributions du Ministère public. Mais voici en quoi je suis personnellement intéressé dans cette affaire.

Le jugement déféré à la Cour, ainsi que je vais le prouver tout-à-l'heure, est rendu, *en la forme du moins et à raison de l'insuffiance de ses motifs,* en violation formelle de la loi et contrairement à la jurisprudence expresse de la Cour de Cassation.

Par suite de ce vice de forme, mon adversaire a été autorisé à dire et a en effet répété partout, auprès de mes confrères de Paris avec lesquels je suis en relation journalière, que j'avais tellement tort dans cette affaire, que le Tribunal, ainsi que le jugement lui-même le constate et ainsi que l'ont pu voir à l'audience un grand nombre de libraires, n'a pas même voulu m'entendre ni laisser plaider la question au fond ; que, par suite, il est tout-à-fait certain et constaté, *ab argumento*, par le jugement de première instance, par la promptitude avec laquelle il a été rendu et par la manière dont il est motivé, que c'est moi qui ai fixé le prix des ouvrages vendus et que, par suite, je suis réellement *un confrère vindicatif et indélicat, un mauvais coucheur et un homme de mauvaise foi.*

Comme, Dieu merci, ce n'est point là mon caractère, ainsi que je suis en mesure de le prouver dans tout le cours de ces débats, et que ce n'est que parce que le jugement n'est pas motivé de la manière prescrite par la loi qu'on a pu, avec quelque apparence de raison, en tirer des conséquènces si graves et qui me blessent profondément dans mon honneur, j'ai un intérêt personnel, même à ce seul point de vue, à faire réformer le jugement.

Et, avant d'en venir là, j'en appelle moi-même à la loyauté de mon adversaire et à celle de l'honorable Me Moullin, son défenseur :

Est-il vrai, oui ou non, que, contrairement aux notes d'audience, le Ministère public, en première instance, n'a pas prononcé une seule parole et n'a pu dès-lors ni résumer l'affaire ni donner ses conclusions ?

Est-il vrai, oui ou non, que, contrairement encore

aux notes d'audience, Me Moullin, ici présent, qui assistait M. Sapor, n'a pas proféré publiquement un seul mot ?

En prenant acte de l'aveu de Me Moullin, c'est de la manière suivante, et d'après l'*observation essentielle* qui termine mon Mémoire, que j'insiste sur les vices de forme.

PLAIDOYER DE LA PARTIE CIVILE.

La partie civile lisait ici cette observation (page 133 ci-dessus), insistait ensuite sur les vices de forme développés aux pages 98 et 99, mentionnait les deux questions soumises aux juges de première instance (pages 128 et 129), et terminait cette partie de son plaidoyer et comme preuve complémentaire des vices de forme, par les considérations finales du Mémoire présenté aux juges de la Cour d'Appel (p. 129 à 132 du présent volume).

Si les magistrats n'avaient pas reconnu la réalité des vices de forme, la partie civile aurait, dans ce cas, demandé à plaider, quant au fond, la question d'escroquerie avec circonstances très atténuantes ; ce qu'elle eût fait en présentant les argumentations développées aux pages 66 à 74 et 108 à 110, argumentations qu'elle aurait complétées par la lecture des conclusions transcrites aux pages 87 à 95.

Ce dernier document, par la logique et l'enchaînement des idées, et malgré quelques exagérations, prouvait encore la bonne foi de la partie civile.

La Cour n'ayant point contesté l'existence des vices de forme, mais ayant pensé, *d'une manière unanime,* comme le parquet et les juges de première instance et comme M. l'avocat général, que la question d'escroquerie n'était pas sérieusement discutable, ne permit à la partie civile, ainsi qu'on l'a vu ci-dessus, à la note de la page 143, de lire qu'une très faible partie de son plaidoyer.

Après une longue discussion préparatoire, la Cour impériale de Paris rendit dès-lors, le 5 mars 1864, un arrêt que nous reproduisons littéralement.

III.

Arrêt de la Cour impériale de Paris, Chambre des appels de Police correctionnelle, audience du samedi 5 mars 1864.

Extrait des minutes du Greffe de la Cour impériale de Paris.

La Cour impériale de Paris, chambre des appels de Police correctionnelle, a rendu, le 5 mars 1864, l'arrêt dont la teneur suit :

Entre le sieur Honoré-Joseph-Fortuné NATSUOR, libraire, demeurant à Versailles, rue d'Anjou, n° 12, plaignant, demandeur et partie civile, appelant, comparant à l'audience,

D'une part ;

Et le sieur SAPOR, libraire, demeurant à Paris, au quartier de la Bastille, célibataire, prévenu, défendeur intimé, comparant à l'audience, assisté de M⁰ Moullin, son avocat,

D'autre part ;

En présence du Procureur général impérial, anticipant.

Par suite de la plainte portée par le sieur *Natsuor*, contre le sieur *Sapor*, est intervenu, le 28 janvier 1864, au Tribunal de Police correctionnelle de la Seine, septième chambre, un jugement contradictoire, par lequel, « *attendu qu'en admettant que les faits allégués par Natsuor seraient prouvés, ils ne constitueraient ni crime, ni délit, le Tribunal a renvoyé* SAPOR *des fins de la poursuite sans dépens, et a condamné la partie civile aux dépens (par elle avancés).* »

Suivant acte du Greffe, en date du 4 février 1864, le sieur Nat-suor a déclaré interjeter appel du jugement sus-énoncé ;

Ouï M. le conseiller de Bonnefoy des Aulnais en son rapport, le sieur *Natsuor*, partie civile, en ses explications personnelles, le prévenu en ses moyens de défense, Me Moullin, avocat dudit prévenu, en ses conclusions, et M. l'avocat général Sénart, qui a conclu à la confirmation du jugement ;

Vu toutes les pièces du procès (1), et après en avoir délibéré :

La Cour, statuant sur l'appel interjeté par le sieur Natsuor, partie civile, du jugement sus-daté et énoncé, et y faisant droit :

Considérant qu'il résulte de l'instruction et des débats que le marché dont l'appréciation est déférée à la Cour, a été fait à prix débattu entre les parties ;

Considérant que *Sapor* n'a employé aucune manœuvre frauduleuse pour déterminer la livraison qui lui a été faite ; qu'aucune intention coupable ne ressort des faits de la cause à la charge dudit *Sapor ;*

Adoptant, au surplus, les motifs des premiers juges :

Met l'appellation au néant ;

Ordonne que ce dont est appel sortira son plein et entier effet ;

Condamne *Natsuor* aux frais de son appel liquidés à sept francs quinze centimes avancés par le Trésor, en ce non compris les coût, timbre et enregistrement du présent arrêt.

Fait et prononcé au Palais-de-Justice, à Paris, le samedi 5 mars 1864, en l'audience publique de la Cour où siégeaient : M. Haton de la Goupillière, président ; MM. Saillard, Conchon, Labour, de Bonnefoy des Aulnais, Hello, Dufour, Page de Maisonfort et Rohault de Fleury, conseillers, lesquels, ainsi que Me G. Chevé, greffier, ont signé le présent arrêt.

(1) Indépendamment de la sommation extrajudiciaire du 27 novembre 1863 et de l'assignation du 18 décembre suivant, transcrites aux pages 6 à 10, les pièces du procès comprenaient, notamment, celles qui sont indiquées, en note, aux pages 110 à 112, et l'argumentation spéciale développée aux pages 108 à 110.

En marge est écrit :

Enregistré à Paris, le 12 mars 1864. Reçu un franc vingt centimes.   Signé DABLANC.

Pour expédition conforme délivrée au sieur *Natsuor*, le 30 mars 1864.   Le greffier en chef,

Signé LOT.

(Timbre de la Cour impériale de Paris.)

IV.

Observations de la partie civile, relatives à l'arrêt rendu par la Cour impériale de Paris, jugeant correctionnellement, le samedi 5 mars 1864.

§ 1ᵉʳ.

I. *L'arrêt que l'on vient de transcrire est-il, d'après la loi, suffisamment motivé ?*

II. *En matière correctionnelle, l'accès auprès de la Cour de Cassation ne devrait-il pas être plus facile et moins coûteux ?*

Ainsi que nous l'avons vu aux pages 99 et 102, les *arrêts* qui statuent en matière d'escroquerie doivent, sous peine de nullité et *même en cas de renvoi du prévenu*, contenir le détail et l'appréciation de chacun des faits qu'on lui reproche.

Pour l'affaire dont il s'agit, les faits sont longuement exposés et développés dans les pièces de la procédure. La Cour, en disant : *Vu toutes les pièces du procès*, et en parlant, d'une manière vague, des faits *tels qu'ils résultent de l'instruction et des débats*, la Cour a-t-elle satisfait aux prescriptions de l'article 163 du Code d'Instruction criminelle, et de l'art. 7 de la loi du 20 avril

1810, et a-t-elle motivé convenablement son arrêt? —
La question, en présence surtout de la jurisprudence de
la Cour suprême, peut paraître très douteuse.

La partie civile, *tant dans son intérêt qu'au nom encore de la morale publique et de la loi,* et pour donner plus
d'autorité à la décision à intervenir, aurait eu dès-lors
un motif suffisant de se pourvoir en Cassation, *même
sans le concours du ministère public,* en vertu du droit
résultant en sa faveur des articles 413 et 418 du Code
d'Instruction criminelle. (*Voir le commentaire de ces
articles, par Gilbert.*)

Mais les articles 419, 422 et 424 du même Code obligent la partie civile, sous peine de déchéance, à consigner une amende de 150 francs (et même de 180 fr. en
y comprenant le double décime), et à faire présenter sa
requête par un avocat à la Cour de Cassation ; ce qui ne
permet pas, aux personnes qui ne possèdent point quelque fortune, *même lorsqu'il s'agit d'une affaire de principe* et quand l'objet de la contestation est peu important, de *provoquer à leurs frais, pour la solution d'une
question de morale ou de délicatesse, le concours de
toutes les lumières de la magistrature.*

Vainement dira-t-on que ce serait empiéter sur les
attributions du ministère public. Nous persistons à
penser, au nom de l'intérêt général, qu'*en matière correctionnelle,* l'accès auprès de la Cour de Cassation devrait être plus facile et moins coûteux. Une partie civile
parfaitement au courant de toutes les circonstances
d'une affaire peut la présenter sous un jour que le ministère public aurait pu tout d'abord ne pas entrevoir;
et l'axiome vulgaire que quatre yeux voient mieux que
deux, ou que deux juges peuvent y voir plus clair qu'un

seul, nous semble réellement applicable à l'espèce.

Nous désirerions, dès-lors, qu'un plaideur qui connaît assez la loi et la jurisprudence pour rédiger une requête avec motifs à l'appui, ne fût pas obligé, sous peine de déchéance, de consigner une amende de 150 fr. en principal, ni d'employer le ministère d'un avocat à la Cour de Cassation, ministère qui, dans ces régions supérieures, peut devenir très onéreux.

L'article 436 du Code d'Instruction criminelle qui porte que, indépendamment du paiement des frais et d'une indemnité de cent cinquante francs au profit de la partie acquittée, absoute ou renvoyée, la partie civile qui succombera dans son recours sera condamnée envers l'État à une amende de cent cinquante francs, est une disposition législative assez rigoureuse pour arrêter ou contenir les plaideurs téméraires qui n'ont pas une grande fortune.

La consignation préalable d'une amende de 180 fr., et le ministère forcé d'un avocat à la Cour de Cassation nous paraissent donc constituer, *en matière pénale surtout*, un privilége et une inégalité qui ne sont pas en rapport avec les institutions démocratiques du gouvernement de Sa Majesté l'Empereur.

L'indemnité de 150 francs (outre l'acquittement des frais de la procédure), payée par un plaideur riche et de mauvaise foi, serait pour lui une peine très légère ; en sorte que, pour le riche, le recours en Cassation est toujours ouvert ; tandis que celui qui, sans être indigent, n'a que peu de fortune, est traité plus rigoureusement que le pauvre (lequel est dispensé de consigner l'amende) ; et, quoique présentant plus de garanties que ce dernier, il rencontre néanmoins, entre la loi et la justice, une barrière que des motifs de prudence et sa demi-misère ne lui permettent pas de franchir.

§ 2.

I. — *L'arrêt correctionnel de la Cour impériale de Paris, du 5 mars 1864, est-il bien rendu quant au fond?*

II. — *En matière de librairie, cet arrêt ne doit-il pas être considéré comme un arrêt-principe?*

Les premiers juges, en décidant que les faits reprochés au sieur Sapor ne constituaient ni crime ni délit, avaient laissé intacte la question de *dol civil,* que le ministère public près le tribunal de première instance et l'avocat du sieur Natsuor considéraient comme susceptible d'être résolue au profit de ce dernier.

La Cour impériale est allée beaucoup plus loin. Elle a jugé, d'une part, que le marché dont l'appréciation lui était soumise avait eu lieu à prix débattu ; et, d'une autre part, que, pour obtenir la livraison des volumes, le sieur Sapor n'avait employé aucune manœuvre frauduleuse. D'où résulte cette double conséquence que, dans cette affaire, il n'a existé aucune espèce de dol : ni criminel, puisque (ce sont les termes de l'arrêt), il n'y a pas eu *intention coupable;* ni même civil, puisque le marché, ainsi que l'arrêt le déclare encore, a été fait à *prix débattu,* c'est-à-dire de bonne foi et légalement.

Relativement à la question d'escroquerie, la solution négative a été adoptée, d'un commun accord, par le ministère public et par les juges tant de première instance que d'appel. Il est donc peu probable, en présence d'une telle unanimité d'opinion, que la Cour Suprême eût pensé différemment. Il n'en eût pas moins été utile de l'appeler à se prononcer sur cette question intéressante ; car si la Cour de Cassation, ainsi qu'on penche fortement à le croire, avait décidé, comme les juges de première instance et d'appel, qu'il n'existait aucun délit d'escroquerie, la doctrine résultant de son arrêt fût devenue plus solennelle et aurait acquis une grande autorité.

Quoi qu'il en soit et *sur la question d'escroquerie*, l'arrêt rendu contradictoirement, par la Cour impériale de Paris, le 5 mars 1864, doit être considéré comme *un véritable arrêt-principe, d'une grande portée en librairie*, attendu qu'une affaire de cette nature n'a jamais été soumise aux *tribunaux correctionnels* et ne le sera pas de longtemps encore, et qu'il est extrêmement rare, quand une question est délicate à résoudre, que l'opinion de tous les juges du premier et du deuxième degré soit entièrement conforme.

La Cour, en déclarant que le marché avait été fait à prix débattu, paraît avoir admis qu'il n'y avait pas même un acte d'improbité commerciale. Mais nous croyons être en droit d'affirmer que, sur ce point, l'opinion des juges n'a pas été unanime.

V. — Conséquences pratiques à tirer de cette affaire.

En présence du jugement du tribunal de première instance et de la décision conforme de la Cour d'Appel, les conséquences à tirer de cette affaire peuvent se réduire à l'observation que nous avons présentée à la

page 74, à savoir, que les dols purement civils, surtout
en matière de commerce, sont très difficiles à prouver,
et que, par suite, une habile friponnerie trouve presque
toujours, devant les tribunaux, l'impunité la plus complète.

Cette jurisprudence pratique est contraire à l'opinion de l'orateur du Gouvernement qui, dans l'exposé des motifs du Code de commerce, s'exprimait
ainsi :

« Les mœurs de la nation en général, les mœurs
« commerciales en particulier, ont subi de grands
« changements, et ces mœurs ne sont pas encore
« fixées.

« Il est d'une haute importance de les saisir dans ce
« moment d'oscillation, de les arrêter dans des habi-
« tudes heureuses, honorables ; de les diriger, osons le
« dire, de les ramener vers cette loyauté, cette bonne
« foi, dont nos grandes places de commerce furent l'an-
« tique berceau, et dont elles conservent de nobles mo-
« dèles. »

Tant que la Cour de Cassation, contrairement à l'opinion du rapporteur d'une loi récemment votée (1) décidera, comme on a pu le voir à la page 68, et comme cela
résulte de ses autres arrêts des 11 juillet 1861, 20 novembre et 5 décembre 1862, 12 février et 19 juin 1863,
que des mensonges réitérés ne constituent aucune espèce
de manœuvre et ne sauraient vicier dès-lors un contrat

____

(1) Dans la séance du Corps Législatif du 2 mai 1864, le rapporteur de la loi sur les coalitions d'ouvriers a indiqué *le mensonge fait
sciemment* comme un des faits qui peuvent constituer les manœuvres
frauduleuses.

commercial, les habitudes de la librairie parisienne ne seront pas toujours heureuses et honorables, et les négociants de bonne foi seront trop souvent encore exposés à devenir la dupe des fripons.

FIN DU PROCÈS CORRECTIONNEL ET DE LA PREMIÈRE PARTIE.

DEUXIÈME PARTIE.

LA BANDE NOIRE ET LA RÉVISION

Et quelques autres abus.

Dans ces provinces, nous avons nos *Bandes noires*, comme vous à Paris, à ce que j'entends dire. (*Paul-Louis* Courrier, 5ᵉ *Lettre au rédacteur du* Censeur.)

I. — Observation préliminaire.

Nous empruntons à un ouvrage de M. Henri Roche-fort, aux *Petits Mystères de l'Hôtel des ventes*, la défi-nition de la Bande Noire et du revidage ou révision, en faisant observer d'avance, contrairement à l'opinion de cet auteur, que de tels abus existent bien certainement, même dans les salles Silvestre et à l'hôtel de la rue Drouot, et qu'il serait à désirer, dans l'intérêt du com-merce parisien et au nom de la morale publique, que l'autorité se livrât d'une manière plus sérieuse, au moyen d'agents spéciaux, à la surveillance et à la ré-pression du revidage.

II. — La Bande Noire et le Revidage.

Le marchand qui fréquente assidûment l'Hôtel des ventes a dans le public une réputation effroyable. On s'accorde généralement à dire qu'il fait partie d'une société quasi secrète créée pour l'exploitation de l'amateur, et que tous les négociants qui se nourrissent à ces docks de la curiosité forment un bataillon sacré, dont chaque soldat a juré de mourir plutôt que de permettre au simple bourgeois d'entrer dans la place.

Cette armée, qui avait ses colonels et qui a eu ses héros, s'appelait autrefois la *Bande Noire*, et ce nom seul suffit à caractériser la terreur qu'elle inspirait et qu'elle inspire encore à l'acheteur naïf qui n'oserait pas se permettre de faire acquisition d'un porte-plume à l'hôtel Drouot, de peur que la *Bande Noire* le lui fît payer cinq ou six fois sa valeur.

Faire partie de la Bande Noire ou d'une bande de chauffeurs, pour bien des gens, c'est tout un.

Je demanderai la permission d'entrer tout botté dans cette légende et d'essayer de persuader au lecteur que la Bande Noire n'existe pas, à l'Hôtel Drouot s'entend, et qu'à vrai dire elle n'y a jamais existé.

Autrefois, il y a déjà fort longtemps, après le bouleversement artistique provoqué par la Révolution, les tableaux, objets précieux et curiosités de toute sorte se dispersèrent de mille et un côtés, et restèrent plusieurs années avant de reprendre une place, soit dans les musées, soit dans les collections particulières.

De 1810 à 1825, il n'y eut presque pas de jour qui ne fût signalé par la découverte de quelque chef-d'œuvre abandonné ou enfoui. Et c'est grâce à la situation tout exceptionnelle où s'est trouvé alors l'art en France, que les hommes de goût et d'érudition, comme MM. Sauvageot, Dablin et quelques autres, ont pu, pour des prix relativement minimes, se composer des galeries dont la valeur pécuniaire est devenu depuis incalculable.

Les marchands savaient très bien que cet état de choses ne
pouvait durer. Il était donc assez naturel qu'ils cherchassent à
l'exploiter pendant qu'il était encore exploitable. Aussi les principaux brocanteurs, dans un but d'accaparement facile à comprendre, avaient-ils formé une sorte d'association au moyen de
laquelle ils devaient attirer à eux tout ce qui plus tard pouvait
être revendu avec un bénéfice considérable.

De cet accord parfait est née l'opération du REVIDAGE.

Quand un bourgeois poussait un objet de prix, les marchands,
fidèles à leur tactique, poussaient sur lui afin de le décourager ;
mais souvent le bourgeois entêté enchérissait de plus belle jusqu'à ce qu'enfin, effrayé ou lassé, il s'arrêtât court, laissant
l'objet à un des marchands, qui le payait ainsi beaucoup plus que
le prix qu'il s'était fixé à lui-même.

C'est alors que, la vente finie, les confrères de l'adjudicataire
se réunissaient chez un marchand de vins qui avoisinait l'hôtel
Bouillon (nom prédestiné) ; et, après une estimation impartiale
de la chose adjugée, on rendait au marchand acquéreur tout ce
qu'il avait payé en sus, à seule fin de soutenir l'honneur de la
corporation.

Tel était le *revidage à perte*.

Le seul qui s'exerce encore aujourd'hui, c'est le *revidage à
bénéfice*, auquel nous consacrons plus loin un chapitre spécial.

*Mais disons dès maintenant que ce n'est pas dans les ventes
publiques de l'hôtel Drouot qu'il peut trouver de quoi s'ali-
menter.*

Ce ne sont plus là les marchands qui contrecarrent les achats
du bourgeois, c'est le bourgeois qui impose silence aux marchands.

(*Les Petits Mystères de l'Hôtel des ventes*, pages 45 à 49).

III. — La Révision à bénéfice.

Nous avons, dans le cours de cette étude, traité la question du
revidage ou *révision* au point de vue seulement du revidage à

perte, c'est-à-dire que, quand un amateur se permet d'entrer sciemment ou innocemment en lutte ouverte avec des marchands, ceux-ci, pour le dégoûter de son rôle d'enchérisseur, poussent l'objet qu'il convoite jusqu'à ce qu'il ait atteint trois ou quatre fois sa valeur. Alors ils s'arrêtent subitement, et le malheureux bourgeois se trouve avoir payé à l'Hôtel un prix fou ce qu'il aurait eu dans toutes les boutiques pour un prix très raisonnable.

Mais il arrive aussi que le bourgeois se lasse le premier, et alors un marchand se trouve obligé de prendre livraison, pour une somme excessive, d'un objet qu'il n'a jamais eu l'intention d'acheter.

La révision à perte sert ou plutôt servait à parer à ces petits accidents de la spéculation publique. Les marchands se réunissaient dans un local quelconque et remettaient entre eux l'objet en adjudication.

S'il était alors coté cinquante francs et qu'il eût été adjugé à cent, on se cotisait pour rembourser au marchand qui s'était dévoué la différence qu'il avait payée en trop.

Aujourd'hui, ce genre de revidage, pour l'honneur du corps (1), est à peu près complètement abandonné. Et la seule révision qui se pratique encore, c'est la *révision à bénéfice*.

(1) Quel honneur, s'il vous plaît? Il serait plus exact de dire : *dans l'intérêt du corps*, car la plus simple expérience n'a pas dû tarder à convaincre les marchands associés que c'est une triste spéculation que celle d'enchérir follement dans le seul espoir de parvenir à tromper quelque bourgeois. Personne ne veut payer la marchandise plus qu'elle ne vaut ; ceux que l'on peut duper impunément ne forment donc que le petit nombre ; et, dans la plupart des cas, les objets poussés au-delà de leur valeur sont abandonnés par les particuliers. Ce qui conduit à cette conséquence rationnelle et forcée que le *revidage à perte fait sciemment* n'a pu être avantageux que dans des circonstances tout à fait exceptionnelles, et qu'en règle générale il ne vaut rien pour les marchands.

Celle-là, en revanche, s'exécute sur une large échelle, laquelle échelle même s'élargit tous les jours.

Cette révision, comme l'autre, consiste à remettre sur table le lot adjugé publiquement par le commissaire-priseur. Des marchands, ennemis par tempérament les uns des autres, mais réunis par les intérêts communs, se groupent en colonne serrée autour du bureau de l'officier public. Ils se font passer l'objet de main en main sans permettre à l'acheteur naïf de l'examiner ; ils éblouissent ce même acheteur par leurs cris, par la vivacité et l'audace de leurs enchères ; ils forment entre lui et la table où le crieur promène les lots une triple muraille de paletots huileux et de chapeaux gras, de sorte que le plus hardi chaland finit presque toujours par se laisser intimider et par abandonner la partie.

La concurrence n'existant plus, les marchands n'ont aucune raison pour mettre sur l'objet en vente des enchères qui augmentent d'autant les frais d'achat. Ils se taisent, et l'objet est adjugé au dernier d'entre eux qui a pris la parole au nom de tous.

Mais, comme chacun des marchands présents a contribué, dans la mesure de ses forces, à empêcher l'invasion du bourgeois, il est juste que, la bataille gagnée, toute la troupe se partage les dépouilles opimes. L'objet adjugé est donc le soir même ou le lendemain soigneusement apporté dans une des salles louées à Montmartre et à Batignolles par les marchands, et où se tiennent quotidiennement les séances de révision.

Grâce à la bonne entente de tous les marchands présents à la vente publique, la pendule, le lustre, le bahut qui vaut huit cents francs a été acheté cent cinquante. Il s'agit maintenant de rendre à cet objet, rare ou curieux, son véritable prix marchand, en l'adjugeant à nouveau.

Les marchands venus pour réviser se divisent en deux bandes, qui se tiennent chacune dans une chambre et se communiquent, par l'entremise d'une espèce de chargé d'affaires, les différentes surenchères que l'une ou l'autre bande juge à propos de mettre.

Notre chambre fait tant, dit un des chefs de groupe ; que répond la vôtre ? — Tant !

La lutte continue ainsi jusqu'à ce qu'une des deux chambres s'avoue vaincue ; alors, dans la chambre où est resté l'objet, c'est à celui qui a mis la dernière enchère qu'il appartient définitivement.

Cette révision constitue une entrave aux enchères, délit prévu et puni par la loi. Plusieurs procès ont eu lieu, et nombre de condamnations ont déjà été prononcées contre les revideurs...

La révision amène souvent des augmentations considérables dans le prix d'un objet. Il n'y a pas deux mois, on a vendu à Paris, dans une vente à domicile, une pendule qui a été payée quinze cents francs. Le soir même elle était révisée à cinq mille cinq cents, et le lendemain le marchand à qui elle était définitivement échue la revendait neuf mille cinq cents francs, à M. X... Je pourrais nommer l'amateur (1), mais je m'arrête devant le crève-cœur qu'il ressentirait en apprenant que ce qu'il a payé neuf mille cinq cents francs avait été adjugé pour quinze cents la veille.

Au reste, cette question de la révision, que nous avons traitée pour compléter autant que possible notre travail sur les ventes publiques, ne touche que très indirectement aux opérations de l'hôtel Drouot. L'affluence du public est devenue tellement énorme et indisciplinable dans les différentes salles qui composent ce grand bazar du mercantilisme parisien, que depuis longtemps déjà l'opération du revidage ne se pratique plus sur les objets achetés à l'Hôtel des commissaires-priseurs.

(1) Si le délit n'est pas éteint et amnistié par la prescription, c'est-à-dire s'il a été commis depuis moins de trois ans (art. 638 du Code d'Instruction criminelle), il semble, en présence d'indications aussi précises contenues dans un ouvrage imprimé, lequel se vend au Palais-Royal, chez M. Dentu, libraire, qu'il est du devoir du ministère public de faire une enquête et, s'il y a lieu, de livrer les coupables aux tribunaux.

C'est dans les châteaux de la banlieue ou de la province et dans les ventes faites dans les maisons bourgeoises que les marchands essayent les effets de leur coalition. Là ils peuvent tenir tête au public, qu'ils empêchent d'entrer ou qu'ils forcent à se taire. Tout les favorise, l'ignorance où est ordinairement l'amateur de l'endroit où se fait la vente, l'exiguïté du local, qu'ils remplissent facilement à eux seuls, et cette force si difficile à entamer de gens qui se tiennent, disons le mot, comme larrons en foire.

Le révidage et ses inconvénients seraient même une sorte d'argument en faveur de l'institution de l'Hôtel des commissaires-priseurs, si par malheur, en amoindrissant cet abus, elle n'en avait créé ou décuplé une foule d'autres (1).

(*Les Petits Mystères de l'Hôtel des Ventes*, pages 129 à 133, 136 et 137).

... De toutes les ventes qui se font au Mont-de-Piété, les plus suivies sont les *ventes de diamants*.

De tous les corps d'état, celui des bijoutiers, joailliers et marchands de diamants est évidemment le plus solide et le plus compacte. Ces industriels manœuvrent dans les ventes avec un ensemble et une régularité admirables : c'est plus que de l'entente, c'est de l'association.

Toutes les après-midi, entre trois et quatre heures, se tient, dans la salle de billard du café des Variétés (2),

LA BOURSE DES DIAMANTS.

(1) On verra plus loin que, balance faite de ses avantages et de ses inconvénients, l'Hôtel des commissaires-priseurs est une institution utile dont il sera facile de corriger les abus les plus criants, si l'administration supérieure de l'Enregistrement et des Domaines juge à propos, en matière de ventes publiques de meubles, de remplir enfin ses devoirs.

(2) Voilà encore une violation de la loi indiquée publiquement et d'une manière très précise. Le révidage des marchands bijoutiers doit-il continuer d'échapper à l'action du ministère public?

Tout ce qui a été acheté autrement qu'à l'amiable vient retomber là pour y être remis à prix. Pendant une heure, ce ne sont que saphirs, rubis, émeraudes, perles noires. A chaque instant un nouveau venu arrive et ouvre sur la table de marbre qui sert de bureau sa main ruisselante de pierreries. On discute, on crie, on s'agite ; puis, quand toutes les affaires sont faites, on replonge les bijoux dans leurs sacoches respectives, on se sépare, et le billard reprend ses droits. (*Même ouvrage*, pages 189 et 190.)

IV. — Les Ventes publiques et le Revidage d'autrefois.

Pour ce qui nous reste à dire du spectacle offert par les ventes publiques d'autrefois, c'était, à peu de chose près, pour ceux qui les ont vues, celui qu'elles présentaient il y a vingt ans. Rivalité des amateurs entre eux, des marchands contre les amateurs, des marchands contre leurs confrères, et, dans certains cas, les marchands déjà organisés entre eux, ligués contre tout le monde sous un nom plus énergique que celui de *révision*, que nous avons adopté.

Comme aujourd'hui, le spectateur étranger aux ventes pouvait être surpris de voir les enchères, parties du chiffre le plus modeste, s'élever, opiniâtrément, sol à sol, à des sommes considérables. Le rôle de l'officier ministériel était également le même, cherchant à réveiller et à stimuler l'amateur, levant son marteau toujours prêt à frapper, en lui disant : « *Vous n'en voulez plus ?* « — *C'est bien entendu ? — Je vais adjuger ;* » et ne laissant jamais retomber, sous le fallacieux prétexte qu'*on demande à voir*...

Ecoutons le satiriste Mercier, en son chapitre des *Huissiers-priseurs :* les ventes publiques ne pouvaient lui échapper.

« La charge d'huissier-priseur (car tout est charge : qu'est-ce « que les rois n'ont pas vendu?) devient de jour en jour plus « lucrative. Plus il y a de luxe, plus il y a de nécessiteux. Le

« combat sourd de l'aisance et de la pauvreté occasionne une
« multitude de ventes et d'achats. Les pertes, les banqueroutes,
« les décès, tout est favorable aux huissiers-priseurs, en ce que
« les revers, les variations de la fortune, les changements de
« lieu et d'état, se terminent toujours par des ventes forcées ou
« volontaires.

« Il y a ensuite les petites ruses du métier. Tel huissier-priseur
« est souvent marchand tacite ou bien associé avec des mar-
« chands ; et, dans les adjudications, il sait conséquemment
« *couper la broche* à propos, c'est-à-dire adjuger suivant qu'il
« lui plaît, d'après ses vues secrètes ou celles de ses commettants
« cachés. »

Ferre-Mule, dans sa confession, nous a déjà instruit des coalitions et des manœuvres qui se pratiquaient au dix-huitième siècle
dans les ventes publiques. Mercier, toujours impitoyable et pénétrant, plus explicite et plus vrai, nous dit ailleurs, dans une autre
partie de son *Tableau de Paris*, à propos des *ventes par arrêts
de la Cour :* « Il y a dans ces ventes une confédération secrète
« dont on doit perpétuellement se défier ; elle s'appelle *la Gra-
« finade.* C'est une compagnie de marchands qui n'enchérissent
« point les uns sur les autres dans les ventes, parce que tous
« ceux qui sont présents à l'achat y ont part ; mais, quand ils
« voient un particulier qui a envie d'un objet, ils en haussent le
« prix et supportent la perte, qui, considérable pour une seule
« personne, devient légère dès qu'elle se répartit sur tous les
« membres de la ligue.

« Ces marchands aigrefins se rendent donc maîtres des prix
« parce qu'ils font en sorte qu'aucun autre acheteur n'aille au-
« dessus de celui qu'un membre de *la Grafinade* aura offert.

« Quand un objet a été poussé assez haut pour écarter du bé-
« néfice tous ceux qui ne sont pas de la *clique*, alors, dans une
« assemblée particulière, ils adjugent l'objet entre eux.

« Il y a de ces ligues pour le bijou, le diamant, l'horlogerie :
« elles empêchent le public de profiter du bon marché ; elles
« agissent sous l'œil des magistrats instruits de ces subterfuges

« et qui ne peuvent rompre les complots de cette phalange
« armée et invincible ; car tout se passe au nom de la loi, et ce
« n'est que derrière le rideau que cette bande, en partageant
« le bénéfice, se vantera d'avoir mis en défaut la défiance du
« public et la vigilance de la magistrature.

« Voilà pourquoi tel homme inexpérimenté s'étonne de trouver
« tel objet si cher dans les ventes. *La Grafinade* veut qu'il n'y
« remette plus les pieds, afin que les marchandises tombent au
« bas prix auquel ils prétendent les acquérir.

« Cette conspiration contre la bourse des gens chasse de la
« Salle des ventes un nombre infini d'acheteurs qui aiment
« mieux être rançonnés par un membre de *la Grafinade* que
« par *la Grafinade* entière, qui, selon l'expression populaire, a
« les *reins forts* et joute de manière à écarter les plus intré-
« pides.

« Les crieuses de vieux chapeaux, les revendeuses, imitent
« parfaitement sur ce point les lapidaires, les orfèvres et les
« marchands de tableaux. »

Au fond, il y a aujourd'hui de bien sensibles améliorations
dans les ventes : *la Grafinade*, qui n'existe plus, a été remplacée
par trois ou quatre bonnes petites *révisions;* les auvergnats continuent à être nombreux, et les frais de vente à augmenter toujours.

(*Les Petits Mystères de l'Hôtel des Ventes*, pages 278 à 280,
et 283 à 285.)

V. — La Maison Silvestre.

Il y a à Paris un endroit où l'on fait des ventes aux enchères comme à l'hôtel Drouot, avec le secours des commissaires-priseurs et des experts, comme à l'hôtel Drouot, et qui
pourtant ne ressemble pas le moins du monde à l'hôtel Drouot :
c'est la maison Silvestre.

La seule différence matérielle qui existe entre les deux maisons, c'est qu'à celle de la rue Drouot les ventes se font généra-

lement le jour, et qu'à celle de la rue des Bons-Enfants elles se font d'ordinaire le soir.

Quant aux différences morales, elles sont considérables.

Dans les salles de l'Hôtel des commissaires-priseurs, l'erreur et la fraude sont continuellement suspendues sur la tête du malheureux acheteur qui s'y hasarde sans s'être muni d'armes suffisamment défensives. A la maison Silvestre l'erreur est rare et la fraude presque impraticable.

Pourquoi? — Parce qu'entre l'amateur de livres et l'amateur de tableaux il y a un abîme. Tandis que celui-ci tend complaisamment son porte-monnaie à tous les industriels en quête de pigeons, et qu'il se trouve livré pieds et poings liés à toutes les fantaisies d'un expert souvent aussi ignorant que lui, l'autre, le bibliophile, sait ce qu'il fait, où il va et ce qu'il achète. A l'hôtel Drouot, les clients forment une cohue ; à la maison Silvestre, ils composent un public. L'amateur de tableaux est un rêveur, l'amateur de livres est un savant.

Il n'y a pas un acheteur de la société habituelle de la maison de la rue des Bons-Enfants qui n'en sache autant, et plus, que l'expert chargé de lui présenter l'objet à vendre. Une faute y est aussitôt rectifiée que commise. Un Titien peut être de tout le monde, un Elzevir est d'Elzevir, non d'un autre.

Chacune des salles de la maison Silvestre n'est pas de beaucoup plus vaste qu'une grande chambre à coucher. Des bancs très rapprochés les uns des autres (aujourd'hui des chaises) entourent la table où circulent les ouvrages, laquelle table touche, ou peu s'en faut, le bureau ou plutôt le fauteuil du commissaire-priseur. On voit tout de suite que là les choses se passent en famille, et que les objets s'examinent de près.

L'aspect d'une séance de vente à la maison Silvestre donne l'idée d'une salle d'étude, dont le commissaire-priseur serait ce qu'au collège on nomme le *pion*. Les amateurs y compulsent silencieusement les livres qu'on leur passe, et y enchérissent bien plus du regard que de la parole.

Cette absence totale de mise en scène n'empêche pas certaines ventes de donner d'immenses résultats pécuniaires, et l'attitude réservée des acheteurs n'exclut pas chez eux l'enthousiasme. Les passions contenues sont les plus dangereuses...

Quoique plusieurs des commissaires-priseurs assermentés de l'hôtel Drouot soient admis à faire les ventes de la maison Silvestre, entre autres MM. Pillet et Delbergue-Cormont, il y a toujours eu entre la rue Drouot et la rue des Bons-Enfants une animosité évidente. Cette rivalité a même pris de temps en temps les proportions d'une lutte. Très contrariée, probablement, de voir que l'influence des commissaires-priseurs était à peu près nulle dans les ventes de livres de la maison Silvestre, et jaloux d'ailleurs d'un monopole qu'ils se sont attribué on ne sait en vertu de quelle loi, la compagnie des commissaires-priseurs a plusieurs fois tenté de faire fermer les salles de vente Silvestre, afin d'obliger ainsi les ventes à venir à l'hôtel Drouot.

Des procès, dont aucun n'a abouti, ont été entamés à plusieurs reprises, et la maison Silvestre continue à vendre sans *revidage*, sans *maquillage* et sans *enchères fictives,* ce qui est peut-être gênant pour les uns, mais bien heureux pour les autres.

(*Les Petits Mystères de l'Hôtel des Ventes*, pages 191 à 194, et pages 198-199).

VI. — La Coalition et le Revidage en matière de librairie existent réellement.

Contrairement à l'opinion de l'auteur des *Petits Mystères de l'Hôtel des Ventes,* il est bien certain que la coalition et le revidage, *en matière de librairie,* ont lieu, quoique d'une manière décente et plus voilée, soit dans les ventes à domicile, soit dans les ventes en lots ou sur catalogues, qui se font à l'Hôtel des commissaires-priseurs, rue Drouot, n° 5, ou dans les salles Silvestre, rue des Bons-Enfants, n° 28.

Ainsi que nous l'expliquerons plus loin avec détail

(voir le chap. X), on se livre maintenant à cette révision d'une manière si adroite et si peu apparente, que les personnes initiées à tous les secrets du métier, et qui suivent exclusivement les ventes de livres, peuvent seules s'apercevoir d'une nature de fraude que nous avons énergiquement critiquée aux pages 147 à 153 ci-dessus.

Et comme complément de ces justes critiques, nous transcrivons le document ci-après, qui arrivera, tôt ou tard sans doute, à sa destination.

VII. — Très humble requête qu'on avait l'intention de présenter à qui de droit.

Cette RÉVISION depuis trop longtemps dure ;
Délivrez-nous, Messieurs, des gens à tête dure.
Leur titre de noblesse (1) est inscrit dans le roc :
Endurcis dans le mal, ne craignant aucun choc,
Ils savent sans témoins et se voir et s'entendre,
Et mettent le Parquet au défi de les prendre !

Versailles, le dimanche 20 mars 1864, rue d'Anjou, n° 12.

MONSIEUR LE PRÉSIDENT,

En vertu de l'article 31 du Code d'Instruction criminelle, j'ai l'honneur de vous transmettre une dénonciation relative à un double délit prévu et puni par les art.

(1) Les chefs de la fameuse *Bande Noire* portent, en effet, certaine dénomination qui, précédée de la particule *de*, et quoique très dure, a toutes les apparences d'un nom aristocratique.

Les D^r ne seraient donc que des nobles dégénérés; c'est-à-dire qu'en se livrant au commerce, et d'après leur manière d'agir, ils auraient à la fois dérogé et fait une honnête fortune, et auraient ainsi passé dans la catégorie inférieure des marchands de bric-à-brac.

Voici, au surplus, le signalement très véridique du chef principal de

412 et 419 du Code Pénal, délits commis tous les jours par certains libraires de Paris très connus dans les ventes publiques sous le nom de **Bande Noire des associés Normands-Parisiens,** et désignés en toutes lettres dans les deux imprimés ci-joints (voir les pages 77, 78, 147 à 151, et 182).

Sans l'énergique appui de la justice, ma lutte serait trop inégale ; car, pour me servir d'une expression vulgaire et très rebattue, ce serait la lutte du pot de terre contre le pot de fer, ou, en d'autres termes, l'attaque imprudente et maladroite d'un honnête homme, d'un écrivain obscur et sans appui, contre d'heureux associés enrichis, en apparence très honorables comme l'était M. M...., et qui, tant par la terreur qu'ils inspirent que par leur crédit, leurs amis et leur fortune, tiennent sous leur dépendance à peu près toute la librairie parisienne (1).

la *Bande Noire,* lequel est un des trois ou quatre industriels-associés qui tendent leurs filets sur les bords de la Seine.

Signalement très précis du chef principal de la Bande Noire des libraires Normands-Parisiens.

Barbe de porc-épic, inculte et négligée comme celle du Juif-Errant, et d'une couleur à peu près pareille à celle des poils de Judas ; — tempérament nerveux et irritable, taille élancée, oreilles grandes et velues, yeux et vêtements gris, teint pâle ; et, pour tout dire en un mot, figure reliée en veau fauve, suivant l'expression même des hommes du métier.

(1) Il est tellement vrai que la Bande Noire tient sous sa dépendance tous les libraires de Paris, qu'aucun d'eux, MM. Garnier frères en tête, n'a osé se charger du dépôt du présent ouvrage, donnant tous pour motifs qu'ils ne voulaient pas se mettre à dos une puissante association que la justice elle-même, malgré les ressources dont elle dispose, n'a jamais pu vaincre.

Comme je sais par expérience, Monsieur le Président, que vous êtes un magistrat du premier mérite, et comme j'ai la plus grande confiance en vos lumières et en votre sagesse, je prends la liberté, à raison de la nature très délicate de cette affaire et de la haute position de la plupart des délinquants, d'adresser la dénonciation à vous-même, vous laissant le soin de décider s'il y a lieu, d'après la loi, de la communiquer à M. le Procureur Général ou à M. le Procureur Impérial.

Les libraires de Paris, que ma conscience d'honnête homme m'oblige à dénoncer, *après les avoir prévenus*, sont bien disposés, *malgré cet avertissement public*, à continuer leur coupable industrie, mais d'une manière plus secrète. Ils soutiennent qu'ils ne violent aucun article de loi, attendu que les *révisions* et les *coalitions* ont existé de tous les temps, comme elles existeront toujours, et que jamais la justice, ainsi que le constatent d'ailleurs les annales judiciaires, n'a poursuivi aucun d'eux pour une nature de commerce qui, avant la condamnation toute récente de certains marchands de bric-à-brac, se faisait d'une manière ostensible, en plein jour, et dans des établissements publics voisins du lieu de la vente.

Le but secret et principal de mon procès, monsieur le Président, était d'appeler, *en pleine audience publique*, l'attention de la Cour Impériale sur les abus qui se commettent tous les jours en matière de librairie.

Comme témoins, on pourrait citer les libraires désignés à la page 21 du présent ouvrage, et d'autres personnes que l'on indiquera plus tard, ainsi que beaucoup de commissaires-priseurs de Paris, ceux notamment qui ont l'habitude de vendre des livres, savoir, MM. :

1. AVRIL, rue Taranne, 6.
2. BAUBIGNY, rue de Grammont, 20.
3. BOULAND, rue de la Monnaie, 10.
4. BOULOUZE, rue Olivier-Saint-Georges, 14.
5. CHAUMOROT, rue de l'Echiquier, 40.
6. CLÉRAMBAULT, rue de Rivoli, 81.
7. DELBERGUE-CORMONT, rue de Provence, 8.
8. DUBOURG, rue de la Grange-Batelière, 12.
9. ESCRIBE, rue Saint-Honoré, 217.
10. FOURNEL, rue de l'Echiquier, 40.
11. LECOCQ, rue de Buffault, 11.
12. LEVILLAIN, rue du Faubourg-Montmartre, 62.
13. OLIVE, rue de la Grange-Batelière, 18.
14. PERROT, place du Pont-Saint-Michel, 5.
15. PILLET, rue de Choiseul, 11.
16. SOYER, rue du Dauphin, 10.

N'étant point directement intéressé dans cette affaire, j'entends expressément n'agir qu'au nom de la loi et de la morale publique.

Daignez agréer, Monsieur le Président, l'hommage sincère de mon profond respect.

F. NATSUOR, libraire-littérateur.

Observations relatives à la Bande Noire. — L'association actuelle remonte à dix ans tout au plus ; mais plusieurs des associés, les chefs surtout, ont revisé et reviseront de père en fils, malgré la justice et tout ce qu'elle pourra faire.

Les traditions de famille sont là : ce sont de vieux pécheurs endurcis par l'habitude et enrichis par l'impunité, et qui sont devenus dès-lors absolument incorrigibles.

D'ailleurs, tous les associés revisent aujourd'hui avec tant de finesse, que bien malin sera celui qui pourra les prendre sur le fait. Et ils sont tellement sûrs d'eux-mêmes, qu'ils défient hautement la police de Paris et ses limiers les plus habiles et les plus exercés.

Pour continuer à prouver, du reste, que nous n'opérons point dans le vide, nous allons donner une nouvelle description de la *Bande Noire*, description entièrement conforme à celle qui se trouve en note, aux pages 77 et 78.

Désignation, par ordre alphabétique, des chefs et des principaux membres de la très redoutable et invincible Bande Noire des libraires Normands-Parisiens.

On remarque notamment, dans la fameuse *Bande Noire* :

1. Un Bergelet, ou petit berger plein de ruses et de malice ;

2. Un B.... à la figure refrognée et au cœur excellent ;

3. Deux chefs Baroques et à la tête dure ;

4. Le gros petit homme du Diorama, celui qui vend très cher et qui achète bon marché ;

5. Un maître clerc et docteur en finasseries très subtiles, le respectable duc de la Gasconnerie ;

6. L'honnête M. Baroque *jeune*, qu'on appellerait avec plus de raison Baroque vieux, et qui, malgré ses cheveux gris ou blancs, se laisse, en révision, trop souvent duper ;

7. Mon gros et habile filleul, le marquis de la Dandinière ;

8. Son noble et digne confrère le VICOMTE DE TA-
BACO, lequel, avec certain toxique qu'il offre à tout le
monde, se dessèche le tempérament et n'est certes,
quoi qu'il puisse dire, ni GRAS ni dodu;

9. Un industriel qui opère en grand et dédaigne le
menu fretin, un homme de bon ton et d'une haute moralité, le riche M. P...., qu'il faut bien se garder de
confondre avec le jeune MARQUIS DE TUFFIÈRES, son rival
en bonne tenue, mais dont la prononciation est trop
grasse;

10. Enfin, *Gaudentius*-DENISART, le plus habile de
la bande et qui, dans les révisions, *enfonce* presque
toujours l'honnête Baroque jeune, l'énorme et vigoureux P...., ou le gros et *entêté* petit homme du Diorama.

<h3 style="text-align:center">VIII. — Silhouette de quelques libraires-experts
de Paris, les uns célèbres, les autres très connus,
et tous très recommandables.</h3>

Comme complément de nos critiques acerbes contre
l'honnête *Bande Noire*, critiques très probablement
exagérées, et même injustes ou trop violentes, il ne sera
point sans intérêt de dire quelques mots des libraires
qui président le plus souvent, en qualité d'experts, aux
ventes publiques de livres, soit à l'hôtel Drouot, à Paris,
soit dans les salles Silvestre, rue des Bons-Enfants,
n° 28.

§ 1. — M. DE L....

M. de L.... est le plus honnête des libraires-experts.
Quand il parle, on dirait qu'il roule des cailloux dans

sa bouche, et ses yeux fatigués l'obligent à se servir constamment d'un lorgnon.

M. de L.... est, à bon droit, le plus estimé et le plus aimé des experts-libraires de Paris. Il remplit ses devoirs avec beaucoup de tact et de probité, et sait concilier l'intérêt des vendeurs avec celui de ses confrères.

Il pourrait, néanmoins, se défier un peu plus des intrigues voilées et des secrètes manœuvres des membres de la *Bande Noire*.

§ 2. — M. P.....

Ce commerçant honorable porte un nom célèbre. Il est, avec les frères Tross, un des libraires de Paris connaissant le mieux les livres rares et anciens.

M. P.... est petit, trapu et imberbe. Sa figure est fortement colorée. Son crâne, qui est bombé et très remarquable, a une grande analogie extérieure avec celui d'un conspirateur énergique, qui, mieux inspiré et placé dans d'autres circonstances, fût devenu sans doute un grand homme.

M. P...., avec ses yeux miroitants et enfoncés, est, incontestablement, une des fortes têtes de la librairie parisienne. Le docteur Gal ou Lavater auraient reconnu, dans le crâne de M. P...., tous les caractères non pas précisément d'un homme de génie, mais d'un libraire instruit, aussi adroit que prudent, et qui sait se faire respecter.

Quand M. P.... veut s'en donner la peine, la *Bande Noire* ne peut rien *extorquer* dans ses ventes : elle est obligée, comme tout le monde, d'acheter loyalement, sans révision ultérieure, et au prix réel et commercial.

M. P..., sinon intentionnellement, du moins dans le
fait, est le plus terrible ennemi de la *Bande Noire*. Une
dizaine d'experts assermentés, aussi honnêtes et aussi
intelligents que M. P..., saperaient par sa base un
commerce illicite et réduiraient, à peu près à zéro, les
bénéfices peu décents des chefs *baroques* de la bande et
de leurs avides associés.

§ 3. — LE LIBRAIRE BOOPIS.

Ce *petit* libraire a les yeux à fleur de tête et porte un
nom tudesque ou peu harmonieux.

Dans les ventes qu'il fait de ses propres livres, il en
rachète en général les 3/4, sans parler de ceux qu'il met
ostensiblement sur le compte d'obligeants prête-nom.

En procédant ainsi, et en payant des frais énormes,
il fait hausser la valeur de ses livres, surtout pour les
étrangers et pour les amateurs qui s'en rapportent trop
légèrement aux prix des ventes publiques faites sur
catalogues.

Comme libraire et comme homme de lettres, nous ne
pouvons, sur ce point, adresser à notre confrère Boopis
aucun reproche sérieux; car c'est lui surtout, et l'honorable M. P..., qui, en opérant avec intelligence, dans
leur intérêt aussi bien qu'au profit de la littérature et
des littérateurs, ont relevé le prix des livres rares et
curieux, et empêché pour longtemps la librairie ancienne de tomber de rechef au rabais.

Comme amateur de livres à bon marché, nous pour-
rions regretter que l'application d'un principe excellent
en lui-même soit poussée trop loin, et dégénère bien
des fois en enchères fictives et en agiotage.

Nous ne saurions dès-lors considérer comme prix véritables et courants, les prix exagérés qu'il convient au libraire Boopis d'assigner publiquement aux *livres provenant de son propre fonds*.

Malgré l'authenticité de la vente et la signature d'un commissaire-priseur, il n'est nullement prouvé, *pour ceux qui connaissent les ruses du métier*, que ce soient là les prix résultant de la naturelle et libre concurrence du commerce.

§ 4. — M. L...., L'EXPERT ORDINAIRE DE LA CHAMBRE DES COMMISSAIRES-PRISEURS.

Cet homme est très connu dans les salles de vente :
C'est VIGNOLLE, l'expert à la tête branlante.

M. L.... est un expert intègre. La *Bande Noire* profite néanmoins plus d'une fois de son ignorance pour réaliser d'assez beaux bénéfices.

Quelque insuffisant que soit cet expert, parce qu'il est seul et que la chambre des commissaires-priseurs de Paris devrait en avoir plusieurs, il est hors de doute qu'il est utile et qu'il ne trahît point, comme certains de ses confrères, les intérêts qui lui sont confiés.

Il va même quelquefois trop loin dans son estimation, et se fait adjuger plus d'un article qu'il n'avait pas l'intention d'enchérir pour son compte.

Il serait à désirer qu'à toutes les ventes à domicile, ou après faillite ou décès, présidât un expert sérieux, et qui fût aussi intègre que M. L... Alors la *Bande-Noire*, malgré sa force et toutes ses ruses, paierait comme les autres et ne dépouillerait pas impunément la veuve, les mineurs et les orphelins.

**IX. — Examen approfondi de cette question irri-
tante et très délicate : la Bande Noire des libraires Normands - Parisiens viole-t-elle réellement la loi, et doit-on lui appliquer les articles
412 et 419 du Code Pénal?**

§ 1. — *La Bande Noire se rend tous les jours coupable
du délit d'entraves à la liberté des enchères, délit
prévu et puni par l'article 412 du Code Pénal, § 2.*

Indépendamment des autorités que nous avons citées
en note, aux pages 148 et 149, nous pouvons produire
avec détail, contré les procédés et les habitudes de la
Bande Noire, d'autres arrêts plus récents et parfaitement motivés.

Pour bien préciser les faits, nous croyons utile de
transcrire au préalable l'art. 412 du Code Pénal, et de
fournir le commentaire abrégé de l'ensemble de cet
article.

I. — ENTRAVES APPORTÉES A LA LIBERTÉ DES ENCHÈRES.

Article 412 du Code Pénal. Ceux qui, dans les adjudications de la propriété, de l'usufruit ou de la location
des choses mobilières ou immobilières, d'une entreprise, d'une fourniture, d'une exploitation ou d'un
service quelconque, auront entravé ou troublé la liberté
des enchères ou des soumissions, par voies de fait, violences ou menaces, soit avant, soit pendant les enchères
ou les soumissions, seront punis d'un emprisonnement
de quinze jours au moins, de trois mois au plus, et d'une
amende de cent francs au moins et de cinq mille francs
au plus.

La même peine aura lieu contre ceux qui, par dons
ou promesses, auront écarté les enchérisseurs.

Commentaire de cet article (Voir le *Code Pénal annoté
par Gilbert*, article 412, nombres 1 à 18).

1. L'art. 412 du Code Pénal n'est applicable qu'autant que le
trouble a eu pour but et pour effet d'entraver la liberté des enchères : le trouble qui ne produirait qu'une suspension de
l'opération n'aurait pas le caractère exigé par la loi pour constituer le délit (*Chauveau et Hélie, théorie du Code Pénal*, 3ᵉ édition, tome V, p. 431, et 4ᵉ éd., p. 499).

2. On ne peut voir une atteinte à la liberté des enchères, dans
ce fait que le minimum de leur taux a été fixé par le juge tenant
l'audience des criées, *s'il n'y a eu d'ailleurs aucune réclamation des parties intéressées* (arrêt de la Cour de Cassation du
29 mai 1834 ; — *Sirey et Devilleneuve*, vol. de 1834, première
partie, p. 449 ; — *Dalloz Périodique*, tome 34, première partie,
p. 259).

3. Il faut que l'entrave ou le trouble soit le résultat de voies
de fait, de violences ou de menaces. Les paroles, les exhortations,
les cris, lors même qu'ils auraient pour résultat de troubler la
liberté de l'enchère, ne suffiraient pas pour l'existence du délit
(*Chauveau et Hélie*, tome V, p. 431, 3ᵉ éd., et p. 500, 4ᵉ éd.).

4. Il faut, en outre, que les menaces proférées contre les
enchérisseurs émanent de celui même qui doit les mettre à
exécution ; mais le délit ne peut résulter de simples propos
tenus sur le compte d'un tiers à qui l'on prête des intentions
violentes (arrêt de la Cour impériale de Bourges, 25 mars
1841).

5. Spécialement, l'individu qui, dans le but d'éloigner les
enchérisseurs, impute à un saisi des intentions de vengeance
contre ceux qui se rendraient adjudicataires de ses biens, ne
commet pas le délit (même arrêt).

6. La loi ne punit pas la tentative du délit prévu par l'art. 412. Ainsi, celui qui, dans une adjudication, a cherché à écarter les enchérisseurs, mais qui n'y a pas réussi, ne tombe pas sous l'application de cet article (Metz, 7 juillet 1823; *Hélie*, V, p. 501, 4ᵉ éd.).

7. Bien que l'article 412 parle du fait d'avoir écarté *les enchérisseurs*, il suffit cependant qu'un seul enchérisseur ait été écarté (arrêts de la Cour de Cassation des 24 août 1837 et 26 mai 1848).

8. Et quand un enchérisseur a été écarté, peu importe quel a été, en définitive, l'effet de l'emploi de ce moyen sur le résultat de l'adjudication (Cass., 12 mars et 19 novembre 1841).

9. *La convention par laquelle plusieurs individus s'associent pour qu'un seul d'entre eux enchérisse, jusqu'à telle somme seulement, une chose mise en adjudication, avec convention qu'en cas d'adjudication à leur profit, cette chose serait ultérieurement attribuée à l'un d'eux, et que celui à qui elle resterait en définitive paierait une certaine somme aux autres, constitue le délit d'entraves à la liberté des enchères de la part de tous ceux qui ont pris part à cette convention* (arrêts de la Cour de Cassation des 12 mars et 19 novembre 1841, et 15 mai 1857).

10. *Doivent être considérés comme complices par aide et assistance, ceux qui stipulent avec l'adjudicataire que le prix de l'adjudication ne sera pas porté au-delà d'une certaine somme, et que si l'adjudication a lieu à un prix inférieur, l'adjudicataire leur paiera la différence* (Cass., 12 mars 1841 ; cours de Limoges du 3 juin 1841, et de Rouen du 24 juin 1845).

11. Les tribunaux saisis de la connaissance du délit d'entrave à la liberté des enchères doivent prononcer la nullité de l'adjudication lorsqu'elle a eu lieu au profit de ceux qui se sont rendus coupables de ce délit. Peu importe d'ailleurs qu'il s'agisse d'une adjudication de coupe de bois faite devant l'autorité administrative (Cass., 22 avril 1837 ; Douai, 13 mai 1851 ; — *Chauveau et Hélie*, tome V, p. 437, 3ᵉ éd., et p. 508, 4ᵉ éd.).

12. Un décret du 7 messidor an XI contenait des peines parti-

culières contre le fonctionnaire qui se rendrait complice de ce délit. L'art. 412 n'ayant pas reproduit ces dispositions, il n'y a plus lieu de les appliquer. Les fonctionnaires qui auraient abusé de leurs fonctions pour entraver la liberté des enchères, seraient seulement passibles du maximum des peines portées par la loi, en conformité de l'article 198 du Code Pénal (*Chauveau et Hélie*, tome V, p. 437, 3ᵉ éd., et p. 508, 4ᵉ éd.).

II. — ARRÊT DE LA COUR IMPÉRIALE DE GRENOBLE, DU 3 JUILLET 1862, ET ARRÊT DE LA COUR DE CASSATION (CHAMBRE CRIMINELLE) DU 8 JANVIER 1863.

L'individu qui s'abstient d'enchérir, à raison de la remise à lui faite d'une somme d'argent pour prix de son abstention, se rend par là complice du délit d'entrave à la liberté des enchères, prévu et puni par l'art. 412, § 2, C. Pén. (C. Pén., 59, 60).

1ʳᵉ *Espèce.* — (Galland et autres.) — ARRÊT.

LA COUR ; — Attendu qu'il est établi aux débats que, le 2 décembre dernier, alors qu'il devait être procédé devant M. le sous-préfet de Saint-Marcellin à l'adjudication de la ferme du bac de Cognin, sur l'Isère, les prévenus sont entrés en pourparlers, et, après s'être communiqué leurs résolutions respectives d'enchérir, se sont concertés, afin de faire cesser cette opposition d'intérêts, l'un en se portant adjudicataire, et les autres en s'abstenant, moyennant des conditions arrêtées d'avance ; — Attendu que, dans ce but, il fut convenu que Rubichon, Marchand et Galland se présenteraient ensemble à la sous-préfecture ; que les deux premiers feraient un simulacre d'enchère en misant chacun une somme de 5 fr., et que le troisième formulerait une dernière enchère de 5 fr., qui ne serait pas couverte ; — Attendu que, pour prix de cette abstention, Galland promit de payer à Marchand une prime de 500 fr. et à Rubichon une prime de 450 fr. ; que, par cette manœuvre, Galland devint adjudicataire à des conditions très avantageuses, et que, sa qualité une fois reconnue, il réalisa son engagement verbal en souscrivant au profit de Marchand et de Rubichon deux promesses des sommes ci-dessus énoncées ; — Attendu que ce fait constitue à la charge de Galland le délit prévu par le § 2 de l'art. 412, C. Pén., et engage, en outre, la responsabilité pénale de ses deux co-prévenus, pour s'être rendus complices de son action ; — Attendu, sur ce point, qu'on ne saurait argumenter des termes restreints de l'art. 412, C. Pén., pour soutenir que le législateur, en ne nommant que ceux qui, par dons et promesses, ont écarté les enchérisseurs, a par cela même excepté de ses dispositions les enchérisseurs qui se sont laissé écarter ; — Attendu, en effet, que l'article précité ne déroge pas aux règles du droit commun ; que, dès-lors, l'individu qui reçoit des dons ou agrée des promesses pour ne pas donner suite à son intention d'enchérir, et qui fait ainsi directement un acte sans lequel le mouvement naturel des enchères n'aurait pas été entravé, devient réellement complice d'une action qualifiée délit, soit en procurant des moyens pour la commettre, soit en aidant et assistant, avec connaissance, son auteur dans les faits qui l'ont consommée ; — Attendu qu'il ne faut point perdre de vue que le sort d'une adjudication intéresse, soit l'Etat qui adjuge administrativement la chose offerte aux enchérisseurs, soit le propriétaire ou les créanciers du propriétaire des biens vendus en justice ; que cet intérêt exige que les opérations relatives à ces adjudications ne subissent aucun obstacle, et aboutissent au résultat que doit assurer le libre et loyal concours des parties ; — Que ce résultat est essentiellement empêché par le fait personnel de l'individu qui, ayant la volonté arrêtée d'enchérir, consent à se retirer au moyen d'une rémunération que la loi réprouve ; car, d'une part, il bénéficie d'une somme évidemment prélevée sur le capital qu'une loyale adjudication aurait pu atteindre sans son abstention intéressée, et, d'autre part, il aide celui qui le gratifie à réaliser un gain illicite ; que, sous tous ces rapports, il concourt à la perpétration du délit spécifié en l'art. 412, C. Pén. ; — Attendu que ces principes doivent d'autant mieux être appliqués à l'espèce, qu'il s'agit d'un accord intervenu entre trois parties ; que Galland ne pouvait arriver à son but qu'en écartant à la fois Marchand et Rubichon, de telle sorte qu'il est vrai de dire que chacun de ces individus, en s'entendant avec Galland, l'a aidé à écarter son autre concurrent ; de telle sorte qu'ils ont tous les deux donné à la fraude une coopération sans laquelle elle n'aurait pas été consommée ; — Attendu, au surplus, que cette doctrine a déjà été consacrée en termes plus ou moins exprès par les arrêts de la Cour de Cassation des 12 mars et 19 nov. 1841 et du 15 mai 1857 (V. *ad notam*); — Par ces motifs, condamne, etc.

Du 3 juill. 1862. — C. Grenoble, ch. correct. — MM. Alméras-Latour, prés.; d'Hector de Rochefontaine, av. gén.

2e *Espèce*. — (Rigot).

La Cour de Limoges avait admis la solution contraire par un arrêt du 12 juill. 1862 ainsi conçu : — « En fait : — Attendu que, le 26 mars 1862, on procédait au chef-lieu de la commune de Saint-Marc-à-Loubaud à la vente publique de nombreux communaux ; — Que les habitants de Pelletanget et de Lavaux-Gelade, voulant devenir adjudicataires des héritages dépendant de leurs sections, et craignant le concurrent Rigot, offrirent à ce dernier une somme d'argent, à condition qu'il ne se présenterait pas aux enchères ; — Que le prévenu accepta ces offres, et qu'il est établi par de nombreux témoins et même par son aveu, qu'il toucha à cet effet la somme promise et s'abstint d'enchérir ; — Que le tribunal d'Aubusson a pensé que Rigot, ayant reçu de l'argent pour renoncer au droit d'enchérir, s'était rendu complice du délit prévu par l'art. 412, C. Pén., et l'a condamné à 25 fr. d'amende; — Que le prévenu a fait appel et a soutenu, au contraire, qu'il ne pouvait être poursuivi, ni comme auteur principal ni comme complice à raison du fait unique relevé contre lui; — En droit : — Attendu que l'art. 412, qui punit celui qui, par dons ou promesses, écarte les enchérisseurs, ne parle pas de celui qui a reçu des dons ou promesses pour s'abstenir; que ce dernier ne saurait, dès-lors, être poursuivi comme auteur principal, le silence de la loi à son égard faisant présumer qu'elle n'a voulu lui infliger aucune peine; — Qu'en effet, dans tous les cas analogues, le législateur a soin d'exprimer formellement qu'il punit également les deux actes dont la coexistence est nécessaire pour la perpétration des délits qu'il prévoit; — Que l'art. 113 assimile celui qui vend des suffrages à celui qui les achète; — Que les art. 177 et 179 frappent également le corrupteur et le corrompu; — Qu'on ne comprendrait pas que l'art. 412 n'eût pas désigné comme coupable celui qui reçoit les dons et les promesses, si le législateur avait voulu l'atteindre et le punir;—Attendu que cette interprétation restrictive, qui résulte des termes de l'article précité, semble plus évidente encore si l'on en recherche l'origine; — Qu'il a remplacé la loi du 24 avril 1793;— Que cette loi, par les dispositions très larges de son art. 12, punissait nécessairement ceux qui, à l'aide d'argent donné ou reçu, entravaient la liberté des enchères; — Mais que le Code n'ayant pas reproduit la généralité des termes de l'ancienne loi, en a modifié et restreint l'application aux faits nominativement désignés dans sa nouvelle rédaction ;— Que, dès-lors, Rigot ne saurait être considéré comme auteur principal ; — Attendu que le prévenu ne tombe pas davantage sous le coup des art. 59 et 60, C. Pén.; — Qu'en effet, le caractère essentiel et général des faits qui donnent naissance à la complicité légale, c'est qu'ils sont accessoires et indépendants du délit principal ; c'est qu'ils ont pu être ou n'être pas, sans que le délit principal en existe moins ; c'est que, sans eux, le délit principal a pu se commettre et se concevoir ; — Que ces caractères, qui se retrouvent dans tous les actes d'où les art. 59 et 60 font résulter la complicité, sont diamétralement opposés à ceux que présente le fait imputé à Rigot ; — Attendu, en effet, que le prévenu a reçu de l'argent pour s'abstenir des enchères ; mais que cet acte, loin d'être indépendant du délit principal, en est au contraire un élément nécessaire et constitutif; — Que, sans le fait d'avoir accepté de l'argent, le fait d'en avoir donné est impossible et inconcevable ; — Que c'est seulement par la réunion de ces deux actes, tellement indivisibles, qu'ils ne peuvent ni exister ni se concevoir séparément, que le délit prévu par l'art. 412 se trouve produit ; — Que, dès-lors, Rigot, qui a reçu, et celui qui a donné, ayant fourni chacun un des éléments constitutifs du délit, sont auteurs principaux au même titre, ce qui exclut évidemment l'idée de complicité ; — Attendu, d'ailleurs, que la Cour de Cassation a semblé reconnaître elle-même que le fait seul d'avoir reçu de l'argent ne constituait pas la complicité du délit prévu par l'art. 412 ; — Qu'en effet, dans les divers arrêts rendus sur la matière, notamment dans l'arrêt du 12 mars 1841 (V. *ad notam*), la Cour suprême n'a jamais fait résulter la complicité de l'acceptation d'une somme d'argent ; qu'elle n'a même pas relevé ce fait, quoique reconnu et constant, proclamant virtuellement que cet acte seul et sans aucune autre circonstance prévue par l'art. 60, C. Pén., ne pouvait donner naissance au délit de complicité ; — Attendu que Rigot n'étant pas complice, et ne pouvant être poursuivi comme co-auteur, doit être renvoyé de la plainte ; — Par ces motifs, etc.

Pourvoi en cassation par le ministère public.

ARRÊT.

LA COUR ; — Vu les art. 59, 60 et 412, C. Pén. ; — Attendu que tout individu qui commet un crime ou un délit peut être aidé dans son acte coupable ; que cette assistance est mise par la loi pénale sur la même ligne, frappée de la même peine que la perpétration de l'acte ; d'où il suit que ce principe étant général, l'exception, pour être admise, doit être écrite dans la loi ; — Attendu que si l'art. 412, C. Pén., qui punit ceux qui, par dons ou promesses, écartent d'une adjudication un enchérisseur, ne prononce aucune peine contre celui qui vend ainsi sa retraite, ce silence ne peut profiter à ce dernier que si son acte ne constitue pas par lui-même une coopération au délit principal, et par suite une complicité ; — Attendu que le délit prévu par l'article précité ne peut se commettre qu'autant que celui qui veut entraver les enchères et obtenir ainsi un gain illicite, trouve un enchérisseur qui se laisse écarter ; — Que cette complaisance intéressée n'est pas seulement une assistance apportée à l'auteur principal du délit, et dont celui-ci aurait pu se passer, mais plutôt une sorte de coopération nécessaire, sans laquelle ce délit ne pouvait s'accomplir ; — Que l'importance que prend, dans l'espèce, le rôle de complice et qui tient à la nature du fait même, ne peut amener cette conséquence immorale d'effacer la culpabilité et d'affranchir de toute peine celui qui a rendu le délit possible, et qui pouvait l'empêcher en n'y adhérant pas ; — Attendu que la retraite de l'enchérisseur, innocente si elle est gratuite, n'est pas simplement un acte négatif quand elle devient l'objet d'un pacte illicité, et produit, de la part des deux parties, la violation commune de la loi ; — Attendu que l'arrêt attaqué constate, en fait, que les habitants de deux communes voulant, dans une vente publique de biens communaux, devenir adjudicataires des héritages dépendant de leurs sections, et craignant la concurrence du sieur Rigot, lui offrirent une somme d'argent, à condition qu'il ne se présenterait pas aux enchères: que Rigot, d'après son aveu, a accepté cette offre, qu'il a touché la somme convenue et s'est abstenu d'enchérir ; — Attendu que, dans les faits ainsi établis, la convention des parties, l'argent offert et reçu pour se retirer de l'enchère, l'arrêt, en ne reconnaissant par la complicité de l'enchérisseur et ne voyant dans son abstention qu'un acte négatif qui ne le soumettait à aucune peine, a formellement violé, par non-application, les art. 59 et 60, C. Pén.; — Casse, etc.

Du 8 janv. 1863. — C. Cass., ch. crim. — MM. Vaïsse, prés.; Plougoulm, rapp.; Guyho, av. gén.

(Extrait du *Journal du Palais*, 1863, pages 926 à 928.)

NOTA. Telle est la solution qui prévaut en jurisprudence. Si la Cour de Cassation ne l'avait pas jusqu'ici formellement sanctionnée, plusieurs de ses décisions l'impliquaient déjà avec plus ou moins de force.

C'est ainsi qu'elle a décidé :

1^{ent}. Que les individus qui sont convenus de ne pas porter au-dessus de tel prix un immeuble mis aux enchères, à la charge par l'adjudicataire de tenir compte aux autres de la différence entre le prix d'adjudication et celui entre eux fixé, se rendent coupables, l'adjudicataire comme auteur principal, et les non-adjudicataires comme complices, du délit d'entraves à la liberté des enchères; Cass. 12 mars 1841 (t. II, 1841, p. 360).—V. aussi Cass. 19 nov. 1841 (t. I, 1842, p. 216) ;

2^{ent}. Que l'avoué qui, après avoir déposé un acte contenant surenchère, retire cet acte moyennant une somme que lui donne l'adjudicataire surenchéri, se rend complice du délit commis par cet adjudicataire, en contribuant à écarter les enchérisseurs; Cass. 16 octobre 1844 (t. II, 1844, p. 542) ;

3^{ent}. Que le fait, par plusieurs individus venus à une adjudication dans le but d'enchérir chacun séparément pour la totalité des biens mis en vente, 1° de s'être concertés pour acquérir ces biens à vil prix avec promesse de les partager également entre eux ; 2° de s'être portés adjudicataires par le ministère du même avoué, qui, après l'exécution du partage convenu, a fait une déclaration de command en leur nom, constitue le délit prévu par l'art. 412 du Code Pénal ; Cass. 15 mai 1857 (1857, p. 984).

La doctrine résultant de l'arrêt de la Cour de Cassation du 8 janvier 1863, et de l'arrêt de la Cour de Grenoble du 3 juillet 1862, a été expressément admise par deux autres arrêts, l'un de la Cour de Pau du 18 mai 1855 (t. II, 1856, p. 526), l'autre de la Cour d'Aix du 31 août 1858 (1860, p. 388).

La même doctrine est, d'ailleurs, enseignée par MM. Morin, *Répert. du Dr. crim.*, v° *Enchères*, n. 3, et Bernard, *Rev. crit.*, t. XV, p. 141.—Toutefois le sentiment contraire est soutenu par

MM. Carnot, *Comment. C. Pén.*, sur l'art. 412, n. 8 ; Rauter, *Dr. crim.*, t. II, p. 540 et 542 ; Hélie et Chauveau, *Théor. C. Pén.*, t. V, n. 2, 128 (4ᵉ édit.).

L'arrêt de la Cour impériale d'Aix, du 31 août 1858, est ainsi motivé :

« Attendu que le Tribunal de Castellane, en condamnant le « prévenu Long et en reconnaissant les fins de la plainte justifiés, « en fait, à l'encontre de Dauthier et de Gastinel, a acquitté ces « deux prévenus, parce que les principes de la complicité ne lui « ont pas paru applicables en cette matière ;

« Attendu que l'art. 412 du Code Pénal punissant ceux qui, « par dons ou promesses, auront écarté les enchérisseurs, doit se « combiner avec les articles 59 et 60 du même Code ;

« Attendu, en effet, que le délit en question ne consiste pas « dans un fait personnel, indépendant de toute coopération ; qu'il « résulte, au contraire, d'un accord frauduleux que la loi a voulu « atteindre pour assurer la vente des propriétés à leur véritable « valeur, et qu'il n'y a aucune raison d'écarter ici les principes « de la complicité ; — condamne, etc. »

Il est donc tout à fait certain, et il résulte de la loi et de la jurisprudence, que ceux qui, dans une vente publique, au moyen de dons et de promesses, écartent les enchérisseurs, se rendent coupables du délit d'entraves à la liberté des enchères.

D'après la doctrine de la Cour de Cassation et le sentiment des auteurs le plus recommandables, ce délit est en outre commis, à titre de complicité, par celui qui reçoit le don ou qui accepte la promesse.

Ces principes sont incontestablement applicables à la révision qui a lieu, dans toutes les ventes publiques de livres, entre les membres de la Bande Noire des libraires Normands-Parisiens.

Cette révision a lieu en vertu d'une convention verbale portant que l'enchère sera soutenue par un seul d'entre eux et que les bénéfices de l'adjudication se-

ront partagés ; convention qui constitue le délit d'entraves à la liberté des enchères, ainsi que la Cour de
Cassation l'a décidé par un arrêt du 19 novembre 1841,
déjà cité à la page 189, n° 9, et qui est motivé en ces
termes :

« Attendu qu'une telle convention ne peut être la matière
d'une association, laquelle doit toujours avoir un objet licite ; que,
dans le contrat dont il s'agit, les co-intéressés n'ont rien mis en
commun, si ce n'est le droit qui appartenait à chacun d'eux
d'enchérir à l'adjudication annoncée du bail ; que ce droit ne
pouvait être l'objet d'une association dont le lien entre les co-intéressés était une promesse respective de partage dans un bénéfice qui ne pouvait se réaliser qu'en tenant à l'écart des
enchérisseurs qui évidemment, sans ce concert frauduleux, se
seraient fait concurrence lors de l'adjudication ; que cette convention ne peut donc être considérée que comme un pacte
illicite entre ceux qui paraissaient devoir se présenter concurremment à l'adjudication, et qui, au moyen de promesses respectives
du partage d'un bénéfice éventuel, pour le cas où le prix de
l'adjudication n'excéderait pas un prix par eux fixé d'avance,
s'abstiennent de la légitime concurrence qui se serait établie
entre eux dans l'adjudication, si ce pacte n'avait pas existé, et
mettent ainsi une entrave à ce que l'adjudication soit portée à sa
valeur réelle (*Chauveau et Hélie*, 4ᵉ éd., t. V, p. 502). »

§ 2. *Certains libraires de Paris, connus sous le nom de
Bande Noire, se rendent tous les jours coupables du
délit de coalition entre les principaux détenteurs d'une
même marchandise, délit prévu et puni par l'art. 419
du Code Pénal (voir, à la page 75, note 1ʳᵉ, le texte de
cet article).*

L'axiôme mis tous les jours en pratique par les

membres de la Bande Noire, peut se formuler en ces
termes :

> Oui, malgré le Parquet, nous sommes affermis :
> Tous achèteront cher, hors nous et nos amis !

Le but secret de l'association est d'empêcher soit les
libraires qui n'en font point partie, soit les particuliers, d'obtenir à bon marché les livres que l'on vend
aux enchères; de leur prouver ainsi que c'est perdre
son temps que de suivre les ventes publiques; de les
dégoûter enfin d'y assister, et de devenir, par la suppression de toute concurrence sérieuse, à peu près les
maîtres des prix d'acquisition.

Au moyen de cette manœuvre, pratiquée habilement
et avec une rare persévérance, la Bande Noire, qui, par
son abonnement à un journal spécial, connait d'avance
toutes les ventes de livres qui ont lieu, n'en manque
pas une, et profite seule des véritables bons marchés.

La tactique de ces industriels consiste à n'enchérir
entre eux qu'autant que cela est nécessaire pour mas-
quer extérieurement leurs manœuvres, et à pousser sans
ménagement, quoique d'une manière polie, tant sur
leurs confrères que sur les bourgeois. Ils ont entre eux
certains signes convenus, et qu'il est assez difficile de
surprendre ou de pouvoir incriminer.

Celui des membres de la Bande Noire, que l'on connaît maintenant sous le nom de *Marquis de la Dandinière*, use néanmoins d'un mot d'ordre tellement
ostensible et maladroit, qu'il appelle l'attention de
presque tout le monde, surtout des libraires et des
commissaires-priseurs. Pour avertir ses confrères et
en cessant d'enchérir, M. le marquis de la Dandinière

prononce à très haute voix ces mots sacramentels : *Il n'en faut plus!* Malgré cette affirmation impudente, faite pour tromper les particuliers, si des personnes qui ne font point partie de la Bande Noire, continuent d'enchérir, on voit alors soit un des chefs baroques, soit le duc de la Gasconnerie, le baron de la Bretonnière ou le vicomte de Tabaco, soit encore l'habile loustic de la bande ou le petit berger à la figure de fouine, reprendre doucement l'enchère, et ne l'abandonner que lorsque l'ouvrage est, pour les associés, poussé à toute sa valeur.

Le marquis de la Dandinière use encore publiquement d'un autre stratagème. Quand on vend des ouvrages qui ont tantôt un atlas séparé de gravures, tantôt des gravures placées dans les volumes, et avec lesquels elles sont reliées, mon *gros filleul*, tenant dans les mains un volume avec les gravures, demande effrontément et avec un air facétieux, à M. le commissaire-priseur, *si l'on a l'atlas.* MM. les commissaires-priseurs, surtout pour les ventes précipitées, faites à domicile, ou après faillite ou décès, ne sont pas, en général, très connaisseurs en livres. Ils répondent donc presque toujours qu'il n'y a pas d'atlas séparé. La Bande Noire, si elle n'a pas à lutter contre un expert habile, fait alors passer l'ouvrage comme incomplet et l'achète à vil prix.

Pour que les membres de la Bande Noire aient intérêt à quitter leurs magasins des boulevards ou des bords de la Seine, dans le seul but de suivre assidûment, comme ils le font, les ventes publiques de livres, il faut, évidemment, qu'ils parviennent à réaliser des bénéfices très considérables : car, sur les quinze à seize libraires de la bande, on en voit toujours ensemble cinq ou six. Pour les marchés donc où un seul libraire se contenterait de gagner 20 francs, la Bande Noire, même en ne visant qu'à un bénéfice ordinaire, doit en gagner au moins cent, proportion énorme et qui ne peut exister qu'au préjudice des vendeurs, et surtout de la veuve et de l'orphelin. On voit par là combien une telle association est immorale et nuisible, et combien il serait à désirer, dans l'intérêt de la saine partie du commerce, qu'une telle association ne pût pas, tranquillement et sans danger, continuer ses brigandages.

Pour donner une idée des bénéfices monstrueux que la Bande Noire réalise assez souvent, nous croyons utile de citer un exemple.

Dans l'été de 1863, une vente publique de livres a lieu, à l'hôtel de la rue Drouot, à Paris. Les personnes intéressées, par je ne sais quelles combinaisons, choisissent pour expert l'un des chefs *baroques* de la Bande Noire, celui-là précisément qui a la figure reliée en veau fauve et les poils incultes et négligés comme ceux de Judas ou du Juif-Errant. C'est donc le chef de la Bande Noire qui estime les livres et ses confrères en subtilités parisiennes qui se rendent acquéreurs.

Le sieur R... était présent à cette vente. On met sur table 70 volumes de la collection Didot dédiée aux amateurs de l'art typographique, volumes in-8°, cartonnés en bleu, sur papier vélin et non rognés, garantis complets, et dans une condition irréprochable.

M. X..., libraire à Paris, avait indirectement commissionné cette collection au sieur R... pour un prix de *tant par volume sur papier fin*, et de *tant par volume sur papier vélin*. Au moment de la vente, qui était imprévue pour le sieur R..., celui-ci s'arrête tout court au milieu des enchères, pour chercher à se rappeler la différence de prix qui existait entre les volumes en *papier fin* et les volumes en *papier vélin*. Pendant cette hésitation du sieur R..., le commissaire-priseur tranche l'adjudication, au prix de 145 à 150 francs les 70 volumes, au profit de l'un des membres de la Bande Noire qui habite le boulevard Montmartre ou le boulevard Poissonnière.

Le sieur R... se rend immédiatement chez le sieur X..., pour l'informer de ce qui vient de se passer. M. X... est très étonné de ce qu'on n'ait pas poussé la collection Didot qui, en papier vélin, est des plus rares, au-delà de 2 fr. 15 centimes le volume, et il offre 320 francs des 70 volumes dont il s'agit. Le sieur R... se rend alors, en toute diligence, dans le magasin du chef de la bande qui avait rempli les fonctions d'expert, et offre à son tour 280 francs des livres qui, il y avait trois heures à peine, avaient été vendus tout au plus 150 francs.

L'expert *baroque* trouve ce prix insuffisant et apprend au sieur R... que les livres sont restés, *en révision*, non pas à l'adjudicataire ostensible, à celui des boulevards Bonne-Nouvelle, Poissonnière ou des Capucines, mais bien à celui des associés qui est tout aussi *baroque* que lui, puisqu'il se dit *jeune* alors qu'il ne l'est plus, et qui tend ses filets sur les bords de la Seine, à deux pas de l'autre chef de la bande.

Le sieur R... entre donc dans le magasin de M. L..., le deuxième chef *baroque*, reconnaît sur son comptoir les livres cartonnés en bleu que, dans un moment d'inadvertance, il avait laissé passer au prix de 145 à 150 francs, et en offre 4 francs le volume. M. L... répond au sieur R... que ce prix est insuffisant de beaucoup. — Comment, réplique alors le sieur R..., voilà des livres qui, il y a trois heures à peine et sous mes propres yeux, ont été vendus 150 francs ; je consens à les racheter pour 280, et 130 francs d'augmentation de prix, pour un seul des articles adjugés, ne vous paraissent pas un bénéfice raisonnable ! — Non, répond encore M. L..., car, vous le savez aussi bien que moi, je ne suis pas seul, et ce qu'on avait acheté devant le commissaire-priseur pour un prix de 145 à 150 francs, a été revisé entre nous bien plus haut, à un chiffre supérieur même à celui que vous m'offrez.

Là-dessus le sieur R... retourne deux fois chez M. X...; et, après s'être concerté avec lui, il offre encore, des 70 volumes de la collection Didot, d'abord 4 fr. 50 le volume, soit 315 francs, et, ensuite, 4 fr. 75 le volume, soit, en tout, 332 francs 50 centimes. Ces offres ne furent pas non plus jugées suffisantes.

Enfin M. X..., auquel M. L... (le chef *baroque* qui n'est plus jeune) avoua également que c'est *en révision* qu'il avait acheté la collection Didot, offrit sans succès cinq francs d'abord, et, en dernier lieu, 5 fr. 50 c. de chaque volume.

Ainsi, dans cette affaire, la Bande Noire avait acheté pour 145 à 150 francs 70 volumes dont, le jour même de l'acquisition publique, l'adjudicataire définitif refusa 385 francs; en sorte que, pour ce seul article, les vendeurs, au lieu de recevoir 385 francs, n'ont touché que 150 francs tout au plus, et ont été frustrés de 235 à 240 francs.

Ce fait, dont nous garantissons dans tous ses détails la complète authenticité, peut faire connaître les moyens

plus ou moins délicats que la Bande Noire emploie
tous les jours pour réaliser ses énormes bénéfices.

Ab uno disce omnes !

Pour combattre des accusations aussi graves et aussi
nettement exprimées, Gaudentius DENISART aura beau
soutenir, en sa qualité d'orateur de la Bande, que ni
lui ni ses associés ne portent préjudice à qui que ce soit;
qu'ils n'empêchent personne d'enchérir, et qu'en vertu
des principes du droit naturel, consacrés d'ailleurs par
la loi du 2-17 mars 1791, la liberté du commerce et de
l'industrie existe de la manière la plus absolue; ce qui
implique, par voie de conséquence, le *droit de s'associer et même de se coaliser*, ainsi que le Corps-Législatif
vient de le reconnaître dans de nombreuses et intéres-
santes discussions (voir notamment le *Moniteur* du
30 avril et des 1ᵉʳ et 3 Mai 1864).

A cela nous répondons que les malfaiteurs aussi, en
confondant un cas avec un autre, pourraient invoquer
les lois protectrices du commerce et du travail. Mais la
liberté de nuire au grand nombre au profit seulement
de quelques-uns, a toujours passé pour une liberté répréhensible et coupable, comme on a pu le voir, à propos de coalitions entre maîtres et ouvriers, dans les
discussions mêmes qu'on nous oppose, et qui ont amené
la loi du 2-17 mai 1864, contenant modification des
articles 414, 415 et 416 du Code Pénal.

Les nouveaux articles sont ainsi conçus :

Art. 414. Sera puni d'un emprisonnement de six jours à trois
ans, et d'une amende de 16 fr. à 3,000 fr., ou de l'une de ces
deux peines seulement, quiconque, à l'aide de violences, voies
de fait, menaces ou manœuvres frauduleuses, aura amené ou

maintenu, tenté d'amener ou de maintenir une cessation concertée
de travail dans le but de forcer la hausse ou la baisse des salaires,
ou de porter atteinte au libre exercice de l'industrie ou du travail.

Art. 415. Lorsque les faits punis par l'article précédent auront été commis par suite d'un plan concerté, les coupables
pourront être mis, par l'arrêt ou par le jugement, sous la surveillance de la haute police pendant deux ans ou moins et cinq ans
au plus.

Art. 416. Seront punis d'un emprisonnement de six jours à
trois mois, et d'une amende de 16 francs à 300 francs, ou de
l'une de ces deux peines seulement, tous ouvriers, patrons et
entrepreneurs d'ouvrage qui, à l'aide d'amendes, défenses, pros-
criptions, interdictions prononcées par suite d'un plan concerté,
auront porté atteinte au libre exercice de l'industrie ou du travail.

Si l'on compare la rédaction de ces articles avec les
rédactions précédentes, on voit que le législateur de
1864, en considérant comme licite la coalition faite
sans fraude, montre une plus grande sévérité tant
contre les violences et les voies de fait que contre les
menaces et les manœuvres frauduleuses. Le rapporteur
de la loi, M. Émile Ollivier, s'en est expliqué nettement
en ces termes :

« *Liberté absolue de la coalition à tous ses degrés;*
« *répression rigoureuse de la violence et de la fraude :*
« *telles sont les mesures organiques que fournit la*
« *science; tels sont aussi les deux principes qui résu-*
« *ment la loi.* »

Or, l'association ou coalition entre libraires, qui fait
l'objet de nos critiques, est certainement frauduleuse,
puisqu'elle a pour objet d'empêcher que les livres que

l'on vend aux enchères atteignent leur prix régulier et intégral. Contrairement à une opinion trop favorable à la Bande Noire, et qui est développée aux pages 74 à 80, nous sommes donc autorisé à dire, avec la Cour de Cassation et avec un grand nombre de Cours Impériales :

La concurrence qui existe dans le commerce, lorsqu'elle est renfermée dans de sages limites, affecte essentiellement l'intérêt général, et les conventions qui tendent à la restreindre ou à la supprimer dans un intérêt privé, sont illicites et contraires à l'ordre public.

C'est ce que la Cour de Douai a décidé en termes exprès le 13 mai 1851 (*Journal du Palais*, tome I, 1853, p. 38), et c'est ce que la Cour de Cassation, indépendamment des arrêts cités aux pages 189, nombres 9 et 10, et 190 à 198, a consacré par un autre arrêt du 15 mai 1857, d'autant plus remarquable, que, dans l'affaire soumise à la Cour suprême, il y avait eu seulement entente pour acheter en commun des immeubles, et, ensuite, partage amiable entre les adjudicataires et par égales parts, sans révision ultérieure, c'est-à-dire sans remise aux enchères entre les associés.

Comme un des considérants de cet arrêt-principe pourrait, dégagé de ce qui le précède et de ce qui le suit, donner lieu, au profit de la Bande Noire, à une fausse interprétation, nous croyons utile de transcrire intégralement le texte de cet arrêt, tel qu'il est, inséré dans le *Journal du Palais*, tome 68, 1857, p. 984 :

Leroux, Gouyer et Viel.

Du 15 mai 1857, arrêt C. Cass., Ch. crim.

MM. Laplagne-Barris, prés.; Bresson, rapp.; Guyho, av. gén. (concl. conf.); Fabre, av.

« La Cour ; — Sur le moyen unique tiré de la violation de l'art. 412, Code Pén., en ce que l'arrêt attaqué a considéré l'association faite entre Leroux, Gouyer et Viel comme ayant eu pour but d'écarter les enchérisseurs et tombant sous l'application de cet article, tandis qu'en réalité elle avait un effet tout contraire ;

« Attendu qu'en principe général l'association entre plusieurs pour acquérir dans les ventes publiques n'est point prohibée par la loi ; que, lorsqu'elle est loyale, s'annonce hautement, et tend seulement à réunir des capitaux qui, pris isolément, resteraient inefficaces pour agir, elle peut seconder, bien loin de l'entraver, la liberté des enchères ; mais qu'il est vrai de dire aussi qu'en concentrant en une seule main des intérêts distincts et divisés, elle peut, à l'aide de certaines conditions ou promesses, diminuer ou écarter les enchérisseurs, et revêtir un caractère réprouvé par la loi ;

« Attendu qu'il est constaté par l'arrêt attaqué qu'au jour indiqué pour l'adjudication, les trois prévenus s'y étaient rendus avec l'intention d'agir isolément et concurremment, et déterminés à se porter enchérisseurs et acquéreurs pour le tout ; que, dans ce but, ils avaient choisi, chacun individuellement, un avoué spécial ; qu'ils se sont soudainement concertés ; qu'ils ont arrêté d'acquérir les biens à vil prix ; qu'une promesse réciproque a été faite de partager entre eux également les biens ainsi obtenus ; que devant la Cour impériale, lorsqu'ils soutenaient n'avoir voulu, dès l'origine, qu'acheter partiellement, ils ont été dans l'impossibilité d'indiquer la portion individuelle à la convenance de chacun ;

« Attendu qu'il résulte encore de l'arrêt attaqué que, conformément au pacte indiqué plus haut, un seul avoué agissant pour tous s'est présenté à la vente et a suivi les enchères avec un autre avoué étranger aux prévenus ; qu'au surlendemain de l'adjudication, une déclaration de command a été faite au nom de ceux-ci, après que le partage égal entre eux des biens adjugés avait déjà été opéré ; que, dans de telles circonstances, l'arrêt attaqué, en déclarant l'association *frauduleuse*, en décidant que, par l'effet de promesses *coupables* passées entre les prévenus, des enchérisseurs avaient été écartés, et en leur appliquant l'art. 412, Code Pén., § 2, cet arrêt, loin d'avoir violé cet article, en a fait une juste et saine interprétation ; — Rejette, etc. »

OBSERVATIONS. — Par cet arrêt, la Cour de Cassation considère de nouveau comme *frauduleuse* l'association qui, en concentrant en une seule main des intérêts distincts et divisés, a pour but d'acquérir des biens à vil prix, avec promesse réciproque, entre les associés, de se partager également les biens ainsi obtenus. La Cour considère en outre comme *coupables* les promesses en vertu desquelles a eu lieu l'association, attendu que ces promesses ont pour objet d'écarter les enchérisseurs, ce qui rend applicable aux associés l'art. 412, § 2, du Code Pénal (v. le texte de cet article, à la page 187).

La Cour dit encore que *si, en principe général, l'association entre plusieurs pour acquérir dans les ventes publiques n'est point prohibée par la loi, ce n'est qu'autant que cette association est loyale, qu'elle s'annonce hautement et tend seulement à réunir des capitaux qui, pris isolément, resteraient inefficaces pour agir ; en sorte qu'une association ainsi établie, loin d'entraver la liberté des enchères, ne ferait que la seconder.*

Tel n'est point le cas des libraires composant la Bande Noire parisienne ; car, loin d'annoncer hautement et loyalement leur association, ils la dissimulent avec soin au public et à l'autorité ; et, quand il s'agit de régler leurs intérêts et de répartir entre eux des bénéfices peu délicats, ils se cachent dans l'ombre comme de vrais malfaiteurs, tant ils ont la conscience et la certitude que leur association, composée de libraires ayant des intérêts distincts, est frauduleuse et coupable !

Expliquons maintenant d'une manière précise en quoi consiste le délit de coalition.

« L'ancien droit ne connaissait pas la coalition, mais il y avait des corporations qui étaient un joug, qui étouffaient toute liberté individuelle. La loi de 1791 a aboli les corporations, qui étaient une coalition perpétuelle, et a proscrit en même temps les coalitions, qui sont des corporations momentanées. Elle n'a pas voulu empêcher la libre discussion du salaire entre patrons et ouvriers. Son but a été d'assurer la liberté industrielle. — Le Code Pénal n'a fait que reproduire l'esprit général de la loi de 1791. Bref, étudiée dans ses origines, cette législation n'est pas une législation économique entravant le réglement des salaires, c'est une législation de liberté. L'abroger, ce serait retourner aux abus des corporations : la liberté individuelle périrait de nouveau sous l'oppression collective. (*Discours de M. Nogent Saint-Laurens : Corps Législatif, séance du mercredi 11 février 1863.*) »

« La coalition est *un concert de mesures contraires aux lois, un concours illicite pratiqué entre plusieurs personnes pour atteindre un même but.* Il importe peu que ces personnes aient des professions différentes ou résident dans différentes villes ; la loi ne limite point la coalition dans une même profession ou dans une même ville ; plus elle s'étend, plus ses effets sont puissants et désastreux ; elle doit donc la suivre partout. Mais ce ne serait point une coalition qu'un concert formé entre divers agents d'une même maison de commerce ; car une coalition ne peut se former qu'entre plusieurs personnes, et une société commerciale ne forme légalement, quel que soit le nombre des membres qui la composent, qu'une personne morale (Cass., 26 janvier 1838). L'on ne doit en effet réputer conventions frauduleuses que les associations qui, par le nombre, les qualités, les manœuvres des associés, écartent les enchérisseurs (Cass., 23 avril 1834).

14

Il faut prendre garde de confondre les *associations* et les *coalitions*. La *coalition* est l'abus du droit d'association ; mais la loi qui la punit ne prétend attaquer ce droit lui-même sous aucun rapport. Le rapporteur de la loi du 27 novembre 1849 s'exprimait à cet égard en ces termes: « Jamais les coalitions ne pourront être tolérées ni confondues avec les associations. L'association est soumise à des conditions légitimes qui règlent les droits respectifs des associés. La coalition est un concert illicite entre des individus qui n'ont d'autre intérêt commun et d'autre but que de contraindre la volonté d'autrui, de détruire la concurrence et de créer des prix factices. Jamais ces deux choses, distinctes par leur essence, ne pourront être confondues. »

Après avoir interdit les coalitions des maîtres contre les ouvriers en vue de baisser les salaires, et des ouvriers contre les maîtres afin d'en imposer l'augmentation, le Code devait proscrire les manœuvres non moins contraires à la liberté du commerce, par lesquelles les maîtres chercheraient à se nuire les uns aux autres, ou à fonder leurs bénéfices sur la ruine publique. Tel est le but de l'art. 419 du Code Pénal (*il est transcrit à la page 75, note* 1re), article dont les termes vagues et trop indéfinis ont soulevé de nombreux commentaires et dont il est très difficile de fixer le véritable sens.

Cette disposition, toutefois, n'est point une innovation du législateur. Déjà la loi romaine avait puni ceux qui enchérissaient les denrées dans les marchés pour en faire augmenter le prix; et ceux qui, après avoir acheté des marchandises, les gardaient et refusaient de les vendre pour les faire enchérir. Enfin toute espèce de monopole était formellement interdit.

Le premier soin du législateur de 1791, après avoir détruit les corporations, fut d'interdire les coalitions.

C'est dans la loi du 26 juillet 1793, combinée avec celle du 14 juin 1791, qu'il faut chercher la double origine de l'art. 419 du Code Pénal : il emprunte à l'une la prohibition de ces conventions par lesquelles les commerçants fixent en commun le prix de leur industrie et de leurs travaux ; à l'autre, la proscription de ces spéculations qui, en resserrant dans quelques mains une même marchandise, tendent à en exagérer le prix ; il défend d'une part les coalitions, de l'autre les accaparements ; il punit, comme la loi de 1791, toute entrave à la liberté du commerce, et, comme la loi de 1793, tout acte tendant à altérer le cours des marchandises et leur prix naturel.

On trouve ce double caractère exprimé dans l'exposé des motifs du Code : « Elles n'ont pas non plus échappé à la prévoyance du Code, disait le tribun Faure, ces manœuvres coupables qu'emploient des spéculateurs avides et de mauvaise foi, pour opérer la hausse ou la baisse du prix des denrées ou des marchandises, ou des papiers et effets publics, au-dessus ou au-dessous des prix qu'aurait déterminés la concurrence naturelle et libre du commerce. Le Code cite pour exemple de ces manœuvres les bruits faux ou calomnieux semés à dessein dans le public, les coalitions entre les principaux détenteurs de la marchandise ou denrée ; *il ajoute toute espèce de voies ou moyens frauduleux, parce qu'en effet ils sont si multipliés, qu'il ne serait guère plus facile de les détailler que de les prévoir.* »

Le premier élément de l'incrimination est l'existence d'une manœuvre collective, préparée par une réunion ou une coalition d'individus. La loi n'a point défini les caractères de cette réunion; *il suffit dès lors que plusieurs personnes se soient concertées* et soient convenues de ne pas vendre une marchandise, ou de ne la vendre qu'à un certain prix, pour qu'il y ait coalition dans le sens de la loi, tout accord suivi du même résultat subirait la même qualification. La loi n'exige même pas, comme une condition indispensable, l'existence d'une coalition ; la simple *réunion* des détenteurs d'une même marchandise, agissant simultanément et dans le même but, suffit pour caractériser le délit, pourvu qu'ils agissent sciemment et avec la connaissance de leur concours mutuel (Cass., 16 mai 1845).

Enfin, que faut-il entendre par une *concurrence naturelle et libre ?* — « C'est une lutte féconde, a dit l'un de nos écono-« mistes les plus distingués, où l'industrie, excitée sans cesse

« par l'aiguillon de la rivalité, s'efforce de conquérir la fa-
« veur publique au moyen des bas prix et de la bonne qualité
« des produits. Mais si, au lieu de chercher à faire naître, par
« l'économie et le travail, une baisse réelle et permanente sur le
« prix des marchandises, la concurrence se sert uniquement
« d'une baisse factice et transitoire, destinée à écarter les indus-
« tries rivales, elle dégénère en une guerre ruineuse pour tous.
« Elle appauvrit la société, car elle détruit en pure perte des for-
« ces vives, des ressources précieuses; elle a pour unique effet
« de livrer les consommateurs sans défense, sans refuge, aux ca-
« pricieuses exigences de ceux des producteurs qui survivent et
« demeurent maîtres absolus du champ de bataille (*Wolowski*,
« *Revue de Législation*, 1839, tome 2, p. 369). »

La libre concurrence est celle qui s'exerce par le travail et sans
fraude; dès qu'elle emploie des manœuvres frauduleuses, ce n'est
plus une concurrence, c'est un monopole. L'intérêt de la liberté
de l'industrie en exige la répression.

Voir, pour de plus amples détails, la *Théorie du Code pénal*,
par Chauveau et Hélie, 4ᵉ édition, tome V, nombres 2124, et
2,141 à 2,174.

Conclusions relatives au § 2. — La coalition qui
existe entre certains libraires de Paris, du quartier des
boulevards ou du quartier des quais, *ayant un local et
des intérêts distincts,* bien que tenant tous les mêmes articles de littérature, a pour objet, ainsi que nous l'avons
déjà expliqué aux pages 199 à 209, d'une part et contre
les bourgeois, d'empêcher que les livres ne tombent au rabais au profit de ces derniers; et, d'une autre
part, d'éloigner les enchérisseurs, en dégoûtant par
cette manœuvre les particuliers et les libraires d'assister aux ventes; ce qui finit par rendre la Bande Noire
à peu près maîtresse des prix d'acquisition, qu'elle
abaisse alors dans ses seuls intérêts, sans que les li-

braires ni le public, toutes les fois qu'ils sont en lutte avec elle, puissent profiter jamais des bons marchés.

Ce genre de coalition se rapproche beaucoup du délit d'entraves à la liberté des enchères, tel qu'il est défini dans l'article 412 du Code Pénal (voir les pages 187 à 198), et semble même se confondre avec lui ; car le but de toutes les manœuvres de la Bande Noire est, en définitive, d'écarter les enchérisseurs, d'acheter les livres à vil prix, et de se partager ensuite en *révision*, c'est-à-dire en s'adjugeant entre eux les livres à leur valeur véritable, les bénéfices qu'ils ont ainsi réalisés au préjudice des vendeurs.

Les manœuvres de la Bande Noire ont dès-lors pour résultat, suivant les termes mêmes de l'article 419 du Code Pénal (p. 75, 1re note), *d'opérer, par des voies ou moyens frauduleux* (et pour les livres vendus publiquement aux enchères), *la hausse ou la baisse du prix, au-dessus ou au-dessous des prix qu'aurait déterminés la concurrence naturelle et libre du commerce ;* ce qui paraît constituer un nouveau délit d'entraves à la liberté des enchères, avec la circonstance aggravante qu'il est commis collectivement par les membres d'une coalition ou association illicite.

Les articles 412 et 419 du Code Pénal s'appliqueraient donc, en ce qui concerne la Bande Noire des libraires normands-parisiens, à deux délits de même nature, dont le dernier, à raison d'un concert préalable et frauduleux, présentant une plus grande gravité, donnerait lieu à une pénalité plus forte.

X. — De quelle manière les libraires de Paris revisent entre eux. — Impossibilité presque matérielle de les prendre désormais en flagrant délit. — Moyens de gêner, sinon d'empêcher, les révisions et les coalitions. — Nécessité, surtout, de créer des experts libraires, consciencieux et assermentés.

Après avoir établi l'immoralité et l'illégalité de la coalition de libraires connue sous le nom de Bande Noire, nous croyons utile d'entrer dans quelques détails relatifs à la *révision*. Ce terme est surtout usité en librairie, les mots *revider* et *revidage* n'étant guère employés, dans le même sens, que par les marchands brocanteurs. Or, les membres de la *Grande Confrérie* parisienne sont la plupart trop bien élevés et se respectent trop pour adopter, même en matière de friponnerie, les basses locutions du commerce.

Pour certains libraires de Paris, *reviser* un article, c'est donc remettre secrètement sur table les livres adjugés publiquement aux enchères, afin que les membres de la société pour le compte de laquelle l'adjudication a eu lieu en fixent entre eux, à leurs risques et périls, le prix sérieux et commercial, dans le but de partager, comme larrons en foire et proportionnellement à leur estimation respective, le bénéfice résultant de la différence de prix entre l'acquisition frauduleuse et publique et l'acquisition clandestine et sincère.

Celui des associés dont l'estimation est la plus forte est proclamé adjudicataire définitif et paie immédiatement, à ses confrères, leur quote-part des bénéfices.

Pour arriver à cette révision, les moyens que l'on emploie sont les suivants.

§ 1er. — *Révision aux enchères publiques.*

Le mode de révision le plus généralement usité autrefois était de se réunir dans un café-estaminet voisin du lieu de la vente, d'y porter les livres publiquement adjugés; et là, les membres de la Bande Noire, réunis autour d'une table et buvant à la santé des dupes et à leurs frais, remettaient entre eux les livres aux enchères en jouant au plus fin.

Ce mode, qui est très simple, n'est pas réputé le meilleur : car, outre l'inconvénient de pouvoir être pris sur le fait, plus d'un associé, sans bien connaître les livres remis en adjudication, se réglait, *comme certain industriel peu aimé et peu délicat,* sur les enchères et la physionomie des autres associés, et obtenait un dividende qui n'était pas toujours la légitime rémunération de ses connaissances et de son travail.

Aussi s'est-on ravisé depuis; et les libraires qui ne veulent point que des profanes et même leurs confrères profitent de certains secrets et de certaine industrie, ont adopté le mode de révision dont nous allons parler au § 2, et que les marchands d'estampes et les bijoutiers, à ce qu'on nous assure, auraient eux-mêmes inventé. Ces industriels passent, en effet, pour être très habiles sur ce point et pour former, à Paris, l'association la plus compacte et la plus dangereuse de toutes.

§ 2. — *Révision au bulletin secret.*

Si, lorsqu'on n'est pas sérieusement connaisseur, et pour la révision faite ostensiblement et à haute voix, on est guidé, comme dans les ventes publiques, par la physionomie et les enchères des autres, dans la révision au bulletin secret, où il faut *voler de ses propres ailes,* on peut, à défaut de connaissances spéciales, faire une évaluation trop faible et ne toucher qu'un mince bénéfice, ou exagérer son estimation et commettre à son détriment de graves erreurs.

La révision au bulletin secret est donc le meilleur moyen d'écarter ou de duper les intrus qui, voulant se mêler de choses qui ne les regardent point, ont la prétention de recueillir, comme certain industriel ignorant, au nez fortement recourbé, et qui ne sera jamais un aigle qu'en friponnerie, des bénéfices auxquels leur défaut de connaissances ne leur permet pas d'aspirer.

Dans la révision au bulletin secret, la fraude et les signes de convention ne sont guère possibles. Chaque associé écrit au crayon et à part sa mise à prix définitive, sur un bulletin qu'il plie et qu'on met ordinairement dans un chapeau.

Les bulletins sont ensuite ouverts : celui des associés qui a fait l'estimation la plus forte, devient adjudicataire des livres, à la charge d'indemniser ses confrères proportionnellement à leur mise à prix.

Pour simplifier les calculs qui, en opérant sur un grand nombre de lots ou d'associés, pourraient être très longs ou se compliquer outre mesure, les fractions au-dessous de cinq centimes ne comptent pas, en ce sens que c'est l'adjudicatire définitif qui en profite.

§ 3. — *Révision avec bénéfices.*

Un seul exemple suffira pour faire comprendre de quelle manière on procède aux calculs.

La Bande Noire, composée des associés A, B, C, D, E, F, achète, en vente publique, par l'intermédiaire de

B, l'un d'eux, un lot de livres au prix de 100 francs, payé par B, au commissaire-priseur.

En révision, ces livres sont ainsi estimés :

Par A. . . . . 150 fr. » c.
Par B. 165   »
Par C. 170   »
Par D. 189   »
Par E. 190   »
Par F. 275   »

Voici comment on fait la répartition des bénéfices :

F, auquel, d'après la spécialité de son commerce, les livres achetés conviennent le mieux, a mis une forte enchère, supérieure même au prix réel, afin d'être sûr de rester adjudicataire définitif. Le sieur F commence donc par rembourser à B la somme de 100 francs, prix de l'adjudication publique. Ensuite on dit :

Relativement à l'estimation de A, il y a un bénéfice net de 50 francs, à répartir entre les six associés, puisque, d'après le principe que le plus contient le moins, l'estimation de chacun d'eux comprend celle de 150 francs ; ce qui donne, pour chaque associé, un bénéfice net, *sans fraction de cinq centimes*, de 8 fr. 30 c.

De 150 francs, estimation sur laquelle on vient d'opérer, à 165 francs, estimation de B, il existe une autre plus value de 15 francs, à laquelle ont droit, par portions égales, B, C, D, E, F, et dont le cinquième, pour chacun d'eux, est dès-lors de . . . . 3 fr. »

De 165 à 170 fr., la différence à répartir est de 5 fr., somme qui revient par quart à C, D, E, F, soit, pour chacun d'eux . . . . 1 fr. 25.

De 170 à 189 francs, le bénéfice est de 19 francs, que partagent par tiers D, E, F, à raison, chacun, de 6 fr. 30.

De 189 à 190 francs, la différence à partager entre E et F, est de 1 franc, dont la moitié est de » 50 c.

Il résulte de cette répartition, qui a lieu par un procédé assez simple et à la portée de toutes les intelligences, que A n'a gagné ou volé que . .   8 fr. 30 c.

Que B a gagné ou volé 8 fr. 30 + 3 fr. =   11   30

Que C a gagné ou volé 8. fr. 30 + 3 fr.

    + 1 fr. 25 = ...   12   55

Que D a gagné ou volé 8 fr. 30 + 3 fr.

    + 1 fr. 25 + 6 fr. 30 = ...   18   85

Que E a gagné ou volé 8 fr. 30 + 3 fr.

    + 1 fr. 25 + 6 fr. 30 + 50 cent. =   19   35

Total des bénéfices payés par l'adjudicataire définitif. . . . .   70 fr. 35 c.

Enfin, que F ayant seul enchéri au-delà de 190 francs, la différence entre cette somme et celle de 275 francs, soit 85 francs, doit profiter à lui seul, et qu'il a droit, en outre, à un bénéfice pareil à celui de E (19 fr. 35), et qui doit également venir en déduction de sa mise à prix ; soit, en tout (85 fr. + 19 fr. 35) = ...   104   35

Total des bénéfices réels répartis entre tous les associés. . . . .   174 fr. 70 c.

Cette somme, en tenant compte des fractions de cinq centimes que l'on a négligées pour simplifier les calculs, représente en effet la différence qui existe entre le prix de l'adjudication publique (100 francs) et le prix définitif obtenu en révision (275 francs).

On voit par là que F, malgré sa mise à prix de 275 francs, n'aura réellement payé les livres que 100 francs plus 70 francs 35 c., soit 170 francs 35 c.

L'habileté, en révision, consiste dès-lors à bien connaître non seulement la valeur des livres, mais encore le goût de ses confrères et le besoin qu'ils ont de ces livres ; au moyen de quoi, et en faisant preuve de circonspection et de sagacité, on peut, sans avancer ni débourser un centime, obtenir d'assez beaux dividendes : à un certain point de vue, en effet, la révision est, entre les libraires, un véritable jeu de bourse.

Comme, pour la révision, il faut en général payer comptant, l'avantage reste aux gros libraires et aux capitalistes ; car les petits libraires, autant par des motifs de prudence que par manque d'argent, doivent être réservés dans leurs estimations, ce qui réduit forcément leurs bénéfices.

On cite néanmoins d'heureux traits de hardiesse. Ainsi, l'énorme et vigoureux P... et le petit F... ont été refaits plus d'une fois. Ces honnêtes industriels sont connus comme amateurs, à raison de leur riche clientèle, d'ouvrages rares et d'un grand prix, et leurs confrères de la Bande Noire ont plus d'une fois, en révision, poussé des livres au-delà de leur valeur réelle, persuadés d'avance que P. et F., pour être sûrs de les obtenir, les pousseraient encore plus loin ; ce qui arrivait presque toujours.

En règle générale, il n'est pas moins imprudent de mettre une enchère folle, dans la seule intention de rester adjudicataire définitif : car alors et si l'on est

deviné, on arrive à payer la marchandise plus qu'elle
ne vaut. Ce n'est donc pas la peine, pour un pareil résultat, de passer par tous les ennuis, toutes les lon-
gueurs et tous les risques d'une révision contraire aux
lois et à la morale.

§ 4. — *Révision avec perte.*

Quand un article a été acheté plus cher qu'il ne vaut,
on procède quelquefois à une révision avec perte.

Cette manière d'opérer n'est guère en usage que
parmi les membres de la petite Bande Noire ; mais il
est de règle générale, aussi bien pour la grande bande
que pour la petite, que la société, toutes les fois qu'il
ne peut y avoir du bénéfice pour elle, a le droit de répudier l'acquisition et de la laisser au compte de l'adjudicataire : la société accepte donc de grand cœur les
bonnes affaires et repousse impitoyablement les mauvaises ; ce qui oblige les enchérisseurs d'être à la fois
éclairés et prudents.

La petite Bande Noire, dont le chef, malgré quelques
apparences trompeuses, n'est ni un ogre ni un *monstre*
MARIN, car il est au contraire bon diable et excellent
garçon, et se montre même facétieux, surtout lorsqu'il
a bu, la petite bande noire, ordinairement représentée
par M..., S..., G... et L..., achète presque toujours la
marchandise dédaignée par l'autre bande, marchandise
qui n'est autre chose que le menu fretin, le fouillis.
De telles ventes étant ordinairement faites sans garantie et pêle-mêle, et la petite bande enchérissant en
quelque sorte au hasard et les yeux fermés, une des
premières conditions, pour les associés qui entendent
user de leurs droits, c'est, même avant de pouvoir exa-

miner de près la marchandise, de garantir la perte.
C'est cette circonstance qui amène quelquefois une
révision onéreuse.

Ceux des associés qui, après avoir trié et examiné les
livres achetés, trouvent qu'on les a payés trop cher,
n'ont plus le droit, par cela seul qu'ils ont garanti la
perte, de répudier l'adjudication et d'en laisser les risques à celui qui s'est porté enchérisseur. Ils doivent
évaluer eux-mêmes les livres et faire leurs offres, ce qui
se traduit par cette formule : *Je fais tant de perte,* c'est-
à-dire : *Je prends les livres au prix de l'adjudication
publique, diminué d'une somme de tant.*

Ainsi, d'après les usages de la petite bande, l'associé qui veut conserver le droit de répudier l'adjudication, doit se prononcer avant de trier les livres et de
les examiner. Dans le cas contraire, il est garant de la
perte que l'on aurait à subir.

La grande bande, d'après ce qu'on nous asssure, opère
rarement ainsi. Sauf le cas où les enchères des associés
n'ont pour but que de dégoûter des ventes publiques
leurs confrères ou les particuliers, quand l'acquisition
est mauvaise ou hasardée, elle reste toujours au compte
de celui qui l'a faite.

Voici, maintenant, de quelle manière, dans une révision onéreuse, la perte est répartie.

Un lot de livres a été acheté publiquement et aux
enchères pour cent francs, ci. . . . . . . 100 fr. » c.

Des six associés A, B, C, D, E, F, le dernier *passe
outre,* c'est-à-dire renonce à reviser; les cinq autres
garantissent la perte.

Après que les livres ont été triés et examinés, plusieurs ouvrages sont trouvés incomplets ou atteints de

graves défectuosités. Le prix payé est réellement supérieur à la valeur vénale.

A fait en conséquence 10 fr. de perte, ci. . 10 fr. »
B. . . . . 9 »
C. . . . . 8 »
D. . . . . 6 »
E. . . . . 4 »

Total des rabais faits par tous les sociétaires
qui ont garanti la perte. . . . . 37 fr. »

Celui des sociétaires qui demande le moins de rabais sur le prix d'adjudication, c'est-à-dire E, comme offrant le plus, reste donc adjudicataire définitif, paie le prix de l'adjudication publique, et est à l'instant même indemnisé, par ses co-sociétaires en friponnerie, des quatre cinquièmes de la somme de quatre francs, montant de son rabais, l'autre cinquième, ou 80 c., devant être supporté par lui-même comme ayant garanti la perte; ce qui réduit le prix qu'il paie réellement à 96 fr. 80 c., et ce qui porte la perte totale, pour la société, à la somme de quatre francs.

Pour faire, entre A, B, C, D et E, une répartition rigoureusement équitable, il faudrait établir les calculs suivants, qui ont pour objet de diviser la perte, entre chaque associé, proportionnellement à son rabais; car, plus ce rabais est considérable, et moins, par suite, le prix offert est élevé, moins on risque de payer la marchandise au-delà de sa valeur. L'équité voudrait donc que celui qui a couru un plus faible risque, payât une plus forte part dans l'indemnité; ce qui peut se traduire par des formules de proportion vulgairement appelées *règles de trois,* savoir :

$$37 : 4 :: 10 : x \;=\; 1 \text{ f. } 08, \text{ perte de A.}$$
$$37 : 4 :: 9 : x \;=\; 0,\;\; 97, \text{ perte de B.}$$
$$37 : 4 :: 8 : x \;=\; 0,\;\; 87, \text{ perte de C.}$$
$$37 : 4 :: 6 : x \;=\; 0,\;\; 65, \text{ perte de D.}$$
$$37 : 4 :: 4 : x \;=\; 0,\;\; 43, \text{ perte de E.}$$

Total pareil à la perte à répartir 4, 00.

Mais, pour opérer avec promptitude et simplifier les calculs, et attendu d'ailleurs que les acquisitions onéreuses à la société, sont, par la nature même des choses, assez rares, outre qu'elles se réduisent presque toujours à une faible perte, il est admis par la petite bande que tous les sociétaires qui ont garanti cette perte, doivent la supporter par égale part.

§ 5. — *Dans la plupart des cas, la petite Bande Noire ne nous paraît point violer sérieusement la loi.*

Il est incontestable que les associés de la petite bande s'entendent entre eux pour ne pas enchérir les uns sur les autres ; mais, à la différence de la grande Bande Noire, dans laquelle figurent des ducs, des marquis, des barons et des vicomtes, bande essentiellement aristocratique et portant son dévolu, en sa qualité d'association *financière* autant que *finassière*, sur les ouvrages complets et bien conservés, la petite et mesquine Bande Noire n'achète presque toujours que des livres, des bouquins, de la musique et du papier, vendus en lots, par grande quantité, et sans la garantie que les ouvrages sont complets et en bon état de conservation.

C'est par cette dernière circonstance que l'on explique comment, à quelques francs près, et lors même qu'il n'y aurait aucune espèce d'entente entre les petits associés, le prix de l'adjudication publique serait le même. La marchandise achetée par M.., S.., L.., A.., G.., etc., est, en effet, d'une nature telle et a si peu de valeur sous un fort volume, qu'elle appelle suffisamment l'attention des autres concurrents et du public. Cette marchandise, en général fastidieuse et encombrante, est dédaignée par le baron de la Bretonnière, le duc de la Gasconnerie, le marquis de la Dandinière, le vicomte de Tabaco, et leurs autres associés plus ou moins baroques. Elle n'est donc abandonnée à la bande rivale qu'autant qu'elle est arrivée à toute sa valeur, eu égard aux conditions dans lesquelles la vente a lieu. Et il est tellement vrai que la petite Bande Noire achète cette marchandise à peu près tout ce qu'elle vaut, que M. B^d, commissaire-priseur, quand il a du fouillis à vendre, est dans la désolation, s'il ne voit point le chef de la petite bande, et qu'il s'écrie, avec un accent de détresse fortement prononcé : « Celui qui n'est pas un *monstre-* « MARIN n'est donc point là ! de grâce, de grâce, avertis- « sez-le pour qu'il vienne nous débarrasser de ces re- « buts!» Si, obtempérant à cette respectueuse supplique, le chef de la petite Bande Noire daigne enfin se montrer, comme le *Deus ex machinâ*, avec son feutre très remarquable et son costume pittoresquement négligé, le commissaire-priseur est alors dans la jubilation, et s'estime fort heureux d'avoir pu vendre, à un prix quelconque, son encombrant et sale fouillis.

Bien qu'en révision la marchandise ainsi achetée soit ordinairement poussée un peu plus haut, ce résultat n'est obtenu qu'après un triage minutieux. Or, la légère plus-value résultant de cet examen attentif est inférieure aux honoraires dont il aurait fallu gratifier un expert, si celui-ci avait procédé lui-même au tirage. *Cette plus-value est exclusivement produite par l'industrie et les travaux des associés, à la suite d'un examen plus attentif de la marchandise.* Elle n'appartient donc pas aux vendeurs, qui ne sont point lésés, puisqu'ils n'auraient pu en bénéficier eux-mêmes, sans payer une plus forte somme à un expert.

Aussi la petite Bande Noire a tellement la conscience de ne point violer la loi, qu'elle fait ses révisions en plein jour, à deux pas de l'hôtel des commissaires-priseurs, à l'entresol du café Jobin, rue Drouot, et d'une manière tellement apparente, que les passants eux-mêmes peuvent s'en apercevoir. C'est là que l'on voit assez souvent ces malheureux associés obtenir des répartitions dérisoires de vingt centimes, trente centimes, quarante centimes, répartitions qui sont à peu près absorbées par les dépenses faites dans l'établissement.

Il serait donc injuste de poursuivre la petite Bande Noire, d'abord, parce qu'elle ne porte aux vendeurs aucun préjudice suffisamment sérieux ; et, ensuite, parce que les membres qui la composent peuvent seuls, en se réunissant, avoir assez de force pour tenir tête plus d'une fois à la grande Bande Noire, et l'empêcher d'avoir les bons livres à des prix tout-à-fait vils.

L'association connue sous le nom de *petite Bande Noire* rentre alors dans le cas prévu par l'arrêt de la Cour de Cassation du 15 mai 1857, transcrit aux pages 207-208 ; car cette association, qui est loyale, s'annonce hautement et revise publiquement et en plein café. Composée d'industriels qui ont peu de fortune, elle a pour unique but, selon les termes mêmes de l'arrêt de la Cour de Cassation, *de réunir des capitaux qui, en restant isolés, seraient inefficaces pour agir. Cette association dès lors n'entrave pas sérieusement la liberté des enchères et la seconde au contraire dans bien des circonstances.*

Parcere subjectis et debellare superbos, laisser tranquilles les pauvres diables et poursuivre impitoyablement les fripons enrichis, telle est donc la maxime qu'il nous paraîtrait, sur ce point, convenable de suivre.

§ 6. — *Impossibilité presque matérielle de prendre désormais en flagrant délit les membres de la grande Bande Noire.—Moyens de gêner, sinon d'empêcher, les coalitions et les révisions.*

Avant que l'attention de l'autorité publique eût été appelée d'une manière spéciale sur les révisions qui ont lieu entre libraires, c'est-à-dire antérieurement aux neuf derniers mois de l'année 1864, la grande Bande Noire, aussi bien que la petite Bande, ne se faisait aucun scrupule de reviser ostensiblement et en plein café. Depuis lors, les chefs *Baroques* et leurs associés ont la prudence de faire leurs répartitions presque toujours au domicile de l'un d'eux, et au bulletin secret, sans qu'il soit même nécessaire, pour cette opération délicate, de déplacer les livres (voir le chap. X, § 2, p. 215). Il serait donc bien difficile de prendre maintenant sur le fait ces habiles industriels, et à peine pourrait-on trouver quelques indices de la fraude, soit à l'aide de la notoriété publique résultant du témoignage des autres libraires et de celui de la plupart des commissaires-priseurs, soit dans le rapprochement des procès-verbaux de ces derniers avec les registres d'achat et de vente et les autres documents de comptabilité des membres de la Bande Noire.

Aussi, le meilleur moyen de saper par sa base un commerce illicite et immoral, serait, selon nous, l'obligation imposée à la Chambre des commissaires-priseurs, par le Gouvernement, d'avoir et de payer, ainsi qu'on l'expliquera avec détail au § 7 ci-après, un certain nombre d'experts-libraires qui, assermentés et considérés comme des officiers publics, seraient comme eux soumis à une surveillance particulière et maintiendraient jusqu'à un certain point le prix des livres.

Mais, en attendant que cette réforme ait lieu, il serait à désirer que deux ou trois agents spéciaux, sans appeler l'attention sur eux, et revêtus d'un costume ordinaire, eussent pour mission d'assister à toutes les ventes publiques de livres faites soit à domicile, soit dans les salles Silvestre ou dans celles de la rue Drouot. Ces agents, la vente finie, suivraient secrètement les libraires associés, qu'il leur serait très facile de connaître ; et, s'ils les voyaient se réunir quelque part pour reviser, même au bulletin secret, ils pourraient les prendre en flagrant délit ou, tout au moins, les gêner beaucoup. Il nous semble, en effet, que les chefs d'établissement qui reçoivent chez eux les membres de la Bande Noire et leurs paquets de livres, se rendent complices du délit de révision, en fournissant les moyens de le consommer, et que la police devrait leur faire les observations convenables.

A l'hôtel de la rue Drouot, notamment, le gardien mis en surveillance à la porte des magasins dans lesquels on dépose la marchandise adjugée et non retirée immédiatement, ne devrait laisser entrer que les libraires porteurs des bulletins d'adjudication. Ceux des associés qui ne seraient point munis d'un de ces bulletins (ce qui arrive assez souvent) ne pourraient pas alors reconnaître les livres ni en prendre la note ; et, comme les membres de la Bande Noire n'ont pas une confiance aveugle en leur probité respective et qu'il en est quelques-uns qui, pour nous servir d'une expression belge, prennent la *liberté grande*, quand ils croient pouvoir le faire impunément, d'escamoter quelques petits volumes de prix et de faire danser subtilement l'anse de leur poche, la gêne apportée aux révisions faites entre le baron de la Bretonnière, le duc de la Gasconnerie, le marquis de la Dandinière, le vicomte de Tabaco, les frères *Baroques* et autres honorable associés, outre la crainte de finir par être surpris, les obligerait plus d'une fois à acheter publiquement et chacun pour son propre compte, surtout lorsque la marchandise serait encombrante, ou qu'elle serait vendue *sans catalogue*, en grandes quantités à la fois, ou en plus faibles quantités et en beaucoup de lots.

§ 7. — *Nécessité, pour le Gouvernement, de nommer, aux frais de la Chambre des commissaires-priseurs, des experts-libraires consciencieux et assermentés.*

Bien que la loi du 18 juin 1843, article 1er, n° 1, conforme, sur ce point, à celle du 27 ventôse an IX, articles 1er et 6, considère les commissaires-priseurs comme de véritables experts, auxquels elle alloue cinq francs ou six francs, d'après l'importance des villes, pour *droits de prisée* et pour chaque vacation de trois heures, il est admis dans la pratique, que, dans bien des circonstances, ces officiers publics se font assister d'un expert spécial. Cela est surtout nécessaire pour les ventes de livres, dont la valeur, qui frappe peu les sens. est plus morale que matérielle, et qu'un libraire consciencieux et expérimenté peut seul fixer équitablement et avec quelque certitude.

Mais les produits de l'esprit humain étant immenses et variés, et un seul homme ne pouvant tout connaître, il conviendrait de choisir des experts dans les diverses spécialités de la librairie. Ainsi l'on aurait, par exemple, des experts-libraires pour la littérature ancienne, pour la littérature moderne, pour les sciences, pour l'histoire naturelle, pour le droit, pour la médecine. etc. La vente serait présidée par celui des experts qui trouverait dans la bibliothèque à vendre le plus de livres de sa spécialité; et, quant à la valeur des autres livres, il devrait se renseigner auprès de ses confrères.

Il serait indispensable que l'expert exerçat lui-même les fonctions de libraire; car, s'il avait cessé son commerce, il ne serait plus au courant des prix, et il ne lui serait guère possible de tirer parti des livres qu'il se ferait adjuger plus d'une fois, si son estimation, quoique très modérée, n'était pas couverte.

Les commisseurs-priseurs recevant des honoraires autant comme *appréciateurs* que comme *vendeurs* des meubles et effets mobiliers, les experts-libraires seraient payés par la Chambre des commissaires-priseurs, sur les fonds de la bourse commune et proportionnellement au prix des ventes. Il serait d'autant plus juste d'opérer ainsi que MM. les commisseurs-priseurs, en violation formelle de l'article 3 de la loi du 18 juin 1843, ont trouvé le moyen, sous les yeux et avec la tolérance de l'autorité, d'augmenter leurs honoraires d'un droit de cinq et même six pour cent mis à la charge des adjudicataires, mais, dans le fait, supporté par les vendeurs.

Enfin, les experts-libraires, nommés par le Gouvernement et choisis parmi les libraires qui, à des connaissances spéciales, joindraient une grande réputation de probité, prêteraient serment et seraient au besoin surveillés par les employés de l'Enregistrement et des Domaines, ainsi qu'on l'expliquera dans le chapitre XI ci-après, § 3.

Les experts-libraires que l'on emploie maintenant, et que l'on prend quelquefois au hasard, n'offrent pas toujours, sous le rapport de l'instruction et de l'honnêteté, toutes les garanties désirables. Il en est plus d'un qui partage le gâteau avec les membres de la Bande Noire ; opération d'autant plus lucrative et commode qu'ils n'ont guère à craindre la concurrence du public, la valeur des livres n'étant point apparente comme celle des meubles ordinaires. D'autres experts, peu connaisseurs s'ils sont plus délicats, vendent à l'aventure et sans maintenir les prix.

On a vu des experts demander six francs d'un article mis sur table et le pousser eux-mêmes, cinquante centimes par cinquante centimes, jusqu'à cinquante francs. Malgré cette preuve que l'expert manquait à ses devoirs, le commissaire-priseur n'a pas moins continué de lui accorder sa confiance, ce qui peut faire soupçonner l'officier public d'être de connivence avec l'expert-acheteur.

Les friponneries de certains experts, si l'on voulait les narrer avec détail, formeraient à elles seules la matière d'un volume. Ici, c'est un ouvrage précieux, quoique mal relié, dont on se sert comme d'un bouquin pour consolider le pied d'une table boiteuse. La vente finie, sur les réclamations de l'héritier et malgré l'opposition de l'expert, le volume est mis en vente et trouve amateur au prix de cent francs.

Là, c'est un expert qui, déposant dans un coin de très bons livres choisis parmi les meilleurs, se fait adjuger, même assez cher, un lot de mauvais bouquins qu'il place pour son compte avec les bons livres et comme si le tout venait de lui être vendu. — D'autres fois cet expert décomplète les ouvrages et les achète lui-même au rabais.

Le moyen le plus usité en province, dans une ville remplie d'anciens souvenirs et qui, par sa rapide et permanente communication avec Paris, peut être considérée comme un de ses faubourgs, consiste à mêler à dessein, avec un fouillis très encombrant, quelques bons volumes que l'on n'énonce même pas et que l'on se fait adjuger à vil prix. Quelque blâmable que soit ce procédé de certain petit expert blond, l'auteur du procédé n'inspire pas moins de confiance à l'officier public, sous le prétexte qu'il faut que chacun vive de son métier et que cet expert, *qui est très désintéressé*, ne demande rien pour lui.

Mais ce sont précisément les experts que l'on ne paie pas, qui prennent le soin de se payer eux-mêmes et qui coûtent le plus cher. Aussi, notre petit expert blond continue-t-il à recueillir, sous les yeux et avec l'approbation indirecte de M. le commissaire-priseur, le bénéfice de ses subtiles manœuvres et de son tout petit talent.

XI. — Violation de la loi du 22 pluviôse an VII, sur les ventes publiques de meubles, et quelques autres abus. — L'Administration supérieure de l'Enregistrement et des Domaines devrait, sur ce point, remplir enfin ses devoirs.

Pour qu'on ne puisse pas nous accuser d'inventer à plaisir des faits calomnieux, nous allons citer de nouveau l'ouvrage d'un écrivain qui paraît avoir vu, d'assez près, les abus qui se commettent tous les jours dans les ventes publiques de meubles.

§ 1er. — *Actes de commerce accomplis par les commissaires-priseurs.*

Il est absolument interdit aux commissaires-priseurs de se livrer à aucune entreprise commerciale; ce sont des officiers ministériels, et il leur est défendu de se transformer en marchands. Or plusieurs ne se font pas faute de sauter à pieds joints par-dessus les défenses.

Je suppose qu'un tableau vous ait monté la tête à une vente publique. Vous le poussez, le commissaire-priseur le pousse avec vous, et le tableau lui reste.

Le lendemain prenez la peine de passer à son étude, vous avez grande chance d'y retrouver le tableau envié qu'il vous cédera, moyennant un léger bénéfice et en spécifiant que les frais de la vente seront à votre compte.

Si les commissaires-priseurs ne dédaignent pas toujours, à un moment donné, de se faire commerçants, jugez si les crieurs et les autres employés de l'hôtel Drouot s'en font scrupule.

Les crieurs tirent un parti tellement avantageux de leurs fonctions qu'ils se sont, eux aussi, organisés en compagnie, et qu'ils vendent leurs charges fort cher.

Les commissionnaires eux-mêmes, ces enfants de l'Auvergne,

semblent avoir, en franchissant le seuil de l'hôtel Drouot, laissé à la porte leur naïveté native et proverbiale. De temps en temps ils se livrent de leur côté à de petits négoces profitables, il faut le croire, car ils vendent leurs charges jusqu'à cinq mille francs. (*Henri* ROCHEFORT, *les Petits Mystères de l'Hôtel des Ventes*, pages 96 et 97.)

§ 2. — *Les Enchères fictives.*

1. Ce que le public ignore généralement, c'est que neuf fois sur dix, quand on pousse un objet quelconque à l'hôtel des ventes, l'homme qui pousse contre vous est le propriétaire même de l'objet. Il examine attentivement la chose sur la table, la fait passer, la redemande afin de l'examiner mieux encore comme s'il ne l'avait jamais vue de sa vie, puis se décide à lancer une grosse enchère. Vous vous piquez d'honneur et vous allez de l'avant. Votre adversaire ne vous lâche pas, et tantôt ayant le dessus, tantôt le dessous, il vous mène ainsi jusqu'au chiffre qu'il a fixé lui, et que vous payez, vous.

Une vente, je l'ai dit, est un combat dont ces petites roueries sont les ruses de guerre. (*Les Petits Mystères de l'Hôtel des Ventes*, pages 42 et 43.)

2. L'enchère fictive règne en souveraine à l'hôtel des commissaires-priseurs. Au moyen de l'enchère fictive, vous pouvez donner à un objet de deux francs cinquante centimes une valeur de trois mille francs.

Je suppose que vous ayez mis en vente une potiche quelconque. Vous donnez le mot au commissaire-priseur qui la pousse sur vous tandis que vous la poussez sur lui. Le public assiste à cette lutte courtoise, sans se douter que des deux enchérisseurs pas un n'a l'intention d'acheter la potiche sur table. Si une personne de bonne volonté et de bonne foi ne vient au secours des deux prétendus amateurs en poussant sérieusement l'objet poussé fictivement, la potiche rentre à son propriétaire qui la remet en vente le lendemain, le surlendemain et les jours suivants, et ce jusqu'à ce qu'il ait rencontré l'acheteur de ses rêves. Or, il faut bien le constater à la honte de notre goût, il est bien rare qu'à un moment donné cet acheteur ne se présente pas.

Rien n'est plus facile à un vendeur que de prévenir un de ses camarades qui vient pousser contre lui, et il serait à peu près impossible dans ce cas de prouver la connivence du commissaire-priseur ; *mais ce que ceux-ci auront plus de peine à expliquer, c'est comment il se fait que très souvent les mêmes objets reviennent sur la table, sans être consignés au procès-verbal chaque fois qu'on les y met.*

Il est bien évident que le commissaire-priseur fait alors une adjudication fictive sur des enchères qu'il sait parfaitement ne pas être sérieuses.

3. *Les chevaux de retour.* Dans le langage pittoresque des malfaiteurs, on appelle *cheval de retour* un condamné qui, après avoir fait un certain temps de galères, passe avec l'Etat un nouveau bail non emphytéotique dans la rade de Toulon ou de Brest.

A l'hôtel des ventes, un cheval de retour est un objet d'art ou un tableau qui, après avoir manqué son avenir dans une salle de l'hôtel, reparaît le lendemain dans une autre dans l'espoir de trouver enfin son amateur.

Il y a ainsi des toiles, j'en appelle à tous les habitués un peu assidus de l'hôtel, qui reviennent périodiquement dans les mains des commissionnaires, et cela non pas pendant quelques jours, mais pendant des mois et des années.

Je me rappelle un tableau sans cadre (le cadre eût fini par devenir gênant pour le transport) qui représente plusieurs accessoires. Un buste de femme est placé sur une table de chêne à côté d'un livre entr'ouvert. Une plume blanche flotte dans le fond sur une toque de velours. Eh bien ! Je n'exagère certes pas, voilà au moins trois ans que chaque semaine ce malheureux cheval de retour revient sur la table fatale, précédé d'un nouveau boniment destiné à attendrir un public impitoyable.

Si, comme le Sopha de Crébillon, ce tableau prenait tout-àcoup la parole, que de révélations il en résulterait et quelle lumière subite inonderait tout à coup ce modeste volume !

Cette toile, d'ailleurs plus que médiocre, ainsi que plusieurs autres de même valeur, a fini par élire domicile à l'hôtel, si bien que personne n'y fait plus attention et qu'elle semble être là, comme les vieilles filles dans un bal, pour y faire tapisserie. Elle et ses acolytes jouent à l'hôtel des ventes le rôle du papier à quinze sous le rouleau, que vous mettez dans votre salle à manger. Si quelque provincial égaré venait par hasard les arracher au milieu qu'elles habitent depuis si longtemps, je suis convaincu qu'elles reprendraient d'elles-mêmes le chemin de la rue Drouot et qu'elles viendraient, *motu proprio*, se raccrocher à leur piton.

4. *L'enchère fictive des spéculateurs.* — L'enchère fictive a encore un autre but dont le lecteur va comprendre toute l'importance.

Un marchand ou un amateur achète à un prix minime un tableau sur lequel il fonde des espérances de revente. Il l'envoie donc à l'hôtel Drouot en se chargeant de le pousser lui-même.

Le tableau vaut cent francs, le vendeur le pousse jusqu'à deux mille. Il est bien évident que l'enchère est fictive et que le faux chef-d'œuvre revient à celui qui l'avait envoyé à la vente. Vous demanderez quel avantage celui-ci peut retirer de cette combinaison. Le voici :

Après s'être fait adjuger son propre tableau, le marchand se fait donner un bulletin d'adjudication constatant le prix auquel il a été racheté. Et lorsqu'un acheteur vient chez lui, il lui montre confidentiellement le tableau en question en lui disant :

« Tenez, voici une chose ravissante que je vous laisserai
« presque pour rien. — Combien donc ? — Deux mille cinq cents
« francs. — Diable ! c'est cher ! — Comment, cher ! Pas plus
« tard que la semaine passée, je l'ai acheté deux mille francs à
« l'hôtel des ventes, sans compter les frais ; si vous en doutez,
« je vais vous montrer mon bordereau. — Je ne dis pas, mais....
« — Si, vous paraissez en douter, voilà mon bordereau. »

Et le client finit quelquefois par mordre à l'hameçon.

On m'objectera que les commissaires-priseurs ne sont pour rien dans ce petit manége, qui peut se pratiquer non-seulement sans leur concours, mais encore malgré eux. Je répondrai à l'objection qu'il est d'autant plus fâcheux qu'une institution comme celle des commissaires-priseurs prête, par son organisation même, le flanc à de pareils abus.

Les maux les plus dangereux sont évidemment ceux qu'on ne peut empêcher et qu'on se trouve forcé de subir sans avoir le droit d'en accuser personne.

5. IL Y A MARCHAND. — Vous compterez plutôt les grains de sable du bord de la mer que vous n'additionnerez combien de fois ce cri a retenti sous les voûtes du bazar Drouot.

Il y a Marchand, c'est-à-dire il y a acheteur. Au premier abord, et même au second, le mot *marchand* paraît être passablement détourné de son sens; mais on fait voir aux habitués des salles de vente tant de chandelles en plein midi, qu'une de plus ou de moins ne peut raisonnablement les effaroucher.

Si cette exclamation *il y a marchand*, que pousse comme un cri de triomphe le commissaire-priseur au moment où un objet se produit dans le monde, n'était qu'une antiphrase, nous ne nous donnerions pas la peine de la faire remarquer. Mais souvent ce n'est pas seulement une antiphrase, c'est surtout un leurre.

Après avoir annoncé d'une voix mâle : *A cent francs, il y a marchand!* j'ai vu bien des crieurs, quand ils s'apercevaient que la foule ne répondait pas à l'*invite à cœur*, balbutier, rester cois, et finalement baisser leur enchère d'un ou de plusieurs degrés.

Quant au marchand en question, il n'existait que dans l'imagination trop volcanique de l'aboyeur.

Ce sont les divers abus que nous venons de signaler qui ont engagé à plusieurs reprises d'importants commerçants à demander purement et simplement la fermeture de l'hôtel Drouot comme un établissement illégal, immoral, ruineux pour les acheteurs et ruineux pour les négociants.

Nous serons moins exigeant. On démolit assez aujourd'hui pour que nous ne demandions pas qu'on ajoute une nouvelle démolition à toutes celles qui jonchent le sol ; mais, indépendamment des fraudes de détail, il y a là évidemment un vice d'ensemble, vice dont les conséquences deviennent tous les jours plus graves et contre lequel il n'est que temps de prendre un parti et d'essayer des remèdes.

Si l'organisation actuelle des commissaires-priseurs est un mal nécessaire, au moins faut-il en amoindrir les effets autant que possible.

Le défaut capital de l'institution, c'est évidemment l'omnipotence des commissaires-priseurs, qui sont maîtres dans leurs ventes comme feu Louis XIV l'était dans son royaume.

On a proposé comme palliatifs :

De leur adjoindre des inspecteurs spéciaux chargés de les surveiller et de relever scrupuleusement toutes les irrégularités;

De leur interdire expressément d'adjoindre à une vente des marchandises étrangères à cette vente ;

D'exiger d'eux un inventaire exact et détaillé de tous les objets faisant partie d'une vente.

On a proposé mille autres mesures ; mais le corps des commissaires-priseurs a tant fait, qu'on n'en a adopté aucune.

Cette résistance de leur part prouve surabondamment qu'ils ont le plus grave intérêt à échapper à tout contrôle.

(*Les Petits Mystères de l'Hôtel des Ventes*, pages 98 à 107).

OBSERVATIONS ESSENTIELLES. Les inspecteurs dont M. Rochefort propose la création, existent depuis l'an VII et en vertu d'une loi spéciale, ainsi qu'on va l'expliquer au § 3 ci-après.

Le défaut absolu de surveillance de ces employés tend à prouver que le prédécesseur du Directeur-Général actuel de l'Enregistrement et des Domaines manquait à ses devoirs, ou qu'il était profondément incapable.

Cette dernière opinion, que nous avons toujours soutenue, est la seule qui soit vraie, la parfaite moralité de M. T... étant incontestable. C'est même à cause de sa moralité bien connue qu'on a supporté si longtemps un chef de service qui n'était pas à la hauteur de ses fonctions. Mais, quand cet inconvénient existe, quelque honnête que soit un Directeur-Général, les intérêts publics, comme nous le prouvons en partie dans cet ouvrage, sont forcément compromis.

Voilà pourquoi, dès le mois de février 1857, nous avions publié un écrit avec ce titre : *Des Réformes urgentes à opérer dans l'administration de l'Enregistrement et des Domaines*. Il s'y trouvait en note, aux pages 15 et 16, un passage qu'on n'a pu faire condamner par l'autorité judiciaire, bien qu'il ait, secrètement et dans le fait, motivé les poursuites dirigées contre nous.

Voici ce passage, écrit avec une entière bonne foi, et qui, par son lyrisme peut-être exagéré, avait également blessé l'amour-propre d'un homme de mérite, de l'honorable M. Garnier, ancien vérificateur de l'Enregistrement et des Domaines, actuellement député au Corps Législatif :

Qu'est-ce donc que M. Garnier ? — Dans la modeste sphère de ses attributions, c'est l'homme qui, contrairement au proverbe, est populaire, même dans son pays, où il est entouré, à bon droit, de l'estime et de la considération générales ; *c'est l'homme du destin, c'est l'illustre, infatigable et seul auteur du Répertoire général et du Répertoire périodique*, dont le succès a été aussi immense, qu'incontestable et inattendu ! C'est l'homme de cœur et d'intelligence, grandi par le talent et par l'adversité : c'est le protecteur courageux de tous les employés qui souffrent, l'éloquent défenseur de leurs plus légitimes intérêts. Oui, pour eux tous, il est bien plus qu'un père : c'est l'envoyé de Dieu même, c'est leur providence bénie, c'est l'ange exterminateur des abus ! Aussi les persécutions et les iniquités de toute espèce ne lui ont-elles point fait défaut. C'est encore le *grand martyr administratif, le Prométhée de la science fiscale, cloué au rocher de l'ingratitude par l'envieuse médiocrité !*

A la noble cause du droit et de la justice, il a tout sacrifié sans se plaindre : santé, jeunesse, famille, tout ce qu'on peut avoir de plus cher et de plus précieux ! Et voilà la récompense !

Eh bien, je le répète à M. GARNIER, qui, jusqu'à présent, n'est nullement disposé à me croire (et qu'il veuille bien prendre note de mes paroles !) : De même qu'un des premiers j'ai proclamé l'Empire, à une époque où l'opinion publique n'était pas encore en faveur de SA MAJESTÉ NAPOLÉON III, comme elle l'est aujourd'hui ; de même j'affirme que M. GARNIER, lorsqu'il aura terminé son Répertoire général, ne tardera pas à être appelé à la direction supérieure de l'Administration de l'Enregistrement et des Domaines ; car SA MAJESTÉ L'EMPEREUR, *qui se connaît en hommes, est bien décidé à mettre, à la tête des administrations financières, des Directeurs-Généraux dirigeants, à la place de Directeurs-Généraux dirigés !* Comme l'élection politique de SA MAJESTÉ NAPOLÉON III, l'élection administrative de M. GARNIER sera, en outre, sanctionnée par le suffrage de l'immense majorité de ses collègues. Ce sera donc l'inauguration d'une ère nouvelle : *l'Administration des Domaines réellement dirigée au point de vue des intérêts publics ; le mérite substitué à l'impuissance ; la large et intelligente application de la loi remplaçant les déplorables traditions des anciens fermiers-généraux !*

Et ce sera justice !

(Extrait d'un ouvrage publié dès le mois de Février 1857.)

Notre ouvrage des *Réformes urgentes* a donné lieu, le 1ᵉʳ avril 1857, *sur la plainte de M. T..., alors Directeur-Général de l'Enregistrement et des Domaines,* à un jugement du Tribunal correctionnel de la Seine dans lequel, par une allusion évidente au passage que l'on vient de transcrire, il est dit :

Sur le premier chef relatif à M. Tournus :

Attendu qu'il n'est pas suffisamment établi que Roustan se soit rendu coupable de diffamation à son égard, le Tribunal le renvoie sur ce chef.

Ainsi, nous n'avons été condamné que pour des critiques générales présentées d'une manière trop acerbe, et que l'on aurait dû supporter ou amnistier, en faveur de ce qu'elles contenaient de bon.

Avons-nous été, en outre, un faux prophète ? — L'avenir seul en décidera. Un fait bien certain, c'est que le chef intelligent et résolu qui est aujourd'hui à la tête de l'administration de l'Enregistrement et des Domaines, comprend la nécessité des réformes et apprécie les publications de M. Garnier. Sous un Gouvernement qui protége et récompense le mérite, ces deux hommes remarquables arriveront bientôt l'un et l'autre au Conseil d'État.

Un sous-chef de la même administration, qui est rompu aux affaires par une longue expérience, qui est auteur de divers ouvrages longuement médités, qu'il conserve malheureusement en manuscrit, bien que la publication immédiate en soit aussi utile que nécessaire ; un sous-chef de l'administration des Domaines, d'un mérite bien connu, maintenant arrivé au pouvoir et qui ne tardera pas à obtenir une entière et éclatante justice ; M. G..., comme auteur d'ouvrages administratifs, éclipsera sans doute M. Garnier, qui consacre à tort, selon nous, à des spéculations industrielles, sa haute et profonde intelligence.

§ *3.— L'Administration supérieure de l'Enregistrement et des Domaines devrait faire exécuter d'une manière sérieuse la loi du 22 pluviôse an VII, et l'ordonnance royale du 1er mai 1816, laquelle a été insérée au Bulletin officiel et a force de loi.*

> En l'an soixante-trois, oui T... tournera :
> Tel despote orgueilleux aussi culbutera,
> Emportant avec lui, dans sa chute profonde,
> Tout ce qui fut sans cœur, tout ce qui fut immonde.
>
> *(Extrait des prophéties posthumes*
> *de* Michel NOSTRADAMUS.)

Les abus dans le détail desquels nous venons d'entrer seraient corrigés ou rendus impossibles dans beaucoup de cas, si l'administration supérieure de l'Enregistrement et des Domaines, composée maintenant de chefs intègres et éclairés, jugeait à propos de réparer de graves négligences qu'on ne saurait imputer, avec raison, qu'à des personnes incapables et dont on vient de faire justice.

Depuis plus de dix ans, par suite des progrès du luxe et de l'augmentation de la fortune mobilière, et, surtout, depuis la construction de l'hôtel des commissaires-priseurs, les ventes publiques de meubles ont pris, à Paris particulièrement, une grande extension ; car, pour le seul hôtel de la rue Drouot, ces ventes produisent, en moyenne, cinq à six millions par an.

Les abus inséparables de ces sortes de ventes ont augmenté dans une proportion analogue ; et (ce qu'on a vraiment de la peine à croire), malgré les dispositions formelles de loi du 22 pluviôse an VII et de l'ordonnance du 1er mai 1816, malgré les instructions mêmes de l'administration de l'Enregistrement et des Domaines, de 1848 à 1864 il n'a été pris, par les chefs de cette administration, aucune mesure tendant à faire surveiller d'une manière sérieuse les ventes dont il s'agit.

Il est, au surplus, de notre devoir de reconnaître que les personnes dont nous accusons la négligence sans égale ou l'incapacité la plus profonde, ont enfin consenti, bien qu'avec beaucoup de regret, à se retirer humblement, et à faire place à des chefs plus jeunes, plus habiles et plus résolus.

D'autres personnes, dont les cheveux ont blanchi avant l'âge dans les intrigues ou plutôt dans les combinaisons administratives, se sont résignées avec modestie, et avec une grande flexibilité de caractère, à remplir des fonctions inférieures, et, d'évêques, sont ainsi devenus meuniers, conformément à ces paroles de l'auteur d'un livre divin : *ama nesciri et pro nihilo reputari.*

Pour bien faire comprendre la portée de nos critiques, nous allons entrer dans quelques explications.

Le but de la loi du 22 pluviôse an VII (10 février 1799) est clairement indiqué, en ces termes, dans le rapport fait par le représentant Duchatel :

Conseil des Cinq-Cents. — Séance du 22 frimaire an VII.

Représentants, personne n'ignore les abus qui se commettent journellement, surtout à Paris, soit de la part des particuliers, soit de celle d'un grand nombre d'huissiers, dans la manière de procéder aux ventes publiques et par enchères de meubles et objets mobiliers. Non-seulement on fraude effrontément le droit d'enregistrement, ou en dissimulant le véritable prix des choses vendues, ou en ne portant qu'une partie des articles sur les procès-verbaux, ou même en ne rédigeant aucun procès-verbal en forme ; *mais encore la plupart des salles, dites de* ventes publiques, *sont devenues de véritables guet-apens où des individus affidés et payés aident à surprendre, par des enchères simulées et jamais inscrites au procès-verbal, les personnes confiantes conduites dans ces salles par le besoin de se procurer des meubles.* Souvent aussi ces prétendues ventes de confiance servent d'entrepôt et de lieu de débit à ceux qui tiennent en seconde main des marchandises et effets dérobés dans des magasins ou dans les maisons des citoyens, ou soustraits par des débiteurs de mauvaise foi à des créanciers légitimes.

On voit aussi des hommes sans aucun caractère public s'ériger en officiers ministériels et faire des ventes de cette espèce publiquement et par enchères.

Des mesures de police sur ces sortes de ventes seraient bien nécessaires : je ne doute point qu'elles ne provoquent un jour l'attention du Gouvernement.

Mon objet, dans ce moment, est de fixer la vôtre sur les moyens à employer pour comprimer la fraude qui se commet, au préjudice du Trésor public, relativement au droit d'enregistrement de ces ventes. La loi que vous rendrez à cet égard, si vous adoptez le projet que la Commission des finances, au nom de laquelle je parais à cette tribune, m'a chargé de vous présenter, atteindra le but que nous nous proposons dans l'intérêt du Trésor national. *Elle fournira aussi à la police un moyen de surveillance, et aux citoyens une garantie, contre les divers genres de surprises, des torts qu'ils éprouvent.*

Au Conseil des Anciens, dans la séance du 4 pluviôse an VII, le représentant Legrand disait encore :

Représentants, les abus qui s'étaient glissés dans la vente publique d'effets mobiliers, soit au préjudice du fisc, soit à celui des intérêts des citoyens, la multiplicité et l'inexécution des anciennes lois sur cette matière, nécessitaient depuis longtemps une loi unique, dont les dispositions simples, uniformes et en même temps impérieuses, écartassent la fraude et établissent l'ordre dans une matière qui intéresse si souvent la fortune des citoyens.

Tel est l'objet de la résolution qui veus est soumise.

En conséquence de ces rapports, fut discutée et votée la loi du 22 pluviôse an VII, dont nous allons analyser et commenter les dispositions principales (voir, pour plus de détail, le rapport du représentant Legrand).

L'article 2 astreint les officiers publics qui procéderont à une vente publique et par enchère à en faire préalablement la déclaration au bureau de l'Enregistrement dans l'arrondissement duquel la vente aura lieu.

Cette obligation imposée à l'officier public est nécessaire pour assurer les droits que la loi sur l'enregistrement a établis sur les ventes mobilières, et pour prévenir les fraudes qui pourraient résulter des ventes faites à l'insu du préposé de la régie : *elle ajoute d'ailleurs une précaution de plus à la garantie publique.*

L'article 3 détermine les formes de cette déclaration. Elle doit être datée ; elle doit contenir les nom, qualité et domicile de l'officier, ceux du réquérant, ceux de la personne dont le mobilier sera mis en vente, l'indication de l'endroit où se fera la vente, et du jour de son ouverture ; elle ne peut servir que pour le mobilier de celui qui y sera dénommé ; elle doit être signée par l'officier public, et et il lui en sera fourni copie sans autres frais que ceux du papier timbré.

Plusieurs de ces formalités sont l'interprétation et la suite de la déclaration prescrite par l'article 2.

L'article 5 prescrit des formes extrêmement essentielles pour empêcher la fraude qui pourrait résulter, soit de la dissimulation du véritable prix de la chose vendue, soit de la multiplication frustratoire des séances de la vente.

Il porte que chaque objet adjugé sera porté de suite au procès-verbal, et que le prix y sera énoncé en toutes lettres, et tiré hors ligne en chiffres ; que chaque séance sera close et signée par l'officier public et deux témoins domiciliés. On sent combien l'obligation de mettre le prix en toutes lettres, et de faire signer la clôture de la séance par deux témoins, est avantageuse à l'intérêt des citoyens.

Quelques membres de la Commission avaient d'abord trouvé ces formalités un peu trop rigoureuses, et même difficiles à observer ; mais, avec un peu de réflexion, ils se sont convaincus qu'elles étaient trop utiles pour pouvoir être négligées.

En premier lieu, la transcription en toutes lettres du prix de l'objet vendu n'est qu'un peu de temps de plus de la part de l'officier public ; en second lieu, la signature de la clôture de chaque séance par deux témoins est facile à obtenir, parce que, dans le nombre des personnes présentes ou intéressées à une vente publique, il y a toujours bien deux individus qui savent signer.

L'article 7 contient les différentes amendes prononcées pour les contraventions qui pourraient être faites aux dispositions de la loi à intervenir. Elles ont paru à votre Commission proportionnées et établies dans de justes mesures.

L'article 8 est de droit. Il autorise les préposés de l'Enregistrement à se transporter dans tous les lieux où se feront les ventes publiques, et à s'y faire représenter les procès-verbaux de vente, à dresser procès-verbal des contraventions, etc.

L'expérience ne tarda pas à convaincre qu'une bonne partie des abus que le législateur de l'an VII avait voulu réprimer, subsistaient encore, *et qu'ils provenaient surtout de la faculté, admise dans la pratique, quoique contraire selon nous à la saine interprétation des articles 5 et 6 de la loi de pluviôse, de ne comprendre, dans les procès-verbaux de ventes publiques de meubles, que les objets réellement vendus :* en sorte que, pour les articles adjugés au propriétaire à la requête duquel ou contre lequel la vente avait lieu, on se réservait le droit, suivant le bon plaisir de ce propriétaire ou de certains brocanteurs, et selon que leurs enchères avaient été sérieuses ou fictives, de considérer l'adjudication comme valable ou comme nulle.

Avec la faculté dès lors de ne point porter au procès-verbal les articles qui, bien qu'exposés en vente, avaient été retirés, même après enchère, par le propriétaire de ces objets, les officiers publics, les crieurs, ou d'autres personnes, continuaient à se livrer impunément à un tripotage effréné. Suivant les expressions mêmes du représentant Duchatel, la plupart des salles de ventes publiques étaient encore, comme autrefois, *de véritables guet-apens où des individus affidés et payés aidaient à surprendre, par des enchères simulées et jamais inscrites au procès-verbal, les personnes confiantes conduites dans ces salles par le besoin de se procurer des meubles.*

C'est pour faire cesser un abus aussi grave qu'intervint l'ordonnance du 1er mai 1816, laquelle est insérée textuellement dans l'instruction générale de l'administration de l'Enregistrement et des Domaines, que nous allons transcrire :

N° 725. Instruction générale du 1er juin 1816, relative aux ventes publiques de meubles et objets mobiliers.

Une ordonnance du Roi, rendue le 1er mai dernier, et insérée au *Bulletin des Lois*, n° 87, est conçue dans les termes ci-après :

« Louis, par la grâce de Dieu, roi de France et de Navarre;

« Vu le mémoire de la chambre des commissaires-priseurs du « département de la Seine, tendant à ce qu'il soit statué sur la « question de savoir si, lorsqu'un objet quelconque a été exposé « en vente publique, et qu'il a reçu une ou plusieurs enchères « sur sa première mise à prix, il doit, dans ce cas, être adjugé,

« et le prix porté sur le procès-verbal que dresse le commissaire-
« priseur, quand bien même cet objet serait adjugé au proprié-
« taire comme dernier enchérisseur ;

« Vu la loi du 22 pluviôse an VII, qui détermine les obligations
« imposées aux officiers publics ayant droit de procéder aux
« ventes mobilières ;

« Vu les rapports de l'administration de l'Enregistrement et
« des Domaines, et les observations y relatives de notre Garde
« des Sceaux ;

« *Considérant que la remise en vigueur des dispositions de*
« *l'arrêt rendu, le 13 novembre 1778, par le Roi notre auguste*
« *frère, ne peut qu'assurer l'exécution plus complète de la loi*
« *susdite du 22 pluviôse an VII, et prévenir toute omission frau-*
« *duleuse au préjudice, soit des parties, soit de notre Trésor,*
« *dans les procès-verbaux des ventes mobilières ;*

« Sur le rapport de notre Ministre secrétaire d'Etat des Fi-
« nances,

« Nous avons ordonné et ordonnons ce qui suit :

« *La disposition de l'arrêt du Conseil d'Etat du 13 novembre*
« *1778, qui oblige les notaires, greffiers, huissiers et tous autres*
« *officiers publics ayant droit de procéder aux ventes mobilières,*
« *de comprendre dans leurs procès-verbaux tous les articles*
« *exposés en vente, tant ceux par eux adjugés, soit en totalité*
« *ou sur simple échantillon, que ceux* retirés *ou* livrés *par les*
« *propriétaires ou les héritiers pour le prix de l'enchère et de*
« *la prisée, sous peine de cent francs d'amende, est remise en*
« *vigueur, et sortira sa pleine et entière exécution.* »

Il résulte de l'arrêt du Conseil du 13 novembre 1778, dont les
dispositions sont remises en vigueur, que les procès-verbaux de
ventes publiques de meubles doivent comprendre *tous les objets
exposés en vente,* soit qu'il y ait adjudication prononcée, soit que
le vendeur *retire* les effets, ou qu'il les *livre* pour le prix de l'enchère ou de la prisée.

Toutes les fois que les officiers publics qui procéderont aux

ventes mobilières, auront énoncé que des articles ont été RETIRÉS
par le vendeur ou LIVRÉS *par lui à des tiers, il y aura lieu à la
perception du droit.*

Si les officiers publics omettaient de comprendre des objets
exposés en vente, adjugés, retirés ou livrés après enchère, il serait dressé procès-verbal de la contravention, et l'on poursuivrait
par voie de contrainte, conformément à l'art. 8 de la loi du
22 pluviôse an VII, le recouvrement de l'amende de cent francs,
ainsi que la restitution des droits.

Les ventes publiques de meubles, effets, marchandises, bois,
fruits, récoltes et tous autres objets mobiliers, désignés dans
l'article 1ᵉʳ de la loi du 22 pluviôse an VII, donneront lieu à
l'application de l'ordonnance du Roi.

Il est recommandé aux préposés d'assurer l'exécution de l'ordonnance par les moyens que la loi met à leur disposition.

L'exécution sérieuse de l'instruction générale n°725,
que nous venons de citer dans tous ses détails, aurait
suffi pour rendre impossibles la plupart des fraudes re-
prochées aux commissaires-priseurs, aux crieurs et à
leurs adhérents ; car, ce qui donne lieu à ces fraudes,
c'est le bénéfice qu'elles procurent et l'impunité dont
elles jouissent. Mais si, toutes les fois que des enchères
fictives ont lieu et que des adjudications tout aussi fictives sont prononcées, les articles étaient portés en
toutes lettres et intégralement sur le procès-verbal, la
nécessité de payer à l'Etat des droits de vente souvent
renouvelés et plus d'une fois énormes, obligerait certains commissaires-priseurs, certains crieurs ou leurs
prête-nom, et même beaucoup d'industriels parisiens, à
renoncer à un genre de commerce qui, pour eux tous,
finirait par devenir onéreux.

C'est donc avec pleine connaissance de cause et en

interprétant sainement l'arrêt du conseil d'Etat du 13 novembre 1778, remis en vigueur par l'ordonnance du 1er mai 1816, que l'administration de l'Enregistrement et des Domaines a décidé, par son instruction générale n° 725, que, *toutes les fois que les officiers publics qui procéderont aux ventes mobilières auront énoncé que des articles ont eté retirés par le vendeur ou livrés par lui à des tiers, il y aura lieu à la perception du droit.*

Conformément à une décision de S. Exc. le Ministre des Finances du 19 février 1819, transmise par une nouvelle instruction de l'administration des Domaines du 25 mars suivant, n° 882, vouloir réduire l'effet de l'ordonnance du 1er mai 1816 à la seule obligation imposée aux officiers publics, de comprendre dans leurs procès-verbaux tous les articles exposés en vente, et décider, par suite, *qu'il n'est pas dû de droit d'enregisment sur le prix des objets retirés, même après enchère, par le propriétaire, sous le prétexte qu'il n'y a pas légalement mutation ou vente à son profit, les enchères n'ayant pas été suivies d'adjudication et le vendeur n'étant dessaisi que par la tradition à un tiers ou par l'adjudication prononcée,* c'est méconnaître à la fois la portée et l'esprit tant de l'arrêt du Conseil du 13 novembre 1778 que de l'ordonnance du Roi du 1er mai 1816. Cette ordonnance et cet arrêt forment, avec la loi du 22 pluviôse an VII, une législation spéciale qui déroge au droit commun. En cette matière, en effet, la question de fraude est souveraine; et, dans les considérants mêmes de l'ordonnance, il est dit qu'*elle a pour but d'assurer l'exécution plus complète de la loi du 22 pluviôse an VII, et de prévenir toute omission frau-*

duleuse, au préjudice soit des parties, soit du Trésor, dans les procès-verbaux des ventes mobilières.

Or, il sera toujours facile aux notaires, greffiers, huissiers, commissaires - priseurs. courtiers, et à tous autres officiers publics (lesquels ont pris l'habitude de se faire assister d'un secrétaire), de continuer un commerce scandaleux et de tromper les particuliers par des enchères fictives, s'il suffit que ces officiers publics, pour opérer régulièrement, comprennent dans leurs procès - verbaux tous les articles exposés en vente. Car cette faculté, sans l'obligation correspondante de payer les droits d'enregistrement, leur donne la ressource, quand la spéculation n'a pas été heureuse ou quand ils n'ont pu parvenir à faire quelque dupe, de frauder tout au moins l'impôt et de n'avoir à supporter aucuns frais, lorsque, *s'abstenant d'adjuger, même après enchères sérieuses*, ils énoncent que les articles dont ils sont dans le fait restés adjudicataires (eux ou leurs complaisants prête-nom), ont été retirés par les propriétaires ou par les héritiers.

Cette faculté donne encore le moyen, même en cas d'adjudication non simulée, de frauder les droits du Trésor, en remettant l'objet au propriétaire, lequel le livre clandestinement à l'enchérisseur réel et définitif.

L'ordonnance du 1er mai 1816, ainsi interprétée faussement par la décision ministérielle du 19 février 1819, aurait donc pour résultat pratique, contrairement à son texte et à son esprit, de fournir des armes à la fraude et non de la réprimer. En effet, antérieurement à cette ordonnance, ou plutôt antérieurement à la décision ministérielle dont il s'agit, les officiers publics qui violaient la loi avaient tout au moins la crainte légitime d'être surpris, ce qui pouvait en retenir plus d'un dans la limite de ses devoirs; tandis que, depuis lors, l'interprétation donnée par le Ministre des Finances a dû les mettre fort à l'aise, en apprenant aux officiers publics peu délicats qu'un moyen certain d'obtenir l'impunité la plus complète et de n'avoir à supporter aucuns frais, était de faire mention, dans leurs procès-verbaux, de tous les articles mis en vente, sauf à énoncer, pour ceux de ces articles qui font l'objet d'une fraude lucrative, qu'ils ont été adjugés aux propriétaires ou aux héritiers. *Par suite du défaut absolu de surveillance de l'administration de l'Enregistrement et des Domaines, qui n'envoie à l'hôtel Drouot, pas le moindre petit employé,* plusieurs commissaires-priseurs de Paris ne prennent même pas la précaution d'inscrire dans leurs procès-verbaux les prix en toutes lettres, ou d'y porter tous les articles adjugés ou mis en vente.

Cependant, si les officiers publics se conformaient à la loi, et lors même que l'on continuerait d'appliquer la décision ministérielle du 19 février 1819, transcrite dans l'instruction générale de l'administration des Domaines du 25 mars 1819, n° 882, décision portant qu'*il n'est pas dû de droit proportionnel d'enregistrement* (celui de 2,40 p. 100, double décime compris) *sur le prix des objets retirés, même après enchère, par le propriétaire,* il faudrait décider tout au moins qu'il serait dû, aux termes des articles 11 de la loi du 22 frimaire an VII et 43, n° 9, de la loi du 28 avril 1816, sur la déclaration relative au retrait des objets, un droit fixe de 2 francs 40 centimes, *comme disposition indépendante et pouvant faire titre aux personnes intéressées;* de sorte que, dans la plupart des cas, le droit fixe qu'il faudrait alors percevoir, serait supérieur au droit proportionnel que nous croyons être seul exigible.

Quelque système donc que l'on adopte, le Trésor public est certainement lésé par le défaut de surveillance de l'administration des Domaines.

Les recommandations officielles n'ont pas manqué néanmoins ; mais, dans la pratique, elles sont restées à l'état de lettre morte. Voici, d'ailleurs, comment se termine l'instruction générale n° 882, que nous venons de citer :

« Il est recommandé de nouveau à tous les préposés
« d'assurer et de maintenir par leur surveillance l'exé-
« cution de l'ordonnance du Roi (du 1ᵉʳ mai 1816),
« dont l'effet doit être de prévenir ou de réprimer les
« contraventions dans l'intérêt des parties et dans
« celui de la perception des droits. Suivant l'art. 8 de
« la loi du 22 pluviôse an VII, les préposés sont auto-
« risés à se transporter dans les lieux où se font des
« ventes publiques, en requérant, s'il est nécessaire,
« l'assistance du maire ou de l'adjoint; à se faire repré-
« senter les procès-verbaux de vente, à prendre con-
« naissance des contraventions et à les constater. La
« preuve testimoniale pouvant être admise d'après le
« même article, il y aura lieu de conserver les décla-
« rations qui auront été faites, et de requérir, en cas
« d'opposition à la contrainte et d'instance engagée,
« une preuve judiciaire pour laquelle les préposés in-
« diqueront des témoins. »

Quoi que l'on doive penser de ces abus, une décision particulière du Ministre des Finances, lors même qu'elle serait transmise officiellement et par voie d'instruction générale aux préposés d'une administration, ne saurait légitimement prévaloir contre une ordonnance qui a force de loi. Nous sommes dès lors autorisé à dire, avec le tribunal de Valenciennes (jugement du 26 juillet 1855) :

« L'usage invoqué par Tournoy, commissaire-priseur,
« de ne comprendre au procès-verbal que les objets
« réellement adjugés et non ceux mis en vente seule-
« ment et retirés ensuite, n'est pas établi ; et, le fût-il,
« cet usage abusif ne pourrait détruire les dispositions
« formelles de l'ordonnance du Roi du 1er mai 1816,
« insérée au Bulletin des Lois et par conséquent obliga-
« toire pour tous les citoyens (*Répertoire périodique de
« l'Enregistrement*, article 557). »

Suivant un jugement du tribunal de Valognes, du 18 mai 1851 (*Répertoire général*, n° 1194-1 ; *Journal de l'Enregistrement*, art. 15,245-5), lors même que les objets auraient été adjugés *au propriétaire lui-même*, ils devraient être portés au procès-verbal, car les dispositions des articles 5 et 7 de la loi du 22 pluviôse an VII sont absolues.

Si l'on se reporte maintenant à la question même qui a donné lieu à l'ordonnance du Roi du 1er mai 1816, et qui était posée dans le mémoire de la Chambre des Commissaires-priseurs du département de la Seine (page 246, *in fine*), on voit (nous transcrivons littérale-ment), on voit qu'il *s'agissait de savoir si, lorsqu'un objet quelconque a été exposé en vente publique, et qu'il a reçu une ou plusieurs enchères sur sa première mise à prix, il doit, dans ce cas, être adjugé et le prix porté sur le procès-verbal que dresse le commissaire-priseur, quand bien même cet objet serait adjugé au proprié-taire, comme dernier enchérisseur.*

Or, la solution affirmative, sur tous ces points, ayant été donnée par l'ordonnance dont il s'agit, laquelle, nous le répétons, a force de loi, il résulte tant des termes de cette ordonnance que de ceux de l'arrêt du Conseil d'Etat du *13 novembre 1778*, qui s'identifie avec elle, d'une part, que le *prix des objets mobiliers vendus publiquement aux enchères, doit être porté intégralement sur le procès-verbal, même lorsque ces objets, sans être adjugés, sont retirés ou livrés par les propriétaires ou les héritiers pour le prix de l'enchère et de la prisée;* d'une autre part, et aux termes de l'art. 6 de la loi du 22 pluviôse an VII, que *le droit d'enregistrement est perçu sur le montant des sommes* (c'est-à-dire sur la réunion des prix) *que contient cumulativement le procès-verbal des séances à enregistrer;* lesquels prix, sans doute pour qu'on puisse arriver à une somme au moyen de l'addition, doivent, suivant l'art. 5 de la même loi de pluviôse, après avoir été écrits en toutes lettres et pour chaque objet adjugé, *être tirés hors ligne en chiffres.*

La loi du 22 pluviôse an VII et l'ordonnance royale du 1er mai 1816, en établissant, pour les ventes publiques de meubles, cette manière d'asseoir la perception de l'impôt, n'ont, comme on le voit, entendu faire aucune déduction, sur le montant des sommes, du prix des objets que l'on aurait adjugés au propriétaire ou aux héritiers. Par des motifs d'ordre public et pour couper court à la fraude, le législateur de l'an VII et celui de 1816, sans examiner si, d'après les principes généraux de la loi de l'enregistrement, il y aurait mutation de propriété pour tous les articles portés au procès-verbal, ont prescrit de percevoir le droit proportionnel de vente sur le montant total du prix de ces articles.

C'est, d'ailleurs, ce que la Cour de Cassation elle-même a décidé, en matière de licitation de meubles, par un arrêt du 9 mai 1832, transcrit dans l'instruction générale de l'administration des Domaines, n° 1,410, § 13 (*Répertoire général de l'Enregistrement*, de M. Garnier, nombre 1,183).

Ainsi, d'après une opinion qui nous paraît conforme à la loi et à la jurisprudence, et que nous allons d'ailleurs, au paragraphe suivant, développer sous un autre point de vue, dès qu'un objet a été exposé en vente publique, il suffit qu'il y ait eu une enchère, et même une offre quelconque, non couverte, pour que l'officier public doive prononcer l'adjudication; et le droit d'enregistrement est dû en totalité, même pour les objets adjugés au propriétaire ou aux héritiers.

Conclusions.—Comme conclusion pratique, et à raison des nombreux et intolérables abus dont on se plaint de toutes parts, même par la voie de la publicité, nous demandons formellement :

En premier lieu, que les ventes publiques de meubles qui se font à Paris, soit à domicile, soit à l'Hôtel Drouot ou dans les salles Silvestre, soient sérieusement surveillées, selon le vœu même de la loi, par des contrôleurs de l'Enregistrement et des Domaines, fonctionnaires spéciaux qui existent déjà pour Paris, où ils sont établis rue de la Banque, n° 13, sans être utilisés dans ce but, et qu'il serait en outre urgent d'établir, pour la recherche et la répression des fraudes de toute nature, dans les principales villes de la province;

En deuxième lieu, que les contrôleurs ainsi créés ou utilisés, placés d'une manière commode et à côté de l'officier public, inscrivent eux-mêmes, sur un carnet de contrôle, et article par article, tous les objets adjugés, et signent le procès-verbal de vente, autant comme témoins et pour lui donner une plus grande authenticité, que pour constater que la fraude a été surveillée d'une manière convenable;

En troisième et dernier lieu, que le carnet de contrôle soit rapproché, lors de l'enregistrement du procès-verbal d'adjudication, de la minute de ce procès-verbal, pour s'assurer si, depuis la vente publique, des modifications n'auraient pas été faites, ou si la minute, ainsi modifiée et soustraite à tout contrôle, n'aurait pas servi d'original frauduleux pour un autre procès-verbal rédigé après coup et que l'on aurait présenté, au receveur de l'Enregistrement chargé de la perception des droits, comme la véritable minute.

§ 4. *Pour les ventes volontaires de meubles et effets mobiliers, aussi bien que pour les ventes de même nature prescrites par la loi ou faites par autorité de justice, dès qu'un objet a été mis sur table, il suffit qu'il y ait eu une enchère, et même une offre quelconque, non couverte, pour que l'officier public doive prononcer l'adjudication.*

1. Au dix-huitième siècle, les huissiers-priseurs qui vendaient publiquement les meubles soit après décès, soit par autorité de justice, étaient à Paris au nombre de cent vingt. Ils avaient déjà une bourse commune.

Les commissaires-priseurs ne sont plus aujourd'hui que quatre-vingt-deux, et ils ont toujours une bourse commune, sorte d'institution qui peut sembler bizarre au dix-neuvième siècle, car elle fait qu'une partie du travail des plus habiles et des plus actifs sert à faire vivre les incapables ou les paresseux qui ont le moyen d'acheter une charge ; chose fort commode, mais que solde, en définitive, le pauvre vendeur qui n'en peut mais (*Les Petits Mystères de l'Hôtel des ventes*, p. 256).

2. M. Pillet a succédé à M. Bonnefonds et a bénéficié de l'excellente réputation de son prédécesseur.

M. Pillet est petit, rageur, pas toujours aimable. Il n'en a pas moins trouvé le secret d'avoir la plus belle clientèle de Paris, et de vendre un tiers au moins plus cher que tous les autres ; ce qui est bien agréable pour celui dont il fait la vente, mais ce qui est moins gai pour celui qui vient y faire des acquisitions. D'ailleurs, d'une activité dévorante, il met le feu aux enchères et tient son marteau d'ivoire comme Napoléon tenait sa longue vue les jours de bataille.

M. Escribe, son rival le plus sérieux, est, au contraire, l'urbanité même. M. Pillet entraîne son client, M. Escribe le séduit.

M. Delbergue-Cormont a une réputation de probité qui donne une grande valeur à ses ventes.

Après lui, MM. Langoit, Lecoq et Boussaton sont ceux dont le public fait le plus de cas.

(Même ouvrage, page 14.)

Les libraires de Paris qui , sans être assermentés comme experts et sans offrir, sous ce rapport, toutes les garanties désirables, président, en qualité *d'experts-vendeurs et même d'experts-acheteurs*, aux ventes publiques de livres qui ont lieu, ordinairement pendant la seule saison d'hiver, et de sept heures et demie à dix heures et demie du soir, dans les salles Silvestre, rue des Bons-Enfants, n° 28, les libraires-experts de Paris, MM. Potier et Techener en tête, ont fait adopter aux commissaires-priseurs ce commode principe, que, toutes les fois que l'enchère n'est pas jugée suffisante, on doit retirer l'objet mis sur table, sans l'inscrire au procès-verbal et sans prononcer même aucune adjudication.

En thèse générale et d'après les explications contenues au paragraphe précédent, cette manière d'opérer nous semble contraire aux lois spéciales qui régissent les ventes publiques de meubles.

Mais il peut être utile d'examiner la question à un autre point de vue.

Aux termes de l'article 412 du Code pénal, aucune entrave ne doit être apportée à la liberté des enchères : c'est un point sur lequel nous avons insisté aux pages 187 à 213, et que l'on peut considérer comme suffisamment éclairci. Il s'agit donc de concilier ce principe avec les lois qui protègent la propriété et qui ne sont pas moins inviolables.

Si l'article 537 du Code Napoléon porte que *les particuliers ont la libre disposition des biens qui leur appartiennent,* il ajoute que ce droit s'exerce *sous les modifications établies par les lois.*

Si, dans l'article 544 du même Code, il est dit que *la propriété est le droit de jouir et de disposer des choses de la manière la plus absolue,* on y trouve la restriction suivante : *pourvu qu'on n'en fasse pas un usage prohibé par les lois ou par les réglements.*

Or, lorsque, faisant appel aux amateurs et à la publicité, on expose en vente un objet mobilier, on se soumet par cela même aux lois civiles ou pénales qui protègent la liberté des enchères, et aux lois spéciales et financières qui prélèvent un impôt au profit du Gouvernement. C'est donc violer et cette liberté et les droits du Trésor que d'imposer aux particuliers un prix au-dessous duquel l'enchère ne sera pas reçue. Si cette enchère est jugée insuffisante, qu'on la couvre, car nul n'est tenu de vendre ses biens au rabais ; mais dès que j'ai fait une offre quelconque, l'article m'appartient tant que mon offre n'est pas dépassée : vous ne pouvez me déposséder légalement qu'en faisant une offre supérieure à la mienne, offre que l'officier public doit inscrire sur son procès-verbal, et qui rend exigible l'impôt auquel l'adjudication résultant de cette offre donne ouverture.

L'importance des propriétés immobilières et une moins grande facilité dans la fraude pour les biens de cette nature, ont fait admettre au législateur une dérogation au principe de la liberté absolue des enchères ; mais cette dérogation est inscrite en termes formels dans la loi. En matière de ventes publiques d'immeubles, ainsi que cela résulte notamment des articles 703, 953, 958 et 964 du Code de Procédure civile, il est permis en effet de stipuler que si l'enchère ne s'élève pas à un certain prix, aucune adjudication ne sera prononcée. Cette dérogation à un principe général n'existant point pour les ventes de meubles et effets mobiliers, il faut, pour ces ventes, revenir à la loi commune, que des motifs de morale et d'ordre public, ainsi que nous l'avons expliqué au paragraphe précédent, n'ont pas permis de modifier.

La Cour de Cassation paraît d'ailleurs avoir été appelée à se prononcer sur ce point ; car, dans un arrêt du 29 mai 1834, analysé à la page 188, n° 2, il est dit qu'on ne peut voir une atteinte à la liberté des enchères dans ce fait que le minimum de leur taux a été fixé par le juge tenant l'audience des criées, *s'il n'y a eu d'ailleurs aucune réclamation des parties intéressées :* d'où l'on pourrait conclure, *ab argumento contrario,* que si une telle réclamation avait eu lieu, le juge aurait dû y faire droit et accepter l'offre, quelle qu'elle fût.

'Si, exceptionnellement et en matière de ventes d'immeubles, la loi a permis de fixer le minimum des enchères, rien n'autorise, pour les ventes de meubles et effets mobiliers, une stipulation qui serait la source des abus les plus graves.

A Versailles néanmoins, dans toutes les affiches relatives à des ventes de mobilier de l'Etat faites par le receveur des domaines, on lit la clause suivante, signée HÉBERT : *il n'y aura d'adjudication qu'autant que la dernière enchère sera jugée suffisante.*

D'après les considérations que nous avons déjà présentées, cette clause nous paraît violer la liberté des enchères et protéger toutes les fraudes. La validité de la vente est ainsi laissée à l'arbitraire et au bon plaisir de l'officier public, lequel peut suspendre ou casser l'adjudication, ou bien la prononcer au profit de qui bon lui semble.

Les intentions de M. le Receveur des Domaines, autorisé d'ailleurs par ses chefs, sont, sans aucun doute, excellentes, car la clause critiquée n'a pour objet que de réprimer la coalition et le revidage des marchands brocanteurs. Mais, entre des mains moins honnêtes, une telle clause favoriserait singulièrement le commerce illégal et indélicat de certains officiers publics, et porterait la plus grave atteinte aux droits du Trésor. Ce n'est donc pas agir rationnellement que de combattre un abus par un autre, au moyen d'une clause très dangereuse et qui n'est pas moins contraire aux lois.

Le système adopté par le receveur des domaines de Versailles et par les commissaires-priseurs de Paris, donne lieu à un brocantage de mauvais aloi, contre lequel s'élèvent de toutes parts les plaintes les plus légitimes.

Que font, en effet, certains commissaires-priseurs ?

— D'accord avec des compères pour les marchandises desquels les magasins de l'hôtel Drouot servent d'entrepôt permanent, ils allèchent et séduisent, par des enchères animées et fictives, les provinciaux et le public inexpérimenté. Tant que quelque bourgeois mord à l'hameçon, la vente est considérée comme sérieuse. Si le marchand est le dernier enchérisseur, on n'inscrit pas même l'article au procès-verbal, ou bien il n'y paraît qu'avec de grandes altérations.

Ce n'est qu'en violant la loi de cette manière, qu'un tel brocantage peut être lucratif.

D'autres commissaires-priseurs, s'il faut en croire la chronique scandaleuse des habitués de l'hôtel, ou s'en rapporter aux destitutions indirectes que l'autorité prononce plus d'une fois, reçoivent d'assez fortes sommes pour le talent particulier qu'ils ont, suivant l'expression même de Mercier, *de couper à propos la broche au profit de leurs compères* : abus que l'on préviendrait en grande partie, si un expert spécial et assermenté présidait à la vente.

Quand MM. les commissaires-priseurs s'arrogent donc le droit, selon leur bon plaisir, d'adjuger ou de ne pas adjuger un article, on a grandement tort de n'élever aucune réclamation, et, comme de vrais moutons de Panurge, de s'incliner respectueusement devant une solution illégale. Quelque faible que soit une offre, du moment que l'on a, par des affiches, des catalogues ou de toute autre manière, provoqué publiquement le concours des amateurs, l'adjudication doit être prononcée: le vendeur ne peut plus retirer un article que par les voies légales, c'est-à-dire en se portant lui-même enchérisseur.

Si l'on procédait régulièrement, on ne verrait donc

pas certains libraires ramasser sur les quais beaucoup de volumes sans valeur, les mêler avec des ouvrages de prix, et faire payer à leurs clients, à titre de frais de catalogues, des sommes supérieures à la valeur même des objets catalogués.

Enfin, sur l'article de la *Révision* et de la *Bande Noire*, le directeur actuel des salles Silvestre, l'honorable M. Cretaine, en sa qualité de doyen des libraires de Paris, et avec sa grande et loyale expérience, pourrait, si tel était son bon plaisir, nous apprendre des choses bien curieuses.

XII. — Une ville privilégiée, où tous les marchands brocanteurs, et même les débitants de tabac, vendent et étalent des livres, contrairement à la loi et aux règlements, et sous les yeux même du commissaire de police central.

Nous croyons de notre devoir de terminer notre ouvrage par quelques considérations qui se rattachent à la morale et au bon ordre.

Il existe, aux portes de Paris, une ville aux larges et solitaires avenues, où la police, animée peut-être d'un esprit trop bienveillant, paraît ne point trouver mauvais que les marchands brocanteurs et même les débitants de tabac vendent des livres, neufs ou d'occasion, et qu'ils les étalent extérieurement et jusque sur la voie publique.

On pourrait citer des marchands de meubles de la rue D..., tout près du débarcadère du chemin de fer, ou des rues de la Po..., du V...-V..., ou de l'O....

Dans la rue de la P..., une des principales et des

plus fréquentées, un marchand de meubles nouvellement établi, *dépose sur le trottoir des livres en très bon état et des bibliothèques remplies de livres.*

Dans la rue M..., un autre brocanteur étale depuis longtemps des livres régulièrement étiquetés et portant au dos ses prix de vente.

Bien que dans la ville dont il est question, on voie de toutes parts des cabinets de lecture qui font une grande concurrence aux libraires proprement dits, et qu'on y entende crier, à toute heure, les journaux à cinq centimes, tels que le *Petit Journal,* le *Moniteur,* ou la *Petite Presse ;* bien que les libraires de.., qui ne tiennent que les livres d'occasion, soient obligés d'écouler à Paris les 3/4 de leur marchandise, nous sommes un partisan trop sincère de la liberté commerciale et politique, pour élever, à cet égard, la moindre réclamation. Que le Gouvernement dès lors fasse pour les libraires ce qu'il a fait pour les bouchers et les boulangers : qu'il n'oblige plus les premiers à se pourvoir d'un diplôme, ce n'est pas nous qui viendrons nous en plaindre. Mais la liberté, sainement entendue, est inséparable des principes de morale et d'ordre public. Il faudrait donc toujours qu'un libraire, quoique reconnu homme de bonnes mœurs, donnât des garanties d'instruction et de capacité.

Même parmi les livres dont la vente n'est pas absolument défendue, il en est qu'un libraire instruit et délicat ne voudra point liver à toutes sortes de personnes : or, *les marchands brocanteurs ne se font aucun scrupule de vendre à de tout jeunes gens jusqu'à des livres immoraux ou profondément obscènes.* C'est même chez les seuls marchands brocanteurs qu'on va demander des livres ou des gravures qu'on sait qu'un libraire, pénétré du principe *maxima puero debetur reverentia,* se gardera bien de tenir.

Du moment que la police de.... tolère que les marchands brocanteurs vendent et étalent des livres, il est facile à ces marchands, au milieu d'un fouillis tellement sale qu'on n'oserait y porter les mains, de cacher tout ce qu'ils veulent ; en sorte, qu'avec cette tolérance de la police, les marchands brocanteurs ont, dans le fait, le privilége de violer impunément toutes les lois.

Dernière Observation. — En vertu de l'article 45 de la Constitution du 14 janvier 1852 et de l'art. 30 du décret impérial du 31 décembre 1852 (1), une pétition, accompagnée d'un exemplaire du présent ouvrage, a été adressée à S. Exc. le Président du Sénat. Le but de cette

(1) TEXTE DE CES ARTICLES.

Art. 45 de la Constitution du 14 janvier 1852. Le droit de pétition s'exerce auprès du Sénat. Aucune pétition ne peut être adressée au Corps Législatif.

Art. 30 du décret du 31 décembre 1852. Les pétitions adressées au Sénat, conformément à l'art. 45 de la Constitution, sont examinées par des Commissions nommées chaque mois dans les bureaux. — Le feuilleton des pétitions est toujours communiqué à l'avance au Ministère d'Etat. — Il est fait rapport des pétitions en séance générale, et le vote porte sur l'ordre du jour pur et simple, le dépôt au bureau des renseignements, ou le renvoi au ministre compétent. — Si le renvoi au ministre compétent est prononcé, la pétition et un extrait de la délibération sont, par les ordres du Président du Sénat, transmis au Ministre d'Etat.

pétition est d'appeler l'attention particulière du Gouvernement et de l'administration des Domaines sur les abus qui se commettent tous les jours en matière de librairie et de ventes publiques de meubles.

FIN DE LA DEUXIÈME ET DERNIÈRE PARTIE.

Extrait de l'Indépendance Belge, *édition du matin,
numéro* 302 *du samedi* 29 *octobre* 1859, *deuxième page*
(Voir la troisième page de la couverture des *Subtilités de la
Librairie parisienne*).

« M. Roustan, receveur en disponibilité de l'administration
« française de l'Enregistrement et des Domaines, vient de faire
« paraître, à Bruxelles, un volume in-8 de 175 pages, intitulé :
« *Le libre-échange, la douane et les contrebandiers.*

« Après avoir établi, par les témoignages des plus illustres éco-
« nomistes, que la douane est aussi contraire aux intérêts publics
« qu'elle est détestable comme institution fiscale, cette brochure
« s'attache à faire ressortir par quel concours d'abus dans la po-
« litique la douane empiète à la fois sur les attributions de la
« puissance législative et judiciaire lorsque, juge et partie pécu-
« niairement intéressée dans sa propre cause, elle poursuit ce
« qu'elle appelle le bien du service et la répression la plus efficace
« de la fraude. L'auteur signale surtout comme incompatibles avec
« le droit et la morale les procédés à l'aide desquels la douane
« augmente, au moyen d'une détention prolongée et à titre de con-
« trainte par corps, la peine d'emprisonnement prononcée par
« les tribunaux contre des contrebandiers absolument insolvables.

« Les critiques de la brochure sont dirigées contre la douane
« française ; mais, comme les lois qui entravent les transactions
« commerciales sont partout passablement draconiennes, tous les
« pays où le système restrictif est en vigueur, trouveront d'utiles
« enseignements dans le travail de M. Roustan. »

ERRATA

Page 19, ligne 20, au lieu de : l'*évaluation*, lisez : l'*estimation*.
Page 197, au bas, au lieu de : *cette révision a lieu*, lisez : *Ils
procèdent à cette révision.*

TABLE ANALYTIQUE

DES MATIÈRES.

PREMIÈRE PARTIE.

PROCÈS CORRECTIONNEL ENTRE UN LIBRAIRE DE PARIS ET UN LIBRAIRE DE LA PROVINCE.

DEUXIÈME PARTIE.

LA BANDE NOIRE ET LA RÉVISION ET QUELQUES AUTRES ABUS.

FIN DE LA TABLE.

Versailles. — Impr. E. AUBERT, 6, avenue de Sceaux.

Extrait des Pétitions adressées au Sénat et au Ministre de la Justice les 10 et 15 Septembre 1864.

(Complément des pages 264 et 265.)

PREMIER FAIT. —Pour prévenir les abus résultant des enchères fictives qui ont lieu dans les ventes publiques de meubles (V. les pages 232 à 262), faire défense aux officiers publics et à leurs crieurs, sous peine d'une suspension de 15 jours à six mois, et de destitution en cas de récidive, d'accepter, comme ils le font constamment, les enchères qui, au lieu d'être données à haute et intelligible voix, ne sont faites que par des signes plus ou moins secrets; abus qui permet aux crieurs de supposer impunément des offres qui n'ont jamais existé. — Si l'officier public enchérit pour le compte et en l'absence du propriétaire des objets vendus, dans ce cas et conformément aux principes développés aux pages 241 à 262, il doit faire une offre égale, à cinquante centimes près, au prix fixé par le propriétaire, et ne point commencer par une enchère très faible, dans le seul but de simuler un concours d'amateurs. Si, dès lors, l'officier public ou son crieur enchérit ensuite le même objet sans que personne fasse des offres à haute voix, l'employé des domaines doit en conclure que l'enchère est fictive et constater la contravention.

En effet, les officiers publics qui procèdent à des ventes publiques de meubles, ne doivent pas enchérir directement ou indirectement pour le compte de tierces-personnes : chargés des intérêts des vendeurs, ils ne pourraient acheter eux-mêmes ni recevoir des commissions (*voir la note transcrite à la page* 276), sans les plus graves inconvénients (*consulter notamment l'art.* 1596 *du C. N.*). Ils ont seulement le droit de maintenir, dans certains cas et pour les ventes volontaires, la mise à prix fixée par le propriétaire des objets vendus; en sorte qu'on peut dire qu'en règle générale les officiers publics ne peuvent jamais enchérir.

Au moyen de ces principes, conformes aux lois et aux règlements qui régissent les commissaires-priseurs, et en exigeant encore, d'après les mêmes lois et les mêmes règlements, que toutes les offres soient faites à haute et intelligible voix, les enchères simulées, pour peu que l'autorité administrative et l'autorité judiciaire voulussent prêter leur concours et agir de concert, seraient bientôt rendues impossibles, ou, tout au moins, réduites à de faibles proportions, ainsi que nous l'avons expliqué aux pages 241 à 262.

Avec des offres régulières et données à haute voix, le public serait dès lors bien moins trompé ; et, en outre, l'on éviterait des contestations scandaleuses que l'habitude de recevoir des enchères par de simples signes fait naître encore trop souvent.

DEUXIÈME FAIT. — Appliquer l'art. 3 de la loi du 18 juin 1843 aux commissaires-priseurs qui, en violation du paragraphe 1er de cet article, et pour chaque vente de livres faite à Paris, soit à l'hôtel Drouot, soit dans les salles Silvestre, rue des Bons-Enfants, n° 28, perçoivent à leur profit, en sus du tarif établi par l'article 1er de ladite loi, en premier lieu. une somme de trois francs, pour salaire de la déclaration préalable que la loi du 22 pluviôse an VII leur impose de faire au bureau de l'enregistrement (V. la page 244); et, en second lieu, une somme de six francs pour le crieur, et pareille somme de six francs pour leur clerc ou secrétaire, qu'ils font passer l'un et l'autre, contrairement à la loi et à la vérité, pour *des hommes de peine.*

Appliquer également l'article 3 de la loi du 18 juin 1843 à certain commissaire-priseur qui, pour toutes les ventes mobilières qu'on lui confie, fait faire, à l'insu et même contre le gré de ses clients, des publications et des annonces en grand nombre, sur lesquelles il lui est alloué 25 0/0 de remises ; ce qui lui permet de réaliser, par des voies en apparence régulières, un bénéfice annuel et peu légal qui monterait, dit-on, jusqu'à dix mille francs.

TROISIÈME FAIT. — Dans toutes les salles où se font habituellement des ventes publiques de meubles, notamment dans les salles Silvestre ou dans celles de la rue Drouot, apposer, aux frais de la chambre des commissaires-priseurs, des affiches permanentes dans lesquelles seront rappelées les obligations imposées aux officiers publics, spécialement les dispositions de la loi du 22 pluviôse an VII, de celle du 18 juin 1843 et de l'ordonnance du Roi du 1er mai 1816 (V. la page 246).

QUATRIÈME FAIT. — Enjoindre à l'administration de l'Enregistrement et des Domaines de faire enfin surveiller d'une manière sérieuse les ventes dont il s'agit, dans le but de constater scrupuleusement ou de prévenir les contraventions et les irrégularités dont on se plaint de toutes parts, surtout en matière d'enchères fictives, ou d'enchères données par des signes que le public, la plupart du temps, n'aperçoit même pas.

Articles de loi violés tous les jours et mis particulièrement sous les yeux de M. B...ze.

LOI DU 22 PLUVIOSE AN VII.

Art. 5 et 7. Chaque objet adjugé sera porté de suite au procès-verbal, sous peine de vingt francs d'amende, outre la restitution du droit ;

— le prix sera écrit en toutes lettres et tiré hors ligne en chiffres, sous peine de cinq francs d'amende. — Chaque altération de prix des articles adjugés, faite dans le procès-verbal, sera passible d'une amende de vingt francs, indépendamment de la restitution du droit et des peines de faux.

LOI DU 18 JUIN 1843.

Art. 1er. Il sera alloué aux commissaires-priseurs : — 1° *Pour droits de prisée*, pour chaque vacation de trois heures : à Paris, Lyon, Bordeaux, Rouen, Toulouse et Marseille, 6 francs ; partout ailleurs, 5 francs ; — 3° *Pour tous droits de vente*, non compris les déboursés pour y parvenir et en acquitter les droits, non plus que la rédaction des placards, 6 pour 100 sur le produit des ventes, sans distinction de résidence. — Il pourra, en outre, être alloué une ou plusieurs vacations sur la réquisition des parties, constatée par le procès-verbal du commissaire-priseur, à l'effet de préparer les objets mis en vente. — Ces vacations extraordinaires ne seront passées en taxe qu'autant que le produit de la vente s'élèvera à 3,000 francs. — Chacune de ces vacations de trois heures donnera droit aux émoluments fixés par le n° 1er du présent article.

Art. 2. L'état des vacations, droits et remises alloués aux commissaires-priseurs, sera délivré sans frais aux parties. Si la taxe est requise, elle sera faite par le président du tribunal de première instance, ou par un juge délégué.

Art. 3. Toutes perceptions directes ou indirectes autres que celles autorisées par la présente loi, à quelque titre et sous quelque dénomination qu'elles aient lieu, sont formellement interdites. — En cas de contravention, l'officier public pourra être suspendu ou destitué, sans préjudice de l'action en répétition de la partie lésée, et des peines prononcées par la loi contre la concussion.

Art. 4. Il est également interdit aux commissaires-priseurs de faire aucun abonnement ou modification à raison des droits ci-dessus fixés, si ce n'est avec l'Etat et les établissements publics. — Toute contravention sera punie d'une suspension de quinze jours à six mois. En cas de récidive, la destitution pourra être prononcée.

Observations.

La loi du 18 juin 1843 n'accorde donc aucune indemnité ni pour la déclaration à faire au bureau de l'enregistrement, ni pour le salaire du crieur et du scribe de l'officier public. Cette loi est toujours en vigueur, et, plus que jamais, elle doit être maintenue. — Pour les ventes de livres qui, dans une seule soirée, ne produisent bien des fois que de 250 à 300 francs, les commissaires-priseurs de Paris, au moyen d'une perception illégale, augmentent ainsi de moitié leurs honoraires ; ce qui constitue, d'après les expressions mêmes du législateur, une véritable concussion. — Et, quant aux frais d'annonces et d'affiches, et autres déboursés, s'il faut en croire des personnes dignes de foi, les commissaires-priseurs exigent, en général, à peu près le double de ce qui leur est dû.

On pourrait en outre citer tel d'entre eux qui, sur son procès-verbal, n'a porté qu'à vingt francs un article adjugé à deux mille francs ; tel autre qui, des plus nobles fonctions faisant métier et marchandise, finit, par ses usures continuelles et par son impitoyable dureté, par ruiner entièrement les libraires dans la détresse ou les malheureux marchands de meubles auxquels il prête de l'argent. La chambre de discipline des commissaires-priseurs, d'après ce qu'on nous assure, a été ou sera bientôt saisie de cette double et intéressante affaire.

Note relative au premier fait.

On appelle ici *commission*, le mandat donné à un libraire, à un expert, ou à toute autre personne, à l'effet d'acheter en vente publique un ou plusieurs objets, au prix de l'enchère, mais sans dépasser certaine somme.

Il est d'usage d'allouer 5 0/0 pour les frais de cette commission. Le mandataire a ainsi intérêt à exagérer les prix et à tromper son client. Et comme, d'un autre côté, le mandataire est assez souvent un libraire qui, à raison des livres qu'il possède, désire que les prix de vente soient élevés, le libraire chargé de commissions s'en sert pour pousser les livres vendus, et achète plus d'une fois pour 15 francs ce que le cours naturel des enchères n'aurait porté qu'à 3 ou 4 francs.

D'après bien des achats dont nous avons été témoin, il nous paraît peu prudent de donner ses commissions au libraire qui fait la vente, et qui comprend presque toujours, dans cette vente, des livres de son propre fonds; car c'est lui fournir ainsi des armes contre soi-même. — Il importe donc aux amateurs et aux libraires tant de Paris que de la province de s'enquérir, au préalable, de la moralité des personnes ou des libraires auxquels ils se confient, quelquefois trop légèrement.

Dans une ville du midi traversée par la Garonne, il est arrivé tout récemment un fait bien caractéristique. La Bande Noire a séduit jusqu'au libraire-expert, qui s'est entendu avec elle et lui a montré ses commissions. Ce fait nous paraît constituer, indépendamment du délit d'entraves à la liberté des enchères, un énorme abus de confiance. — Des articles commissionnés à 220 francs n'ont été achetés par la Bande Noire, *en présence de l'expert commissionné*, que 49 fr.; et, sur un seul volume très rare, elle a réalisé, *en révision*, un bénéfice de 700 francs. La preuve de ces délits est facile à faire. Plainte a été, en conséquence, déposée au Parquet, qui demande à la partie civile, en vertu de l'art. 160 du décret du 18 juin 1811, une consignation de 1,200 fr. — Il nous semble qu'il serait du devoir du ministère public de poursuivre d'office cette affaire; car, obliger la victime à déposer au greffe de T... une somme aussi forte et qu'elle peut ne pas avoir à sa disposition, c'est assurer à la Bande Noire et à l'expert prévaricateur l'impunité la plus complète; ce qui ferait bientôt dégénérer les ventes publiques en véritables filouteries.

FIN DU COMPLÉMENT DE L'OUVRAGE.

Versailles. — Impr. de E. Aubert, 6, avenue de Sceaux.

LES SUBTILITÉS

DE LA

LIBRAIRIE PARISIENNE

LA BANDE NOIRE

ET

LA RÉVISION

**Question de probité commerciale entre un Libraire
de Paris et un Libraire de la Province.**

> Est-ce l'escroquerie ou la bonne
> foi qui est l'âme du commerce de la
> librairie parisienne ?

PRIX : 2 FR.

CHEZ AUCUN DES LIBRAIRES INCRIMINÉS
Chez quelques Marchands de Nouveautés rares,
ET CHEZ M. ROUSTAN, LIBRAIRE-ÉDITEUR, A VERSAILLES, RUE D'ANJOU, 12.

1864-1865

RÉPARATION D'HONNEUR

FAITE SPONTANÉMENT PAR LA PARTIE CIVILE, AU PROFIT
DE M. SAVY.

La partie civile et M. Savy se sont tous les deux trompés gravement. Savy a traité publiquement son confrère de *fou*, et celui-ci a traité indirectement Savy d'*escroc*.

Aucune de ces deux opinions n'était fondée.

SAVY, loin d'être un fripon, est au contraire un commerçant habile et honorable. ROUSTAN (et non pas R.....ON, s'il vous plaît, *comme de mauvais plaisants que l'on pourrait livrer aux tribunaux* le prononcent tous les jours, par dérision, en pleine vente publique, ce qui obligera bientôt M. ROUSTAN à s'appeler NATSUOR) Roustan, disons-nous, qui n'est point encore à la hauteur des libraires parisiens, mais auquel le présent procès ouvrira sans doute l'intelligence commerciale, Roustan est un méridional excentrique; mais il n'est pas fou pour cela : car, entre la folie et l'excentricité, il y a toute la distance qui sépare l'escroquerie de la finesse.

OUVRAGES DU MÊME AUTEUR.

I. Comparaison de la loi belge et de la loi française *en matière de droits de succession*, contenant le texte des lois belges et l'examen critique des dispositions de ces lois qu'il serait utile d'adopter ou qu'il convient de rejeter.

Bruxelles et Valenciennes, 1859, 1 vol. in-8. Prix : 4 fr.

Chez Roustan, libraire à Versailles, rue d'Anjou, 12.

Cet ouvrage a servi de base, en très grande partie, à une loi financière qui sera discutée au Corps législatif dans le courant du mois de mars 1864.

II. **Le libre-échange, la douane et les contrebandiers.** Bruxelles, 1859, imprimerie de E. Guyot, rue de Schar-
beck, 12. — 1 vol. in-8. — Prix : 3 fr.

Cet ouvrage ne se trouve qu'à Bruxelles, chez l'imprimeur.
L'introduction en France en avait été prohibée en 1859. Voici
l'analyse sommaire de cet ouvrage hardi et consciencieux, *que
l'autorité judiciaire de Valenciennes n'a point trouvé contraire
aux lois.*

« I. La douane considérée au point de vue des intérêts publics.
« Opinion des économistes. — II. La douane considérée comme
« institution financière. — III. Nature exceptionnelle de l'impôt
« perçu par l'administration des douanes. Coup-d'œil général sur
« tous les impôts établis dans l'empire français. — IV. Rigueurs
« draconiennes de la douane. Examen critique de la législation
« qui la régit. Quand les condamnés sont réellement insolvables,
« l'emploi de la contrainte par corps, *à titre de peine*, nous pa-
« raît illégal. Recommandations pleines d'humanité de l'adminis-
« tration française de l'enregistrement et des domaines. Parallèle
« entre l'administration de l'enregistrement et l'administration
« des douanes. »

Dans son numéro 302 du samedi 29 octobre 1859, deuxième
page, nouvelles des sciences, des arts et de la littérature, l'*Indépendance Belge*, édition du matin, a publié sur cet ouvrage un
article de M. Couvreur, que nous sommes obligé de tronquer entièrement par des considérations que l'on nous impose et qui ne
nous paraissent point fondées.

« M. Roustan, receveur en disponibilité de l'administration
« française de l'enregistrement et des domaines, vient de faire pa-
« raître, à Bruxelles, un volume in-8 de 175 pages intitulé : *Le
« libre-échange, la douane et les contrebandiers.*
« Après avoir établi. . . . .
. . . . Tous les
« pays où le système restrictif est en vigueur, trouveront d'utiles
« enseignements dans le travail de M. Roustan. »

Cet article de l'*Indépendance Belge*, que l'auteur n'avait nullement provoqué, appela sur lui l'attention et la colère de la douane
de Valenciennes, et amena son arrestation arbitraire et sa détention préventive pendant 17 jours. Il en sera parlé plus tard et
avec détail.

Tout cela prouve combien il est dangereux de tirer la vérité du fond de son puits. Mais un écrivain consciencieux, *quand il est bien convaincu qu'il remplit un devoir et qu'il est pur de toute haine et de toute personnalité*, ne doit point s'effaroucher d'un peu de prison préventive ou légale, si le bien public ne peut être opéré qu'à ce prix : car tout réformateur qui n'a pas le courage de souffrir et d'être incarcéré pour ses idées, n'est pas digne de proposer des améliorations, et marchera bientôt de pair avec les âmes pusillanimes et sans étoffe que la moindre persécution fait gémir et tourner aussitôt comme des girouettes.

Qui perseveraverit usque in finem hic salvus erit.

Celui-là seul réussira qui tiendra ferme jusqu'au bout. Ainsi soit-il.

III. **Les subtilités de la librairie parisienne.** — *La Bande noire et la Révision, et quelques autres abus.*—Question de probité commerciale entre un libraire de Paris et un libraire de la province.

Cet ouvrage, dont le prix est fixé à 6 fr. pour les libraires, et qui est sur le point d'être achevé, formera la matière d'un fort volume in-8, imprimé en caractères neufs et sur beau papier glacé.

L'apparition de cet ouvrage audacieux et singulier, dont on ne produit qu'un spécimen sans intérêt, sera le signal d'une véritable révolution en librairie : *la Bande noire* des libraires normands-parisiens y recevra un véritable coup de massue.

L'ouvrage paraîtra dès qu'on aura réuni cent souscriptions.

S'adresser à M. Roustan, libraire-éditeur à Versailles, rue d'Anjou, n° 12.

SOUS PRESSE :

IV. **Les prisons de Valenciennes, la douane et les contrebandiers.**

Question de liberté individuelle et de propriété littéraire.

Détails intéressants, curieux et très délicats, et publication de toute la correspondance échangée à ce sujet.

1 vol. in-8. — Prix : 6 francs.

L'ouvrage paraîtra dès que l'on aura recueilli cent souscriptions au prix réduit de 4 francs.

Versailles.— Imp. de E. Audert, 6, avenue de Sceaux.

MÉMOIRE

PRÉSENTÉ

A M. LE PRÉSIDENT ET A MM. LES CONSEILLERS

COMPOSANT LA COUR IMPÉRIALE DE PARIS

Chambre des appels de Police Correctionnelle.

EXPOSÉ DES FAITS.

MESSIEURS,

Le soussigné, Honoré-Joseph-Fortuné ROUSTAN, nouvellement établi libraire à Versailles, rue d'Anjou, n° 12, en vertu d'un brevet délivré le 12 janvier 1864, a l'honneur, en sa qualité de partie civile, de déférer à votre haute juridiction un jugement rendu par le tribunal correctionnel de la Seine, 7e chambre, le jeudi vingt-huit du même mois de janvier, dont il a interjeté appel par acte passé au greffe du même tribunal le quatre février suivant ; aux termes duquel jugement M. Savy, libraire à Paris, rue Hautefeuille, n° 24, prévenu d'un délit d'escroquerie commis au préjudice du sieur Roustan, a été renvoyé des fins de la poursuite.

Voici, dans toute leur simplicité et avec leur plus entière exactitude, les circonstances dans lesquelles aurait été commis le délit reproché au prévenu.

I. — *PREMIER FAIT.* — Le lundi 23 novembre 1863, le sieur Roustan s'est rendu publiquement adjudicataire, au prix total, tous frais compris, de 80 fr., en cinq lots *vendus comme incomplets et dépareillés,* d'ouvrages d'histoire naturelle que l'on a reconnu, après vérification ultérieure, comprendre en totalité :

1° Les années 1832 à 1844 du *Recueil de la Société Entomologique de France*, treize années complètes moins le dernier trimestre de 1844, en cinquante livraisons brochées et en très bon état;

2° Soixante-cinq volumes in-8, tous brochés et en bon état, sauf deux ou trois volumes en demi-reliure basane;

3° Et vingt-neuf brochures également in-8, en bon état et non reliées.

Tous ces ouvrages, quoique primitivement vendus comme dépareillés et sans garantie, étaient néanmoins complets et ont été revendus comme tels à M. Savy, ainsi qu'on le verra au *quatrième fait* ci-après.

Ils sont, pour un libraire, d'une valeur certaine et commerciale d'au moins cinq cents francs, dont trois cents francs applicables aux *Annales de la Société d'Entomologie* (1).

II. — *DEUXIÈME FAIT.* — Le sieur Roustan et M. Salmon, libraires à Versailles, qui assistaient tous deux à la vente publique du 23 novembre 1863, étant en pleine mésintelligence, le premier croyait avoir acheté les ouvrages d'histoire naturelle dont il s'agit plus qu'ils ne valaient réellement. Dans cette situation

---

(1) TÉMOINS A ENTENDRE SUR CE PREMIER FAIT. —1° M. Courteville, commissaire-priseur à Versailles, rue Satory, n° 28 ; — 2° M. Salmon, libraire à Versailles, rue de l'Orangerie, n° 35 ; — 3° M. Lécureux, libraire à Paris, rue des Grands-Augustins, n° 3, *chez lequel la plupart des livres dont il s'agit sont déposés depuis le 23 décembre 1863 ;* — 4° M. Marescq jeune, libraire à Paris, place de la Sorbonne, n° 3;—5° M. Mesny, employé basculeur à la gare Montparnasse, demeurant à Paris, rue de Rennes, n° 20 ; — 6° M. Prosper Baillière, libraire à Paris, rue Hautefeuille, n° 19;— 7° M. Poulet, libraire à Paris, quai des Grands-Augustins, n° 39;— 8° enfin, M. Buquet, officier de la Légion-d'Honneur, trésorier de la *Société Entomologique de France*, demeurant à Paris, rue Ste-Placide, n° 50.

Pour la valeur des livres, le sieur Roustan accepte l'estimation de MM. Buquet, Marescq jeune, Prosper Baillière et Poulet.

A l'appui de ce premier fait, il produit en outre le bordereau délivré par M. Courteville, commissaire-priseur, et par lui acquitté à la date du 28 novembre 1863.

d'esprit, il se présenta, le mercredi 25 novembre 1863, dans l'après-midi, chez M. Savy, son confrère, pour lui proposer, avec quelques autres documents, la revente des livres et des brochures provenant de cette acquisition.

Le sieur Roustan, en faisant connaître à M. Savy que ces livres et ces brochures comprenaient, notamment, 48 à 50 livraisons du *Recueil de la Société Entomologique de France*, eut la bonne foi, selon d'autres la maladresse, d'avouer qu'ayant acheté le tout comme fouillis et comme incomplet et dépareillé, il croyait avoir payé trop cher, attendu qu'un seul des cinq lots à lui vendus s'était élevé à trente-sept francs en principal, plus 6 0/0 applicables aux frais.

M. Savy, dont la spécialité est la vente et l'achat des livres de science et d'histoire naturelle, et qui connaissait parfaitement toute l'importance et toute la valeur des *Annales de la Société d'Entomologie*, s'étant aperçu, à ce récit, de l'ignorance et de l'erreur du sieur Roustan, lui proposa, le 25 novembre 1863, en la présence d'un jeune homme que l'on croyait être son commis et que l'on a su depuis être son frère, de se rendre chez lui, à Versailles, le dimanche 29 novembre 1863, de deux heures à quatre heures de l'après-midi, ce qui fut accepté de part et d'autre.

Le même jour, 25 novembre 1863, en sortant du magasin de M. Savy, le sieur Roustan se rendit chez M. Prosper Baillière, libraire, demeurant presque en face, dans la même rue Hautefeuille, n° 19, et lui parla des livres et des brochures dont il venait de proposer l'acquisition à leur confrère. M. Baillière répondit au sieur Roustan, en la présence de plusieurs de ses commis, que les 48 à 50 livraisons des *Annales de la Société Entomologique de France*, même dépareillées, avaient quelque valeur, surtout l'année 1832, si elle était complète; qu'il pouvait donc lui apporter toutes ces livraisons dans l'état où elles se trouveraient et qu'il les lui achèterait à un prix raisonnable.

Le sieur Roustan ne prit aucun engagement avec M. Prosper Baillière, et lui fit observer qu'il ignorait s'il avait l'année 1832, attendu que, n'ayant pas encore eu le temps de vérifier et de classer les livraisons, il avait seulement remarqué des séries applicables aux années 1839 et 1844, ou à d'autres années pour lesquelles sa mémoire était en défaut.

Au nombre des ouvrages d'histoire naturelle achetés par le sieur Roustan, à la vente publique du lundi 23 novembre 1863, se trouvaient sept volumes de la suite de Buffon, savoir :

1° L'histoire des insectes aptères, par Walckenaër. *Paris*, Roret, 1847, 4 vol. in-8, brochés, figures noires. Prix fort.   .   .   .   . 41 fr.

2° L'histoire des crustacés, par Milne-Edwards. *Paris*, Roret, 1834, 3 vol. in-8, brochés, fig. noires. Prix fort.   .   .   .   .   31 fr. 50

Le même jour, 25 novembre 1863, le sieur Roustan proposa ces deux ouvrages à M. Leclerc, libraire, qui parut décidé à les acheter, *mais seulement après les avoir vus*, au prix total de 30 à 35 fr.

Il n'y avait donc, pour cet article, qu'une vente en projet qui aurait été réalisée dès le lendemain, si M. Savy ne s'était point, ce jour-là et de très bonne heure, présenté chez le sieur Roustan et ne l'avait pas induit en erreur, ainsi qu'on le verra plus loin au *quatrième fait* (1).

III. — *TROISIÈME FAIT.* — M. Savy, *qui vend et qui achète des ouvrages d'histoire naturelle*, savait combien était précieuse la collection des *Annales de la Société d'Entomologie*, attendu que les trois premières années (1832, 1833 et 1834), spécialement, sont épui-

---

(1) TÉMOINS A ENTENDRE A L'APPUI DE CE DEUXIÈME FAIT. — 1° MM. Salmon, Courteville et Prosper Baillière, déjà nommés ; — 2° M. Leclerc, libraire à Paris, rue de l'École-de-Médecine, n° 14 ; — 3° M. Roret, libraire à Paris, rue Hautefeuille, n° 12, *pour la valeur commerciale des livres dont il est l'éditeur ;* — 4° enfin le frère de M. Savy et M. Savy lui-même ; car l'exactitude de ce *deuxième fait*, d'après une note que ce dernier a déposée au parquet et qui est jointe au dossier, n'est point contestée dans son ensemble.

Seulement M. Savy prétend que son adversaire lui aurait avoué qu'il n'avait payé tous les volumes vendus que trente-sept francs. M. Savy, auquel, immédiatement après la vente critiquée, le sieur Roustan produisit son livre d'achat, avait pu se convaincre, au contraire, que le prix intégral, tous frais compris, s'élevait à quatre-vingts francs, ainsi qu'on en a justifié, au *premier fait*, par la production du bordereau du commissaire-priseur. Le sieur Roustan n'avait donc parlé que d'un lot de trente-sept francs en principal, et M. Savy, dans l'intérêt de sa défense, a sciemment confondu le tout avec la partie.

sées, surtout l'année 1832, et qu'elles ont, malgré leur peu de volume, une très grande valeur, par suite d'un incendie arrivé en 1834 ou 1835, rue du Pot-de-Fer, et qui en a détruit presque tous les exemplaires. M. Savy avait donc lieu de craindre, s'il ne se présentait chez son confrère que le dimanche 29 novembre 1863, ainsi qu'on en était convenu, que celui-ci eût le temps de connaître l'importance de ce recueil, et ne pût être trompé, même à l'aide d'affirmations mensongères ou d'autres manœuvres. M. Savy voulant, en conséquence, faire un bon marché au préjudice du sieur Roustan, changea le jour de son arrivée, qu'il fixa au 26 novembre, à huit heures du matin, et en prévint seulement son confrère dans l'une des salles Sylvestre, rue des Bons - Enfants , n° 28, le mercredi 25 novembre 1863, vers les dix heures du soir, au moment de la vente des livres de feu M. Berger de Xivrey, faite par M. Clérambault, commissaire-priseur, assisté de M. Delion, libraire, en qualité d'expert.

Le sieur Roustan répondit à M. Savy qu'une visite aussi rapprochée le gênerait beaucoup, car il n'arrive-rait lui-même à Versailles qu'à minuit; qu'il était excédé de fatigues et de veilles, par suite de commissions à lui données coup sur coup par ses nombreux clients, notamment par M. l'abbé Bertrand, M. Royer et M. de Refuge; et que, d'ailleurs, les livres d'histoire naturelle qu'il voulait vendre et pour lesquels il n'avait pas encore eu le temps de consulter ses catalogues, étaient en désordre, sans évaluation préparée et sans prix marqués.

Le sieur Roustan, en effet, rentré à son domicile le mercredi 25 novembre 1863, à minuit, fit un mince repas, mit à jour sa comptabilité commerciale, et ne put trier et classer, indépendamment des sept volumes de la suite de Buffon, que les *Annales de la Société Entomologique de France*, qu'il trouva en très bon état, et complètes de 1832 à 1844 (moins le quatrième trimestre de cette dernière année); le sieur Roustan se coucha donc seulement à trois heures du matin (1).

____

(1) TÉMOINS A ENTENDRE SUR CE TROISIÈME FAIT.—1° M. Prosper Baillière, déjà nommé, auquel M. Savy a vendu, à un prix très élevé, l'année 1833 du *Recueil d'Entomologie*; — 2° M. Delion, libraire à Paris, quai des Augustins, n° 47 ; — 3° M. l'abbé

IV. — *QUATRIÈME FAIT.* — M. Savy, dans l'espoir
de surprendre plus facilement la bonne foi du sieur Roustan, qu'il savait être fatigué par beaucoup de veilles et
de voyages, arriva précipitamment chez lui au moment
de son lever, le 26 novembre 1863, à dix heures moins
vingt-cinq minutes du matin, afin de ne lui donner le
temps de se rendre compte ni de la valeur ni même du
titre de la plupart des ouvrages que M. Savy désirait
acheter.

Le sieur Roustan dit alors à son confrère que, par
cela seul qu'il était venu plus tôt qu'on ne s'y attendait, on ne se trouvait pas en mesure de lui vendre, à
moins qu'il ne consentît à fixer lui-même la valeur des
livres loyalement et sans fraude, et à les acheter au prix
commercial et courant, proposition que M. Savy accepta
en affirmant, à diverses reprises, qu'il était incapable
de tromper un confrère et qu'il avait l'habitude de payer
les ouvrages d'histoire naturelle et de sciences plus
cher que tout autre libraire, ainsi que le sieur Roustan
avait pu s'en convaincre dans les ventes publiques de
Paris auxquelles il assiste très souvent.

Celui-ci fit observer encore à M. Savy qu'il avait
vendu dernièrement, le 8 octobre 1863, à M. Bachelin-
Deflorenne, libraire à Paris, au prix de 95 fr., un
Office de la Vierge, avec figures, relié en maroquin ancien, et qui valait bien trois cents francs, puisque
M. Bachelin le revendit presque immédiatement, pour
ce prix, à M. Miard, son confrère. Le sieur Roustan
ajouta qu'il entendait formellement ne point vendre
dans les mêmes conditions, et que, s'il était trompé, il
se montrerait inflexible et inexorable. Là-dessus nouvelles protestations de sincérité de la part de M. Savy.

Le sieur Roustan lui laissa donc faire le choix des
ouvrages et des brochures qui lui convenaient, parmi

Bertrand, chanoine à Versailles, rue d'Anjou, n° 47 ; — 4° et
M. Royer, principal commis du bureau des hypothèques, demeurant à Versailles, rue de Provence, n° 2.

A l'appui de ce troisième fait, le sieur Roustan produit, en outre : 1° un exemplaire du catalogue imprimé des livres de feu
M. Berger de Xivrey ; — 2° et une quittance du caissier de
Me Clérambault, commissaire-priseur, de laquelle il résulte que
le sieur Roustan a acheté, pour le compte de M. l'abbé Bertrand,
de M. de Refuge et de M. Royer, dans la séance du mercredi
25 novembre 1863, les n°s 9, 12, 13, 41 et 66 de ce catalogue.

lesquels M. Savy ne comprit que ceux qui étaient complets et en bon état de conservation, en ayant soin de rejeter les ouvrages qui étaient incomplets ou mal conservés.

Au nombre des livres acceptés et choisis figuraient quelques volumes provenant de précédentes acquisitions.

Le sieur Roustan, qui avait caché l'année 1832 du *Recueil de la Société Entomologique de France* demanda dès le principe à M. Savy, en simulant de n'avoir point cette année, *qu'il savait être épuisée*, combien il pensait qu'elle pouvait valoir; à quoi M. Savy répondit qu'il l'estimait quinze francs.

M. Savy ayant ensuite fait observer que les années 1832 à 1844 du *Recueil de la Société Entomologique*, sans la première année, qui est celle de 1832, n'avaient que très peu de valeur, le sieur Roustan lui avoua qu'il l'avait mise de côté pour M. Prosper Baillière, lequel la lui avait demandée, mais sans en fixer le prix.

Et M. Savy ayant affirmé de nouveau que les autres années, sans celle-là, seraient à peu près sans valeur et qu'il les paierait bien plus cher que M. Baillière, le sieur Roustan, qui n'avait pris aucun engagement envers ce dernier, consentit à mettre ensemble les années 1832 à 1844.

En priant alors M. Savy de faire son évaluation pour tous les ouvrages et pour toutes les brochures qu'il avait triés et mis à part, le sieur Roustan lui dit qu'il avait lieu de croire, d'après la demande de M. Prosper Baillière, que les treize années du *Recueil de la Société Entomologique de France* valaient, à elles seules, au moins deux cent soixante-dix francs, opinion contre laquelle M. Savy se récria vivement, en protestant qu'elles ne valaient pas même cinquante francs.

M. Savy ayant encore affirmé que les *Annales de la Société d'Entomologie* et tous les autres livres et documents qui font l'objet du procès actuel, outre qu'ils n'auraient, en général, été composés que d'anciennes éditions bonnes seulement à vendre au poids du papier, ne valaient pas plus de soixante-quinze francs, le sieur Roustan fit remarquer à M. Savy que cette évaluation ne lui paraissait pas suffisante.

Ce dernier ayant de rechef affirmé positivement et à diverses reprises qu'il n'était pas homme à faire deux prix et que son évaluation était sincère, le sieur Roustan répliqua que, même dans la bouche d'un libraire consciencieux, 75 francs voulaient bien dire 90 francs, 85 francs, ou tout au moins 80 francs; et il apporta en preuve les cinq francs de plus que M. Savy lui-même avouait être dans l'intention d'offrir à M. Salmon, au sujet de quelques livres qu'il venait de lui marchander. Mais M. Savy, après avoir affirmé qu'il ne donnerait cinq francs de plus des livres de M. Salmon que parce qu'il en avait un besoin urgent et une commission spéciale, ayant présenté de nouveau son évaluation comme entièrement exacte, et voyant que le sieur Roustan paraissait ébranlé par ses protestations d'honneur et de probité, déposa sur le bureau du magasin, entre les mains de Mme Roustan, une somme de quatre-vingts francs en quatre pièces d'or de vingt francs chacune, en priant celle-ci de lui rendre cinq francs; mais Mme Roustan ayant retenu toute la somme, M. Savy déclara qu'il payait cinq francs de trop.

Le sieur Roustan aurait donc, sans le concours et la présence de sa femme, accepté purement et simplement l'estimation de son confrère; et, dans le fait, même en recevant 80 francs, il a toujours pris pour base l'évaluation de M. Savy, laquelle, d'après leurs conventions expresses, devait représenter le prix commercial et courant (1).

(1) Témoins a entendre a l'appui de ce quatrième fait.— 1° M. Salmon, M. Prosper Baillière, M. Royer et M. l'abbé Bertrand, tous les quatre déjà nommés; — 2° M. Bachelin Deflorenne, libraire à Paris, rue des Prêtres-St-Germain-l'Auxerrois, n° 14; — 3° M. Miard, libraire à Paris, rue de Rivoli, n° 170; — 4° M. Ricœur dit Laîné, libraire à Paris, rue Monsieur-le-Prince, n° 16; —5° M. Hénaux fils, libraire à Paris, quai Voltaire, n° 19; — 6° M. Guillemot, libraire à Paris, quai des Augustins; —7° M. Claudin, libraire-expert, demeurant à Paris, rue Guénégaud, n° 3, — 8° enfin, Mme Mélanie-Louise-Tullie Mareau, femme du sieur Roustan, partie civile.

Observation essentielle. — Le nœud du procès et sa partie la plus délicate sont tout entiers dans ce quatrième fait. Le principal témoin est ici la dame Roustan, dont la déposition sera corroborée en partie par celles de M. l'abbé Bertrand, de M. Royer et de MM. Bachelin, Ricœur-Laîné, Hénaux et Guillemot.

M. Claudin attestera un fait qui, de la part de son confrère M. Savy, prouvera des rapports difficiles sinon indélicats.

V. *CINQUIÈME FAIT.* — Le sieur Roustan, ayant cru à la loyauté et à la probité de M. Savy, parut satisfait de la vente faite au prix de quatre-vingts francs, en ce sens que, d'après l'opinion même de M. Courteville, commissaire-priseur, ayant pensé tout d'abord avoir acheté au-delà du prix commercial, le prix payé par M. Savy, complété par la valeur des livres non encore vendus provenant de la même vente, permettait au sieur Roustan de compter sur un bénéfice net et certain de dix à quinze francs. Et, comme M. Savy se disait très pressé et obligé, à raison de ses affaires, de partir par le train de dix heures et demie du matin, le sieur Roustan lui laissa faire ses paquets précipitamment et comme il voulut, sans vérifier si son con-

Le sieur Roustan établira sa moralité et celle de sa femme par des témoignages irrécusables.

En présence des deux affirmations contraires de la partie civile et du prévenu, de la moralité de l'un et de l'autre, des présomptions graves, précises et concordantes venant à l'appui de la déposition de la dame Roustan, la Cour appréciera, dans sa sagesse, s'il n'y a pas lieu d'admettre le témoignage de celle-ci, et de quel côté doit pencher la balance.

Le sieur Roustan invoquerait en outre les dix présomptions graves, précises et concordantes détaillées dans un premier mémoire manuscrit joint au dossier, et qu'il est en mesure de compléter par cinq autres présomptions qui n'ont ni moins de force ni moins d'intérêt.

Subsidiairement et s'appuyant sur la loi et la jurisprudence, le sieur Roustan supplierait respectueusement la Cour de daigner admettre le témoignage de sa femme, témoignage que M. Savy accepte indirectement, puisqu'il convient lui-même que c'est entre les mains de Mme Roustan qu'il a payé le prix de la vente. Aucun article de loi, en effet, ne s'oppose à ce qu'on entende comme témoin et sous la foi du serment la femme de la *partie civile*, les dispositions prohibitives de la loi ne s'appliquant qu'à *certains parents du prévenu* (art. 156 du Code d'Instr. crim.). Et, s'il faut citer quelques autorités à l'appui, nous indiquerons un arrêt de la Cour de Liége du 19 juillet 1832 ; un arrêt de la Cour de Cassation du 27 mai 1837 ; et, en ce qui concerne spécialement *la femme dont le mari s'est porté partie civile*, un arrêt de la même Cour de Cassation du 9 juillet 1836 (*Gilbert*, Code d'Instr. crim., art. 156, nombres 15, 16 et 17).

Un témoin peut, d'ailleurs, être valablement entendu aux débats sur des faits à charge qu'il tient de la bouche d'une personne qui elle-même ne pourrait être entendue. (Cass., 11 avril 1811 et 30 mai 1818 ; — *même Code annoté*, art. 322, n° 19.)

frère n'y comprenait point, sciemment ou par erreur,
d'autres volumes que ceux qu'on avait entendu lui
vendre (1).

Le sieur Roustan poussa la bonne foi et la complaisance jusqu'à porter lui-même à la gare du chemin de
fer de Versailles, rive gauche, une partie des volumes
ainsi vendus, et se servit même de sa carte d'abonné
pour faire admettre M. Savy trois minutes seulement
avant le départ du train et sans faire enregistrer ses
bagages.

A leur arrivée à Paris, le jeudi 26 novembre 1863, à
onze heures dix minutes du matin, le sieur Roustan paya
à M. Mesny, employé basculeur, vingt centimes pour

(1) Voici, dans tous leurs détails, les circonstances de l'affaire.
M. Savy, ne sachant pas encore s'il parviendrait à circonvenir le
requérant, avait manifesté l'intention de retourner chez M. Salmon,
leur confrère, pour lui offrir cinq francs de plus (voir la *septième
présomption*). Mais il renonça bientôt à ce projet, le sieur Roustan
lui ayant affirmé que, pour les marchés qu'il avait l'habitude de
faire avec les libraires de Paris, ainsi que M. Savy pouvait le demander à MM. Hénaux et Claudin, il était toujours facile et accommodant, qu'il les terminait en une seule fois et sans chercher à prendre
des renseignements ultérieurs, pourvu qu'il eût lieu de croire qu'on
ne cherchait pas à le tromper : protestation que M. Savy réitéra
vivement. Celui-ci, montrant ensuite la grande quantité de livres et de
brochures qu'il venait de choisir, demanda au sieur Roustan quelle
heure il était. — Dix heures, répondit ce dernier. M. Savy ajouta :
*Je suis très pressé; je voudrais partir par le train de dix heures
et demie; dites-moi vite votre prix.* Le sieur Roustan fit observer
à M. Savy, ainsi qu'il le lui avait déjà déclaré, qu'il ne pouvait
fixer le prix d'ouvrages dont il n'avait pas même le temps d'examiner les titres, vu leur grand nombre et le désir que son adversaire manifestait de partir de suite. M. Savy consentit donc à
fixer lui-même ce prix ; et, avant qu'il en vînt là, Roustan lui ayant
dit qu'il désirait mettre de côté les *Annales de la Société d'Entomologie* et les sept volumes de la suite de Buffon, attendu que M. Leclerc devait lui acheter ce dernier ouvrage pour 30 à 35 francs, et
M. Prosper Baillière les cinquante livraisons relatives à l'*Entomologie*
pour un prix dont il n'avait pas encore parlé, M. Savy répondit
que tous les autres ouvrages, sans ces deux-là, ne valaient presque
rien, et que, séparément, il n'en voudrait même pas du tout. Et
M. Savy ayant ajouté qu'il paierait plus cher que MM. Leclerc et
Prosper Baillière, le sieur Roustan finit par se laisser circonvenir,
n'ayant jamais pu penser qu'un confrère dont il pouvait si facilement
faire contrôler l'estimation, considérât comme une chose licite et reçue
de le tromper de cette manière.

Et il est tellement vrai que la conclusion du marché frauduleux a
été sciemment précipitée par M. Savy, qu'il résulte du témoignage
de M. Mesny, employé basculeur à la gare Montparnasse, que les
paquets de livres, mal ficelés et mal établis, portaient en eux-
mêmes la preuve qu'ils avaient été faits avec beaucoup de précipitation.

l'enregistrement des bagages, et se rendit en fiacre, avec M. Savy, au domicile de ce dernier, rue Hautefeuille, n° 24.

En quittant M. Savy, le sieur Roustan se présenta, à midi moins un quart, pour l'achat des *Œuvres complètes de Voltaire*, édition Hachette, dans le magasin de M. Marescq jeune, libraire, place de la Sorbonne, n° 3. Le sieur Roustan ayant annoncé à M. Marescq qu'il arrivait de Versailles avec M. Savy, auquel il avait vendu un fort lot d'ouvrages sur l'histoire naturelle, notamment les années 1832 à 1844, complètes moins le quatrième trimestre de cette dernière année, du *Recueil de la Société Entomologique de France*, M. Marescq jeune, qui savait que ces années étaient pour la plupart précieuses et rares, surtout les trois premières, demanda à son confrère combien il avait vendu ces documents. Celui-ci ayant répondu : « *quatre-vingts francs, avec beaucoup d'autres volumes*, » M. Marescq poussa une exclamation de surprise, trépigna des pieds, et dit avec vivacité au sieur Roustan : « *Mais, malheureux, les années seules du* Recueil *d'Entomologie valent cinq cents francs!* »

Le sieur Roustan, alors tardivement éclairé, répondit que M. Savy, à l'estimation duquel il s'en était rapporté sans la moindre défiance, avait complétement surpris sa bonne foi en affirmant de la manière la plus expresse que son évaluation de 80 fr., exagérée même de cinq francs, était le prix sincère, le prix loyal et commercial des livres et des brochures vendus, prix que le sieur Roustan n'avait entendu accepter qu'à cette condition.

Ce dernier, après avoir encore consulté M. Prosper Baillière et M. Leclerc, libraires à Paris, porta immédiatement, auprès de M. le commissaire de police de la rue Suger, une plainte verbale contre M. Savy. Mais M. le commissaire de police, et ensuite deux agents qui stationnaient dans la rue Saint-André-des-Arts, entre les n°s 35 à 41, ayant refusé d'intervenir dans cette affaire, même officieusement et à titre de simples témoins, le sieur Roustan n'eut d'autre ressource, pour conserver ses droits et constater la fraude, que de recourir au ministère d'un huissier.

En effet, par exploit du sieur Gardien, huissier à Paris, en date du 27 novembre 1863, et qui devait être signifié le 26, deux heures seulement après la découverte de la fraude, ainsi que l'original en porte la preuve matérielle, sommation a été faite à M. Savy de rendre les ouvrages qui n'étaient arrivés en sa possession que par suite de certaines manœuvres.

M. Savy, tant par sa réponse consignée au pied de l'exploit que par des explications écrites déposées au parquet, le 5 décembre 1863, lors de la comparution amiable des parties devant le magistrat premier instructeur de l'affaire (1), a prétendu, tout en convenant d'une manière implicite des principales circonstances de l'affaire, du prix payé et de l'importance des livres et des brochures, que la vente avait été faite légalement, de bonne foi et à prix débattu.

M. Savy affirme, en effet, que le sieur Roustan lui aurait demandé d'abord cent vingt francs des livres dont il s'agit, et, qu'en abaissant successivement ses prétentions, il aurait enfin accepté le prix de quatre-vingts francs offert par son adversaire. Mais cette version, contraire à la vérité des choses et à la déposition expresse d'un témoin, est fortement combattue, à l'aide de présomptions graves, précises et concordantes, tant dans le mémoire manuscrit que dans un autre *mémoire imprimé*, dont on lira quelques extraits à la Cour, si elle veut bien le permettre (2).

VI. *SIXIÈME FAIT.* — Il est un fait que nous avons déjà mentionné sommairement, à la page 10, en note, et sur lequel il ne serait pas inutile d'insister, à savoir : la *conclusion du marché sciemment précipitée par M. Savy.* Cette démonstration étant faite avec détail à la *Dixième Présomption* du mémoire manuscrit, nous ne pouvons qu'y renvoyer (3).

---

(1) Le 20 février 1864, la lettre ou note de M. Savy, *pièce essentielle*, manquait au dossier déposé au greffe de la Cour impériale de Paris. (Témoins qui ont vu cette pièce : 1° M. le magistrat premier instructeur de l'affaire; 2° M. Perrot de Chaumeux, avocat de la partie civile.)

(2) TÉMOINS A ENTENDRE A L'APPUI DU CINQUIÈME FAIT. — 1° MM. Courteville, Mesny, Leclerc, Prosper Baillière, Marescq jeune, Buquet et la dame Roustan, tous déjà nommés; — 2° et M. le commissaire de police de la rue Suger, à Paris.

(3) TÉMOINS A ENTENDRE SUR LE SIXIÈME FAIT. — M. Salmon, M. l'abbé Bertrand et M. Mesny, tous les trois déjà nommés.

CONCLUSIONS DE LA PARTIE CIVILE.

Tel est, Monsieur le Président et Messieurs les Conseillers, l'exposé fidèle, avec preuves offertes à l'appui, des faits qui se sont passés entre le sieur Roustan et M. Savy, faits du rapprochement desquels, aux yeux de la partie civile, serait résulté un délit correctionnel résumé en deux questions *présentées aux premiers juges* de la manière suivante :

PREMIÈRE QUESTION.

Dans une vente volontaire de livres faite à son domicile par un libraire de la province à un libraire de Paris, à l'estimation et à la bonne foi duquel le libraire de la province, qui ne connaît pas la valeur de ces livres, mais qui entend formellement les vendre au prix commercial et courant, déclare s'en rapporter, l'extrême vilité de prix obtenue à l'aide d'affirmations mensongères et réitérées, complétées par la double manœuvre de l'arrivée soudaine du libraire de Paris avant le jour primitivement convenu, et de la conclusion du marché sciemment précipitée par ce dernier, l'extrême vilité de prix, dans ces circonstances, offre-t-elle les caractères du délit d'escroquerie prévu et puni par l'article 405 du Code Pénal?

DEUXIÈME QUESTION.

Le délit d'escroquerie ne devient-il pas encore plus grave, si, la fraude ayant été découverte une heure après le marché consommé, et la réclamation de la partie lésée ayant été en quelque sorte immédiate, l'auteur de la fraude a persisté dans son refus de rendre les livres contre la remise du prix payé, malgré la sommation qui lui a été faite, par le ministère d'un huissier, dans les 24 heures du marché frauduleux?

Le rapport qui existe entre ces deux questions et l'exposé des faits, ou la démonstration légale que M. Savy s'est en effet rendu coupable d'un délit correctionnel est faite, d'après l'opinion du sieur Roustan, aux pages 66 à 74 d'un autre mémoire imprimé dont les premiers juges ont formellement refusé d'entendre la lecture, bien que le sieur Roustan ne se soit nullement écarté des bornes d'une discussion convenable, ainsi qu'on le prouvera en distribuant aux magistrats de la Cour d'appel, à l'appui du présent et second mémoire, les pages 66 à 74 énoncées ci-dessus, telles qu'elles sont primitivement sorties de l'impression.

La septième chambre du Tribunal correctionnel de la Seine, à l'audience publique du jeudi 28 janvier 1864, a répondu de la manière suivante, et sans rien préciser, aux deux questions que nous venons de transcrire et qui étaient formellement posées dans les pièces jointes au dossier :

« Entre le sieur Roustan, Henry-Joseph, âgé de « 32 ans, libraire, demeurant rue d'Anjou, n° 12, à « Versailles, demandeur, d'une part ;

« Et le sieur Savy, François, âgé de 29 ans, libraire, « se disant né à Lyon (Rhône), le 19 janvier 1835, de- « meurant rue Hautefeuille, n° 24, à Paris, célibataire, « défendeur, comparant à l'audience, d'autre part,

« *Prévenu d'escroquerie,*

« En présence de M. le Procureur impérial.

« Le Tribunal, après en avoir délibéré conformément « à la loi, faisant droit ;

« Attendu qu'en admettant que les faits allégués par « Roustan seraient prouvés, ils ne constitueraient ni « crime, ni délit ;

« Renvoie Savy des fins de la poursuite, sans dé- « pens, et condamne la partie civile aux dépens.»

Ce jugement, ainsi motivé, nous a tellement paru contraire à la loi, *en la forme sinon quant au fond,* que nous avons cru de notre devoir d'en interjeter appel, au nom surtout de la morale publique.

Le procès actuel avait eu un grand retentissement auprès des libraires de Paris, dont un certain nombre était présents à l'audience. Cette manière très sommaire, de la part du Tribunal, de résoudre la question en décidant que les faits allégués, lors même que la preuve en serait faite, ne constitueraient ni crime ni délit, a fait tirer de cette décision des conséquences qui, bien certainement, n'ont jamais été dans l'intention des juges. Ainsi, les libraires qui ont assisté au jugement et qui connaissaient toutes les circonstances de l'affaire, mais par des renseignements antérieurs à des débats qui n'ont pas eu lieu, vont répétant partout que la partie civile n'avait pas l'ombre du sens commun, que le Tribunal a trouvé que les faits qu'on lui a soumis, même en les supposant certains et indiscutables, ne constituaient ni crime ni délit, ni acte d'improbité ou d'indélicatesse, et que, par suite, cette manière de profiter d'un bon marché au préjudice d'un libraire inexpérimenté ou d'un particulier sans défiance, *même en employant certaines manœuvres*, était parfaitement licite et dans l'ordre naturel des choses : jurisprudence qui, si elle était en effet celle de l'autorité judiciaire, mettrait fort à l'aise la conscience de beaucoup de libraires indélicats.

Il semble évident dès-lors que si le Tribunal de première instance avait inséré purement et simplement, dans les motifs ou dans le dispositif du jugement, d'après le vœu impératif de la loi et la doctrine formelle de la Cour de Cassation, la double question qui lui était soumise et qu'il a cru devoir résoudre négativement, les libraires intéressés n'auraient pas été en droit d'en tirer des conséquences très probablement contraires à l'opinion intime du Tribunal. Car, de ce que certains faits ne constitueraient pas le délit d'escroquerie, il ne suit nullement qu'ils n'aient pas les caractères de l'improbité et de l'indélicatesse. Or, d'après la manière vague et générale avec laquelle le jugement du 28 janvier 1864 est motivé, on peut soutenir que le Tribunal a entendu amnistier et trouver réguliers même les actes d'improbité reprochés au sieur Savy.

La partie civile, dans son ignorance des usages du palais, n'a pu examiner la question que d'après ses instincts d'honnête homme ; et, dans le for intérieur de sa conscience, il lui semble, à moins qu'il n'y ait une lacune dans notre législation criminelle, que des actes d'indélicatesse et d'improbité doivent tomber sous l'application de quelque article du Code Pénal.

Si, dès-lors, les articles 405 ou 408 ne sont pas applicables à l'espèce, elle laisse respectueusement à la Cour le soin de décider quel est l'article qu'il convient d'invoquer à l'appui de la plainte.

Dans tous les cas, le sieur Roustan s'en rapporte exclusivement à la sagesse et à la sagacité des magistrats, et il est le premier à reconnaître que les faits qu'il a signalés à la justice sont tellement dans les habitudes de commerce de la librairie parisienne, qu'il existe, en faveur du prévenu, les circonstances les plus atténuantes.

ET SERA JUSTICE!

Versailles, le dimanche 7 février 1864.

OBSERVATION ESSENTIELLE. — L'extrait authentique du jugement du 28 janvier 1864, *délivré à la partie civile*, par M. Mignard, greffier en chef du Tribunal correctionnel de la Seine, le 6 *février* 1864, n'est pas entièrement conforme à l'expédition également authentique délivrée par le même greffier le 8 *du même mois de février*, et jointe au dossier déposé au greffe de la Cour impériale.

Les différences les plus saillantes sont celles-ci :

Dans l'extrait délivré à la partie civile, il est dit seulement que M. Savy est *prévenu d'escroquerie.*

Dans l'expédition jointe au dossier, après les mots *prévenu d'escroquerie*, se trouve l'explication suivante : *à l'aide de manœuvres frauduleuses, délit prévu et puni par l'art. 405 du Code Pénal.*

L'extrait délivré à la partie civile ne constate pas que M. Bachelier, substitut de M. le Procureur impérial, ait résumé l'affaire ni donné ses conclusions.

Dans l'expédition jointe au dossier, on lit tout le contraire en ces termes : *M. le Procureur impérial, après avoir résumé l'affaire, a pris des conclusions tendantes à ce qu'il plût au Tribunal renvoyer le prévenu des fins de la plainte.*

Or, le sieur Roustan avait positivement déclaré, le 4 février 1864, *sans pouvoir parvenir à le faire insérer sur le registre*, que c'était surtout *pour vices de forme* qu'il appelait du jugement du 28 janvier 1864, et que ces vices se réduisaient aux quatre griefs ci-après :

1° M. le Président du Tribunal n'a pas permis à la partie civile de lire, *au moins par extrait*, ni son mémoire imprimé, ni ses conclusions; — 2° la partie civile ayant offert de produire des témoins à la plus prochaine audience, le Tribunal n'a pas fait droit à cette demande légitime ; — 3° en violation de l'art. 190 du Code d'Instruction criminelle, M. le Procureur impérial n'a point résumé l'affaire ni donné ses conclusions; — 4° enfin aucune des circonstances constituant ou non le délit d'escroquerie reproché au prévenu, n'est insérée dans le jugement et n'a été énoncée publiquement à l'audience, malgré le vœu impératif de la loi et la jurisprudence expresse de la Cour de Cassation (Arrêts des 12 octobre 1838, 16 octobre 1840, 8 janvier 1841, 6 juin 1840, 7 octobre 1842, 10 mai 1850 et 20 mars 1851 ; — *Gilbert, Code Pénal*, art. 405, n°ˢ 160 à 165).

Témoins à entendre : 1° M. le commis-greffier du Tribunal correctionnel de la Seine (*celui qui boite*), et plusieurs autres employés du greffe ; — 2° M. Mignard, greffier en chef ; — 3° M. le secrétaire du Parquet ; — 4° M. Fauche, greffier de la Cour impériale de Paris, et plusieurs employés du même greffe.

Paris, greffe de la Cour impériale, 20 février 1864.

Versailles. — Imprimerie de E. AUBERT, 6, avenue de Sceaux.

ARRÊT DE LA COUR IMPÉRIALE DE PARIS

CHAMBRE DES APPELS DE POLICE CORRECTIONNELLE,

Audience du samedi 5 mars 1864.

Indépendamment du Mémoire contenu dans les seize pages qui précèdent, la partie civile a présenté à la Cour impériale de Paris, à l'audience publique du 5 mars 1864, les observations suivantes.

Je commence par déclarer à la Cour qu'ayant des motifs sérieux d'appeler du jugement du 28 janvier 1864, ainsi que je l'établirai ci-après, je n'aurais pas mis en cause mon honorable adversaire, s'il m'avait été possible, sans le faire citer, d'obtenir la réformation du jugement.

Dans tous les cas, si la citation, bien que faite à la requête de M. le Procureur général et non à ma réquisition expresse, est la conséquence forcée de mon appel, mon appel, à son tour, est la conséquence forcée des vices de forme contenus dans le jugement, ainsi que je vais encore l'établir.

Dès lors et en bonne justice, si je prouve que j'avais raison de me plaindre de la rédaction insuffisante du jugement, on ne saurait voir, dans mon appel, un acte d'animosité envers mon adversaire ; car j'ai déclaré moi-même à M⁰ Perrot de Chaumeux, mon avocat en première instance, auquel j'ai soumis mon Mémoire, que, si la chose était possible, je ne désirais point mettre en cause M. Savy.

Dans tous les cas, il est de jurisprudence certaine, et l'opinion des auteurs est également unanime, que, sur le seul appel de la partie civile, la Cour, même en décidant qu'il y a délit correctionnel, ne peut appliquer aucune peine au prévenu.

Et si, contrairement à la doctrine des auteurs et à la jurisprudence expresse de la Cour de cassation, ma plainte devait avoir pour effet de faire condamner mon confrère à un seul jour d'emprisonnement, je m'en désisterais par ce seul motif, attendu que l'escroquerie dont j'accuse M. Savy est tellement en usage dans la librairie parisienne, que, même à mon point de vue, mon confrère s'en est rendu coupable en quelque sorte de bonne foi et avec des manœuvres si peu graves que cette escroquerie, saine-

ment appréciée, se réduit en définitive à un simple acte d'indélicatesse. Or, d'après l'opinion de tous les juges de première instance et du Parquet, et d'après l'examen approfondi et impartial
d'autres magistrats très instruits et très intègres, aux lumières
desquels il est de mon devoir de déférer, un tel acte ne peut
tomber sous l'application d'aucun article du Code Pénal.

Malgré cet aveu public et cette réparation d'honneur que j'entends faire spontanément en faveur de M. Savy, et dont je l'autorise à prendre acte, si cela lui convient, je ne puis point me désister purement et simplement de ma plainte, attendu que ce
serait donner l'autorité de la chose jugée à une décision qui, par
les fausses conséquences qu'on en tire, me blesse profondément
dans mon honneur, et que j'ai le plus grand intérêt dès-lors à
faire motiver légalement.

J'offre néanmoins de me désister purement et simplement de
ma plainte et de payer tous les frais tant de première instance que
d'appel, si M. Savy veut bien convenir du fait principal, lequel
est certainement conforme à la réalité des choses, à savoir, que
ce n'est point moi, mais lui-même qui a fixé le prix des livres
vendus, et que c'est à son estimation et à sa bonne foi que je m'en
suis rapporté trop légèrement, j'en conviens, et seulement dans
la crainte de passer moi-même pour indélicat, si je me défiais
d'un confrère au déplacement duquel j'avais indirectement sinon
formellement consenti.

Et je devais d'autant moins me défier de M. Savy qu'il a des
dehors très honorables, des manières distinguées, et que, depuis
trois ans que je me trouve tous les jours en relation d'affaires
avec beaucoup de libraires de Paris, je n'avais jamais été trompé
de cette manière.

Il y a plus. M. Marescq jeune, libraire à Paris, place de la Sorbonne, n° 3, et M. Huel, également libraire à Paris, rue de
Savoie, n° 12, ont eu même la délicatesse, dans certaines circonstances, de me faire observer que je me trompais à mon préjudice,
et m'ont offert et payé, de livres que je leur présentais trop légèrement sans doute, plus que je n'en demandais moi-même.

Après de tels antécédents et avec les dehors de probité de
M. Savy, il est assez naturel que je me sois laissé circonvenir :
car un honnête homme qui a pour principe de ne tromper
personne est peu défiant et croit facilement à la probité des
autres.

Ce qui m'a vivement indigné dans cette affaire, c'est que tous
les libraires de Paris que j'ai consultés (et ils sont nombreux), tous,
à l'exception peut-être de deux ou trois (je dis *peut-être*, car je
ne suis même pas bien sûr de l'exception), c'est que tous les
libraires de Paris que j'ai consultés m'ont demandé d'où je venais
pour entendre ainsi le commerce et prendre les choses tant à
cœur. Ils ont prétendu que tous les torts étaient de mon côté,
attendu que la pire des choses, dans le commerce, est de jouer le
rôle de dupe, et que la prétendue escroquerie dont je me plaignais

si fort n'était autre chose (1) que la quintessence et la fine fleur de l'habileté parisienne.

A cela je réponds que, fort heureusement pour l'honneur du corps entier, la probité instinctive de mes confrères de Paris vaut beaucoup mieux que leurs principes (2), et que l'habileté dont quelques-uns aiment tant à se vanter pourrait, avec un seul degré de plus dans les circonstances accessoires, dégénérer en véritable escroquerie.

Voici, en effet, un fait tout récent, que je tiens de source certaine, et à propos duquel je connais personnellement l'auteur et sa dupe.

Un jeune libraire de Paris, à la prononciation grasse, sinon gracieuse, et qui, au fond, est un très honnête homme et un excellent garçon, égaré par de faux principes, bien qu'il soit, pour me servir d'une expression vulgaire, passablement *esbrouffeur*, un jeune libraire de Paris, par sa correspondance et ses relations dans la Province, savait qu'un autre libraire à la figure pâle et aux cheveux blancs, lequel, malgré ses 75 ans bien comptés, ne peut jamais se tenir en place et pousse ses excursions habituelles jusqu'à Toulouse, venait de rapporter, de cette dernière ville, de très-beaux volumes reliés en maroquin ancien et qui, surtout à cause de cette reliure, sont maintenant très recherchés et d'un grand prix.

Notre jeune libraire savait en outre que son vieux confrère, *dont il n'était pas connu*, était parfaitement accueilli, à Toulouse, comme très ancienne connaissance, dans la maison de madame la Comtesse de ***, laquelle s'intéressait au vieux libraire et lui procurait, de temps à autre, d'excellents marchés.

Notre jeune *esbrouffeur* se rend donc à toute vapeur et par le chemin de fer dans la ville où demeure le libraire possesseur des beaux et rares maroquins. Il se fait conduire chez celui-ci, avec grand fracas et à grand renfort de chevaux, dans un fiacre loué à l'heure, et se présente comme un amateur de province, venu tout exprès de Toulouse, et spécialement recommandé par la comtesse de ***. Le vieux renard se laisse prendre à ce piége assez grossier, et, croyant obliger un ami de madame la comtesse, il laisse les volumes en maroquin à très bon marché.

L'escroquerie n'étant pas assez forte, le prétendu amateur retourne le lendemain matin chez le vieux libraire ; et, sous le prétexte d'une erreur de compte qui n'existait pas, il trouve encore le moyen d'obtenir, sur le prix convenu et payé, une réduction importante à laquelle le vieux libraire, dans la crainte tou-

(1) **M.** le Président de la Cour impériale ne m'a permis de lire que jusqu'ici. Les détails qui suivent n'étaient-ils pas intéressants et utiles? — Que le lecteur en juge par lui-même.

(2) Si tous les libraires de Paris me donnent tort, ne serait-ce pas aussi parce que M. Savy m'avait calomnié auprès de beaucoup de ses confrères ?

jours de désobliger madame la comtesse de ***, n'ose se refuser.

Quelques jours après, le vieux libraire s'aperçoit qu'il a fait un marché de tous points désavantageux, et il apprend que son prétendu amateur n'est autre chose que le plus *esbrouffeur* des libraires de Paris, lequel, pour tromper son confrère, a simulé un voyage de long cours, et a fait usage d'une fausse qualité et d'une fausse recommandation. Et, à propos de cette petite escroquerie bien caractérisée, notre jeune *esbrouffeur* se vantait d'être dans une bonne voie et d'entendre à merveille les finesses de la librairie parisienne.

Eh bien, toute l'industrie et tout le bénéfice de certains libraires de Paris (*sans parler de la Bande Noire, que tant de gens détestent et que personne n'ose attaquer*), tout le bénéfice de certains libraires de Paris, consiste à voyager sans cesse, à se présenter comme des amateurs riches et qui paient très-cher, et à duper de cette manière le plus de particuliers ou de libraires qu'ils peuvent.

Et l'on appelle cela un commerce honnête et licite ; et l'on appelle cette mauvaise finasserie le *nec plus ultrà* de l'industrie et de l'habileté parisienne! Et des hommes d'intelligence, des hommes qui tiennent dans leurs mains ce qu'il y a de plus noble et le plus pur dans le commerce, des hommes qui vivent des merveilleux produits de l'esprit humain, dont le contact seul, même matériel, devrait les rendre meilleurs, des libraires honorables ne craignent point, pour un sordide intérêt, de déshonorer le noble corps dont ils font partie et de s'abaisser aux manœuvres des marchands de bric-à-brac!

Et si un libraire consciencieux croit de son devoir de plaider contre ses propres intérêts et de dévoiler de telles turpitudes, on aura le droit de crier haro sur le baudet et le provincial ! Non, non, je ne saurais l'admettre. Ma conscience d'honnête homme se soulève et se révolte, et domine mes instincts commerciaux. La question d'argent s'efface, je ne vois plus que la question d'honneur!

Nota. — Conformément aux conclusions de la partie civile, la Cour impériale de Paris, Chambre des appels de Police Correctionnelle, a confirmé, à l'audience publique du samedi 5 mars 1864, le jugement du tribunal Correctionnel de la Seine, 7ᵉ Chambre, du 28 janvier précédent, en ayant soin de motiver son arrêt d'une manière convenable.

Nous avons parlé, à la page 20, de *la Bande Noire, que tout le monde déteste et que personne n'ose attaquer.* Un provincial de nos amis, qui s'échauffe facilement la cervelle et qui est plus tapageur que méchant, nous envoie, contre les *fripons associés,* une *honnête diatribe* qui ne manque ni d'originalité ni de verve.

DÉCLARATION

DE

GUERRE A LA BANDE NOIRE

Il existe, à Paris, une association secrète de libraires, très connue sous le nom de **Bande Noire,** qui assiste à toutes les ventes publiques de livres, et qui, pour son malheur, deviendra bientôt célèbre.

Je vais donc l'apostropher comme elle le mérite, lui faisant le défi le plus solennel, en réponse à ses ridicules menaces, d'oser me traduire devant quelque tribunal que ce soit, malgré la violente sincérité de mon langage, attendu que les membres de cette association dangereuse ne peuvent s'y reconnaître et me poursuivre devant les tribunaux, sans reconnaître, par contre-coup, que je suis bien renseigné et que je dis vrai sur leur compte.

Du reste, s'ils poussent mon indignation à bout, et s'ils ne renoncent pas *immédiatement* à leur coupable industrie, je les préviens que le Parquet, auquel ma conscience d'honnête homme m'oblige à les signaler clairement par la lettre initiale de leur nom, ainsi que par leur description grotesque (physique ou morale), et par l'indication de leur demeure parfaitement quoique indirectement précisée, je les préviens que le Parquet aura bientôt les yeux ouverts sur eux, s'il ne les a déjà ; que le Ministère Public a trois ans pour constater et poursuivre les *Révisions frauduleuses et les Réviseurs*, et que je suis en mesure de prouver par témoins tout ce que j'affirme.

ATTENTION DÈS-LORS !

La Bande Noire, que je ne crains pas plus que je n'approuve; — **La Bande Noire,** *cette peste de la librairie parisienne,* que l'on rencontre, partout lorsqu'on vend des livres, nulle part quand il faut l'atteindre et lui demander compte de ses actes ;—**La Bande Noire,**

cette association illégitime et monstrueuse, dans laquelle ne se trouve pas un seul homme d'intelligence et de cœur, et qui, par ses entraves à la liberté des enchères et ses prudentes révisions faites clandestinement et au domicile de l'un des associés, prélève tous les jours des bénéfices énormes et immoraux au préjudice de la veuve et de l'orphelin, au détriment même du trésor public et de l'utile et honorable corporation des commissaires-priseurs ; — **La Bande Noire**, cette association sur une vaste échelle et exclusivement normande, de fripons patentés d'autant plus dangereux qu'ils ont des dehors honorables, et qui, par l'énormité de leurs gains illicites et journaliers, par la complète et profonde impunité dont ils jouissent depuis bientôt dix ans, par l'audace et le secret de leurs manœuvres non encore réprimées, sont parvenus au faîte de la fortune et des honneurs, et donnent le scandaleux spectacle de commerçants enrichis en buvant tous les jours l'iniquité comme l'eau, et en violant expressément le deuxième paragraphe de l'article 412 du Code Pénal (1);

---

(1)   *Entraves apportées à la liberté des enchères.*

Art. 412 du Code Pénal. — Ceux qui, dans les adjudications de la propriété, de l'usufruit ou de la location des choses mobilières ou immobilières, d'une entreprise, d'une fourniture, d'une exploitation ou d'un service quelconque, auront entravé ou troublé la liberté des enchères ou des soumissions, par voies de fait, violences ou menaces, soit avant, soit pendant les enchères ou les soumissions, seront punis d'un emprisonnement de quinze jours au moins, de trois mois au plus, et d'une amende de cent francs au moins et de cinq mille francs au plus.

La même peine aura lieu contre ceux qui, par dons ou promesses, auront écarté les enchérisseurs.

Commentaire de cet article.

La convention par laquelle plusieurs individus s'associent pour qu'un seul d'entre eux enchérisse, jusqu'à telle somme seulement, une chose mise en adjudication, avec convention qu'en cas d'adjudication à leur profit, cette chose serait ultérieurement attribuée à l'un d'eux, et que celui à qui elle resterait en définitive paierait une certaine somme aux autres, constitue le délit d'entraves à la liberté des enchères de la part de tous ceux qui ont pris part à cette convention. — Doivent être considérés comme complices par aide et assistance, ceux qui stipulent avec l'adjudicataire que le prix de l'adjudication ne sera pas porté au delà d'une certaine somme, et que si l'adjudication a lieu à un prix inférieur, l'adjudicataire leur paiera la différence *(Arrêts de la Cour de Cassation* des 19 novembre et 12 mars 1841, et arrêts des cours de Limoges et de Rouen des 3 juin 1841 et 24 juin 1845 ; — *Gilbert, Code Pénal annoté*, art. 412, nombres 10 et 11).

— **La Bande Noire,** cette association criminelle dont les révisions de tous les jours, lors même qu'elles ne seraient point prouvées d'une manière directe et *de visu,* sont tellement certaines et de notoriété publique, que tous les autres libraires de Paris en affirmeront l'existence à la justice, sous la foi du serment et la garantie de l'honneur ; — **La Bande Noire,** cette association corruptrice par le mauvais exemple qu'elle donne et le désir qu'elle inspire aux âmes faibles ou ignorantes d'en faire tout autant, celles-ci ne pouvant s'imaginer que, si une telle association est en effet contraire aux lois, elle ait pu, sous les yeux même de la police et des commissaires-priseurs, rester si long-temps impunie et prospérer à ce point ; — **La Bande Noire,** ainsi définie clairement, et qui existe en effet ; — **La Bande Noire,** il est urgent de la dissoudre et de la livrer aux tribunaux, au nom de la loi et de la morale publique, et dans l'intérêt même de l'immense et honnête majorité des libraires parisiens !

Que ceux donc qui m'approuvent secrètement (et ils sont nombreux) aient le courage de me soutenir devant la justice et de prendre fait et cause pour moi ; car, je ne me le dissimule point, sans leur appui sincère, je succombe et suis perdu sans retour. L'acte vigoureux que j'accomplis et qui va me conduire à la vie où à la mort, est, en effet, la lutte énergique de la vertu contre le vice, le coup d'état audacieux d'un véritable homme de bien, ou la dénonciation infâme et intéressée d'un vindicatif calomniateur (1) !

La librairie parisienne est malade, et grandement malade de la peste ; et, pour faire cesser le mal, il faut que quelqu'un se dévoue.

----

(1)   *Extrait de quelques dispositions pénales.*

— LOI DU 17 MAI 1819

Sur la répression des crimes et délits commis par la voie de la presse ou par tout autre moyen de publication.

Art. 13. —Toute allégation ou imputation d'un fait qui porte atteinte à l'honneur ou à la considération de la personne ou du corps auquel le fait imputé, est une diffamation.

Toute expression outrageante, terme de mépris ou invective qui ne renferme imputation d'aucun fait, est une injure.

ART. 18. — La diffamation envers les particuliers sera punie d'un

Comme le baudet des *Fables de la Fontaine*, je me dévoue donc bêtement ou généreusement, dussé-je encourir de nouveau les justes condamnations de l'honorable M. Boudet de Paris, Président sévère, inflexible et impartial de la septième chambre du tribunal correctionnel de la Seine !

emprisonnement de cinq jours à un an, et d'une amende de 25 francs à 2,000 francs, ou de l'une de ces deux peines seulement, selon les circonstances.

ART. 19.—L'injure contre les particuliers sera punie d'une amende de 16 francs à 500 francs.

II. — CODE PÉNAL.

ART. 373.—Quiconque aura fait par écrit une dénonciation calomnieuse contre un ou plusieurs individus, aux officiers de justice ou de police administrative ou judiciaire, sera puni d'un emprisonnement d'un mois à un an, et d'une amende de 100 fr. à 3,000 fr.

Versailles. — Imprimerie de E. AUBERT, 6, avenue de Sceaux.

LES SUBTILITÉS

DE LA

LIBRAIRIE PARISIENNE

LA BANDE NOIRE

ET

LA RÉVISION

> Est - ce la friponnerie ou la bonne
> foi qui est l'âme du commerce de
> certains libraires de Paris?

OUVRAGE TIRÉ A CENT VINGT-CINQ EXEMPLAIRES.

PRIX : 10 fr., et pour les Souscripteurs 6 fr.

LA PREMIÈRE LIVRAISON VIENT DE PARAITRE

Elle comprend l'introduction et les huit premières feuilles, et forme
la moitié de l'ouvrage.

Prix net : 3 fr., payable en un mandat sur la poste ou en timbres-poste.

CHEZ AUCUN DES LIBRAIRES INCRIMINÉS

Chez quelques Marchands de Nouveautés rares

ET CHEZ M. ROUSTAN, LIBRAIRE-ÉDITEUR, A VERSAILLES, RUE D'ANJOU, 12.

1864-1865

OBSERVATIONS ESSENTIELLES.

> « Ne les craignez donc point; car il n'y
> « a rien de caché qui ne doive être décou-
> « vert, ni rien de secret qui ne doive être
> « connu.
> « Ce que je vous dis dans les ténèbres,
> « dites-le dans la lumière ; et ce que je
> « vous dis à l'oreille, prêchez-le sur le
> « haut des maisons.
> « Et ne craignez point ceux qui ôtent la
> « vie du corps et qui ne peuvent faire
> « mourir l'âme.
>
> (*Évangile selon St-Mathieu, chap.* **X***, versets*
> 26, 27, *et* 28*).*

L'ouvrage sur *les Subtilités de la Librairie Parisienne,* dont l'auteur désire rester inconnu et pour cause, est *très scandaleux pour certains associés,* mais il est utile au public et aux amateurs de livres, et il obtient tous les jours l'approbation des honnêtes gens et de l'immense et honnête majorité des libraires de Paris et de la province.

Aucun des journaux de Paris n'a osé faire l'annonce de cet ouvrage audacieux et singulier.

Dès son *apparition clandestine,* il a été, ainsi que son auteur, honni, conspué et mis à l'index par la sacro-sainte et redoutable confrérie des *industriels* patentés, très connus dans les ventes publiques de livres sous le nom de

Bande Noire des Libraires Normands-Parisiens.

Bande noire ou association contraire aux lois, et qui, par ses opérations et ses manœuvres secrètes et déloyales, et en poussant plus d'une fois les livres au-delà de leur valeur réelle, finit par dégoûter d'assister aux ventes les libraires et les particuliers, se rend ainsi maîtresse des prix qu'elle élève ou abaisse d'après ses seuls intérêts, et prélève dès lors tous les jours, surtout dans les ventes à domicile ou après faillite ou décès, des bénéfices énormes et immoraux au préjudice de la veuve et de l'orphelin, au préjudice encore des amateurs et des libraires, et au détriment même du trésor public et de l'utile et honorable corporation des commissaires-priseurs ;

Ce qui constitue le double délit d'entraves à la liberté des enchères et de coalition frauduleuse, délits prévus et punis par les articles 412 et 419 du Code Pénal.

Une Question de probité commerciale entre un Libraire de Paris et un Libraire de la Province. — Procès correctionnel. — Jugement du Tribunal de la Seine, du 28 janvier, et arrêt de la Cour impériale de Paris du 5 mars 1864. — Détails complets. — Brochure in-8.

Prix : 1 fr. 25 c., payable en un mandat sur la poste ou en timbres-poste.

S'adresser à M. ROUSTAN, libraire-éditeur à Versailles, rue d'Anjou, n° 12.

Versailles, mai 1864.

VERSAILLES. — IMPR. E. AUBERT, 6, AVENUE DE SCEAUX.

LES SUBTILITÉS

DE LA

LIBRAIRIE PARISIENNE

LA BANDE NOIRE

ET

LA RÉVISION

> Est-ce la friponnerie ou la bonne
> foi qui est l'âme du commerce de
> certains libraires de Paris ?

OUVRAGE TIRÉ A CENT VINGT-CINQ EXEMPLAIRES.

PRIX : 10 fr., et pour les Souscripteurs 6 fr.

LA PREMIÈRE LIVRAISON VIENT DE PARAITRE

Elle comprend l'introduction et les huit premières feuilles, et forme
la moitié de l'ouvrage.

Prix : 3 fr., payable en un mandat sur la poste ou en timbres-poste.

CHEZ AUCUN DES LIBRAIRES INCRIMINÉS

Chez quelques Marchands de Nouveautés rares

ET CHEZ M. ROUSTAN, LIBRAIRE-ÉDITEUR, A VERSAILLES, RUE D'ANJOU, 12.

1864-1865.

OBSERVATIONS ESSENTIELLES.

> « Ne les craignez donc point; car il n'y
> « a rien de caché qui ne doive être décou-
> « vert, ni rien de secret qui ne doive être
> «connu.
>
> « Ce que je vous dis dans les ténèbres,
> « dites-le dans la lumière; et ce que je
> « vous dis à l'oreille, prêchez-le sur le
> « haut des maisons.
>
> « Et ne craignez point ceux qui ôtent la
> « vie du corps et qui ne peuvent faire
> « mourir l'âme. »
>
> *(Evangile selon St-Mathieu, chap.* X, *versets*
> 26, 27 et 28.)

L'ouvrage sur *les Subtilités de la Librairie Parisienne*, dont l'auteur désire rester inconnu et pour cause, *est très scandaleux pour certains associés ;* mais il est utile au public et aux amateurs de livres, et il obtient tous les jours l'approbation des honnêtes gens et de l'immense et honnête majorité des libraires de Paris et de la province.

Aucun des journaux de Paris n'a osé faire l'annonce de cet ouvrage audacieux et singulier.

Dès son *apparition clandestine*, il a été, ainsi que son auteur, honni, conspué et mis à l'index par le sacro-sainte et redoutable confrérie des *industriels* patentés, très connus dans les ventes publiques sous le nom de

Bande Noire des Libraires Normands-Parisiens;

Bande noire ou association contraire aux lois, et qui, par ses opérations et ses manœuvres secrètes et déloyales, et en poussant plus d'une fois les livres au-delà de leur valeur réelle, finit par dégoûter d'assister aux ventes les libraires et les particuliers, se rend ainsi maîtresse des prix qu'elle élève ou abaisse d'après ses seuls intérêts, et prélève dès lors tous les jours, surtout dans les ventes à domicile ou après faillite ou décès, des bénéfices énormes et immoraux au préjudice de la veuve et de l'orphelin, au préjudice encore des amateurs et des libraires, et au détriment même du trésor public et de l'utile et honorable corporation des commissaires-priseurs.

Ce qui constitue le double délit d'entraves à la liberté des enchères et de coalition fruduleuse, délits prévus et punis par les articles 412 et 419 du Code Pénal.

Une Question de probité commerciale entre un Libraire de Paris et un libraire de la Province.
— Procès corectionnel. — Jugement du Tribunal de la Seine, du 28 janvier, et arrêt de la Cour impériale de Paris du 5 mars 1864. — Détails complets. — Brochure in-8°.

Prix : 1 fr. 25 c., payable en un mandat sur la poste ou en timbres-poste.

S'adresser à M. Roustan, libraire-éditeur à Versailles, rue d'Anjou, n° 12.

Versailles, mai 1864.

VERSAILLES. — IMPR. E. AUBERT, 6, AVENUE DE SCEAUX.

UNE INDIGNE ET GROSSIÈRE

MÉCHANCETÉ

DE LA TRÈS REDOUTABLE ET INVINCIBLE

BANDE NOIRE

Des Libraires Normands - Parisiens.

> Le ridicule, cette arme délicate et dangereuse, si puissante sur les *esprits faibles*, quand on l'emploie à propos !
>
> (*Axiôme des Beaux-Esprits de la* FAMEUSE BANDE NOIRE).
>
> Je ne connais qu'un moyen de n'être pas atteint par le ridicule : c'est de le braver ouvertement et publiquement, et de se mettre au-dessus de lui !
>
> (*Axiôme d'un provincial sans prétention et sans malice.*)

La fameuse *Bande noire des industriels associés*, qui, par ses procédés et ses menaces de plus en plus ridicules, prouve de jour en jour qu'elle ne compte en effet, dans son sein, pas un homme de cœur et de talent, la *grotesque Bande noire des libraires normands-parisiens* a poussé les hauts cris de se voir enfin démasquée, et a juré l'extermination de l'auteur et de son ouvrage. Elle menace donc de mettre aux trousses de celui-ci quelque honnête spadassin.

Le sieur Natsuor brave de telles menaces et déclare publiquement qu'il ne prendra de précautions d'aucune espèce.

Si la justice des hommes ou la voix de l'honneur nous imposait donc le devoir de payer de notre personne, à distance raisonnable et avec la chance d'être tué ou manqué, nous donnerions à notre adversaire, pourvu qu'il fût un de ceux qui, selon l'expression de l'Ecriture-Sainte, se sont enrichis en buvant tous les jours l'iniquité comme l'eau, nous donnerions, disons-nous, à notre adversaire l'avantage du premier coup de feu : à bout portant, nous tirerions au sort. Nous avons tellement foi à la Providence et nous sommes tellement convaincu de l'honnêteté de nos intentions et de la droiture de nos actes, que nous pousserions le fanatisme et la sincérité de nos idées jusqu'à faire de bon cœur le sacrifice de notre vie.

Nous croyons (c'est là peut-être notre folie, mais la folie selon les hommes est sagesse et la sagesse selon les hommes est folie, ainsi que l'enseigne notre divin maître), nous croyons sincèrement et depuis longtemps n'être qu'un indigne et très obsur instrument de la Providence ; et notre bon ange, qui nous inspire de ne prendre aucune espèce de précaution et d'écrire plus vigoureusement que jamais, nous dit que nos jours sont comptés et que pas un seul cheveu de notre tête ne tombera sous les coups des méchants tant que notre mission ne sera point remplie.

La fameuse *Bande noire des libraires normands-parisiens* voulant, sans doute, opposer raillerie à raillerie, a imaginé une combinaison qui, à son point de vue, ne manquerait ni de sel ni de grâce.

L'auteur présumé de l'ouvrage sur les *Subtilités de la librairie parisienne*, s'appelle Natsuor (à rebours).

Un de ses confrères de Paris, avantageusement installé, depuis bientôt trois ans, dans le passage Choiseul, et, avec son caractère très aimable et son esprit toujours gai, assez bon enfant pour entendre la plaisanterie et ne jamais se fâcher de rien, un confrère de Natsuor s'appelle Rouquette.

La *Bande noire* a fait un rapprochement singulier de ces deux noms, en changeant dans le premier l'*a* en *o* et en enlevant, dans le second nom, certaine lettre pour la remplacer par une autre qui ne vaut pas mieux ; car, par une espèce de fatalité drolatique, la *lettre substituée* représente la chose subtile qui sort de l'objet désigné par la *lettre supprimée.*

La *Bande noire*, en cette circonstance seulement, a fait preuve d'un peu d'esprit, mais d'un esprit bien digne d'elle. La *Bande noire* a prétendu que Natsuor et Rouquette devraient s'associer sous la raison commerciale R...., R.... et Cie, et que cette maison serait appelée, à bon droit, la plus immorale et la plus féconde de toutes les *Bandes noires* ou sociétés illicites.

Lorsque Natsuor et Rouquette se trouvent ensemble dans les ventes publiques de livres, ce qui arrive assez souvent, on fait donc ce rapprochement malhonnête et bizarre ; et, lorsqu'ils sont déclarés adjudicataires, le crieur quelquefois, le plus souvent beaucoup d'autres personnes affiliées à la *Bande noire* ou qui lui sont étrangères, estropient méchamment leur nom et commettent à dessein cette fade équivoque.

Natsuor et Rouquette préviennent leurs confrères de Paris, spécialement la *fameuse Bande noire*, que cette plaisanterie de très mauvais goût ne saurait être tolérée plus longtemps, car elle a pour but secret de couvrir de honte et de ridicule l'honorable maison R..., R... et Cᵉ, et d'empêcher ses membres de se présenter avec décence et la tête haute dans les ventes publiques de livres ; ce qui, indépendamment d'une grave injure personnelle, constitue deux autres délits, celui d'attentat à la morale publique et d'entraves apportées à la liberté des enchères.

Ceux de MM. les membres de la *sacro-sainte et invincible confrérie normande-parisienne* qui, après cet avertissement public à eux dûment notifié, persisteraient à commettre sciemment ce triple délit correctionnel, seront livrés impitoyablement à toutes les rigueurs de la justice ; et l'on sait, par expérience, que lorsque Natsuor fait des menaces sérieuses, il tient religieusement et obstinément sa parole.

Si le public désire connaître les causes de cette redoutable colère (*tant de fiel entre-t-il dans l'âme des normands !*), il trouvera toutes les explications nécessaires dans un ouvrage qui a pour titre : *Les Subtilités de la librairie parisienne, la Bande noire et la Révision.*

Cet ouvrage audacieux et singulier, sans nom d'auteur, mais profondément pensé et bien écrit, ne sera mis en dépôt chez aucun des libraires incriminés.

Aucun journal de Paris ni de la province n'a osé en faire l'annonce.

On le trouve à Paris, — chez M. Garnier, au Palais-Royal ; chez M. Rouquette, passage Choiseul ; chez M. Ricœur, dit Laîné, rue Monsieur-le-Prince, n° 16 ; chez M. Cretaine, dans les salles de vente de livres, rue des Bons-enfants, n° 28 ; chez M. Marpon, libraire, sous les galeries de l'Odéon, et chez quelques autres marchands de nouveautés rares ; et, à Versailles, chez M. Roustan, libraire-éditeur, rue d'Anjou, n° 12.

L'ouvrage entier, du prix fort de 10 francs et tiré seulement à 125 exemplaires, formera deux livraisons contenant ensemble 14 à 15 feuilles in-8, imprimées en caractères neufs et sur papier vélin.

La première livraison, qui vient de paraître, est composée de l'introduction et des huit premières feuilles.

Prix net : trois francs, payable en un mandat sur la poste au profit de M. Roustan, ou en timbres-poste.

Prix net de l'ouvrage complet, *pour les souscripteurs, 6 fr.*

UNE QUESTION DE PROBITÉ COMMERCIALE

ENTRE UN LIBRAIRE DE PARIS ET UN LIBRAIRE DE LA PROVINCE.

Procès correctionnel.

Jugement du Tribunal de la Seine du 28 janvier 1864 et arrêt de la Cour impériale de Paris du 5 mars 1864. — Détails complets.

Brochure in-8. — Prix : 1 fr. 25 c.

Chez les mêmes libraires, et payable de la même manière.

Spécimen de la partie satirique de l'ouvrage.

On remarque encore, dans la fameuse *Bande noire :*

1. Un BERGELET, ou petit berger plein de ruses et de malices;
2. Un gros BUTOR à la figure renfrognée;
3. Deux chefs BAROQUES et à la tête dure;
4. LE GROS PETIT HOMME DU DIORAMA, celui qui vend très cher et qui achète bon marché;
5. UN maître clerc et docteur en finasseries très subtiles, le respectable DUC DE LA GASCONNERIE, ou M. DE LA GARROUSSIÈRE;
6. L'honnête M. BAROQUE *jeune*, qu'on appellerait avec plus de raison BAROQUE ou BARAQUE vieux, ou soit *vieille* BARAQUE, parce que, malgré ses cheveux gris ou blancs, il se laisse trop souvent duper;
7. Mon gros FILLEUL *Pierre* DANDIN, ou le MARQUIS DE LA DANDINIÈRE;
8. Son noble et digne confrère le VICOMTE DE TABACO, lequel, avec certain toxique qu'il offre à tout le monde, se dessèche le tempérament et n'est certes, quoiqu'il puisse dire, ni GRAS ni dodu;
9. Un négociant très respectable et très vigoureux, un homme de bon ton et de bonnes manières, qu'il faut bien se garder de confondre avec l'*immonde animal qui se nourrit de glands;*
10. Enfin, *Gaudentius*-DENISART, le plus habile de la bande et qui, dans les révisions, *enfonce* presque toujours l'honnête Baroque jeune, l'énorme et vigoureux P..., ou le gros petit homme du Diorama.

Versailles, mai 1864.

Versailles. — Imp. de E. AUBERT, 6, avenue de Sceaux.

**II. Le libre-échange, la douane et les contreban-
diers.** Bruxelles, 1859, imprimerie de E. Guyot, rue de Schar-
beek, 12. — 1 vol. in-8. — Prix : 3 fr.

Cet ouvrage ne se trouve qu'à Bruxelles, chez l'imprimeur.
L'introduction en France en avait été prohibée en 1859. Voici
l'analyse sommaire de cet ouvrage hardi et consciencieux, *que
l'autorité judiciaire de Valenciennes n'a point trouvé contraire
aux lois.*

« I. La douane considérée au point de vue des intérêts publics.
« Opinion des économistes. — II. La douane considérée comme
« institution financière. — III. Nature exceptionnelle de l'impôt
« perçu par l'administration des douanes. Coup-d'œil général
« sur tous les impôts établis dans l'empire français. — IV. Ri-
« gueurs draconiennes de la douane. Examen critique de la
« législation qui la régit. Quand les condamnés sont réellement
« insolvables, l'emploi de la contrainte par corps, *à titre de peine*,
« nous paraît illégal. Recommandations pleines d'humanité de
« l'administration française de l'Enregistrement et des Domaines.
« Parallèle entre l'administration de l'Enregistrement et l'admi-
« nistration des Douanes. »

Dans son numéro 302 du samedi 29 octobre 1859, deuxième
page, nouvelles des sciences, des arts et de la littérature, l'*Indépendance Belge*, édition du matin, a publié sur cet ouvrage un
article de M. Couvreur, que nous reproduisons en entier à la
page 266 du présent volume.

Cet article de l'*Indépendance Belge*, que l'auteur n'avait nullement provoqué, appela sur lui l'attention et la colère de la douane
de Valenciennes, et amena son arrestation arbitraire et sa détention préventive pendant 17 jours. Il en sera parlé plus tard et
avec détail.

Tout cela prouve combien il est dangereux de tirer la vérité
du fond de son puits. Mais un écrivain consciencieux, *quand il est
bien convaincu qu'il remplit un devoir et qu'il est pur de toute
haine et de toute personnalité*, ne doit point s'effaroucher d'un
peu de prison préventive ou légale, si le bien public ne peut être
opéré qu'à ce prix : car tout réformateur qui n'a pas le courage de
souffrir et d'être incarcéré pour ses idées, n'est pas digne de proposer des améliorations, et marchera bientôt de pair avec les âmes

pusillanimes et sans étoffe que la moindre persécution fait gémir et tourner aussitôt comme des girouettes.

Qui perseveraverit usque in finem hic salvus erit.

Celui-là seul réussira qui tiendra ferme jusqu'au bout. Ainsi soit-il.

SOUS PRESSE :

III. Les prisons de Valenciennes, la douane et les contrebandiers.

Questions de liberté individuelle et de propriété littéraire.

Ces questions sont ainsi résumées :

1. L'autorité administrative a-t-elle le droit d'empêcher, au préjudice de l'auteur qui est français, l'introduction en France *d'un ouvrage non périodique ni politique, contenant plus de dix feuilles d'impression*, ouvrage imprimé en pays étranger et que l'autorité judiciaire de Valenciennes, à laquelle cet ouvrage a été déféré par l'autorité administrative du même lieu, n'a point trouvé contraire aux lois ?

2. L'auteur de l'ouvrage, qui, intérieurement, est dévoué au gouvernement de S. M. l'Empereur, qui n'a subi d'ailleurs aucune espèce de condamnation politique, et dont la moralité est bien connue et non contestée, l'auteur de l'ouvrage, qui réside en France et qui accepte la responsabilité de l'écrit, peut-il en outre, par suite seulement de cette publication et comme en ayant emporté trois exemplaires dans ses malles, être arbitrairement arrêté lors de son passage à la frontière, et être ensuite détenu dans une maison d'arrêt pendant 17 jours, sur le seul ordre d'un sous-préfet et par mesure de sûreté générale ?

Détails intéressants, curieux et très délicats, et publication de toute la correspondance échangée à ce sujet.

1 vol. in-8. — Prix : 6 francs.

L'ouvrage paraîtra dès que l'on aura recueilli cent souscriptions au prix réduit de 4 francs. — On y explique et l'on y commente tout au long la deuxième note de la page 103 des *Subtilités de la Librairie parisienne.*

Versailles — Impr. de E. Aubert, avenue de Sceaux, 0.